विस्मृत चेहरे

विस्मृत चेहरे

स्वाधीनता आंदोलन में बिहार की स्वतंत्रता सेनानी महिलाएँ

लाजवंती झा

प्रभात
पेपरबैक्स
www.prabhatbooks.com

प्रकाशक
प्रभात पेपरबैक्स
प्रभात प्रकाशन प्रा. लि. का उपक्रम
4/19 आसफ अली रोड, नई दिल्ली-110002
फोन : 23289777 • हेल्पलाइन नं. : 7827007777
इ-मेल : prabhatbooks@gmail.com ❖ वेब ठिकाना : www.prabhatbooks.com

संस्करण
प्रथम, 2022

मूल्य
तीन सौ रुपए

मुद्रक
आर-टेक ऑफसेट प्रिंटर्स, दिल्ली

VISMRIT CHEHARE
by Smt. Lajwanti Jha

Published by **PRABHAT PAPERBACKS**
An imprint of Prabhat Prakashan Pvt. Ltd.
4/19 Asaf Ali Road, New Delhi-110002

ISBN 978-93-5521-195-8

₹ 300.00

आजादी के **अमृत महोत्सव** के
गौरवमयी अवसर पर बिहार की नारियों को
उन सभी अनाम एवं गुमनाम स्वाधीनता सेनानियों के
त्याग, अदम्य साहस एवं अद्भुत कर्मठता द्वारा
राष्ट्र निर्माण के महान् पावन यज्ञ की
वेदी में दिव्य एवं पवित्र समिधा के
रूप में समर्पित।

सुमित्रा महाजन, एम.ए., एल-एल.बी.
पूर्व लोकसभा अध्यक्ष
Mrs. Sumitra Mahajan, M.A., LL.B.
Ex-Speaker Parliament of India (Loksabha)

दिनांक : 24 जून, 2022

संदेश

प्रिय श्रीमती लाजवंती झाजी,

नमस्कार।

बिहार महिला मोर्चा द्वारा स्वतंत्र भारत के 75 वर्ष होने के उपलक्ष्य में देश को स्वतंत्रता दिलाने में सहयोगी रहीं उन महिलाओं को याद किया जा रहा है, जिन्होंने बिहार के गाँव, शहर, मोहल्ले में स्वतंत्रता का दीप प्रज्वलित रखने में कठिन से कठिनतम परिस्थिति में काम किया। वैसे भी बिहार प्राचीन काल से विद्या का केंद्र रहा है।

वास्तव में समाज में जब स्त्री-मातृत्व जागृत, शिक्षित कार्यान्वित होता है, तभी समाज प्रगति करता है। केवल प्रगति नहीं, विकास की नवजागृति, चेतना की छलाँग लगाता है। स्वतंत्रता आंदोलन में कई स्त्रियों ने घर बैठे-बैठे क्रांतिकारियों की मदद की, स्वतंत्रता का स्फुलिंग चेताए रखा, ज्योति को बुझने नहीं दी।

समय-समय पर समाज में कार्य करनेवाले मनीषियों में मातृशक्ति को जाग्रत् रखने के लिए भजन, दोहे, कथाओं से जोड़े रखा।

समर्थ रामदास स्वामी ने छत्रपति शिवाजी महाराज के समय जगह-जगह 'हनुमानजी', जो युवा चेतना के प्रतीक हैं, उस रामभक्त हनुमान के मंदिर स्थापित करके युवा संन्यासियों के मठ, जो शारीरिक शिक्षा, आध्यात्मिक शिक्षा के स्रोत थे, का सृजन किया। और ऐसे युवा संन्यासी घर-घर जाकर 'समर्थांचिया सेवका वक्र पाहे, असा सर्व भूमंडळी कोण आहे', अर्थात् समर्थ श्रीराम प्रभु के हम सेवक हैं, उन्हें वक्र दृष्टि से कौन देख सकता है, किसी का ऐसा सामर्थ्य नहीं है। इस आशय का श्लोक बोलते हुए भिक्षा माँगते थे, ताकि भिक्षा देनेवाला मातृ वर्ग, जो मुगलों के अत्याचार से दु:खी-भयभीत था, उन्हें सांत्वना भी मिले और उनमें साहस

निवास : 68, मनीष पुरी, साकेत, इंदौर-452018
Resi : 68, Manishpuri, Saket, Indore-452018 M.P., INDIA
Phone : +91 731 2596644 & +91 731 2596655 | Email : sumitra.tai@gmail.com

भरते हुए ढाढ़स भी बँधे। आगे छत्रपति शिवाजी महाराज के चरित्र में हम देखते हैं कि आगरा की कैद से निकले शिवाजी महाराज को छिपते-छिपाते महाराष्ट्र तक पहुँचने में कई परिवारों, कई महिलाओं ने मदद की। कहीं-न-कहीं स्वराज्य की जागृत भावना काम आई होगी, ऐसा मैं मानती हूँ। कई सामान्य परिवारों के युवाओं ने लड़ाई में भाग लिया।

भारत की आजादी की लड़ाई में सामान्य-से-सामान्य परिवार की महिलाओं ने असामान्य धैर्य एवं जागरूकता का परिचय दिया, तभी गाँव-गाँव में आंदोलन हुए, क्रांतिकारियों ने जीवन समर्पण किया, विदेशी वस्तुओं की होली जली, बहिष्कार हुआ और अंग्रेजों को भारत छोड़ना पड़ा।

मैं हमेशा उदाहरण देती हूँ कि एक बार आजादी के समय प्रमुख समाचार-पत्रों पर प्रतिबंध लगाया गया था कि 'केसरी' एवं अन्य समाचार-पत्र, जो अंग्रेजों की नीतियों के विरोध में समाचार लिखते थे, उन्हें कोई न खरीदे। तब एक भारतीय, जो अंग्रेजों के यहाँ नौकरी में था, उसकी पत्नी ने पूछा कि "समाचार-पत्र क्यों बंद कर दिया?" उसने उत्तर दिया, "मैं सरकारी अधिकारी हूँ, अत: मुझे तो अंग्रेजों के नियमों का पालन करना पड़ेगा।" तब उसकी पत्नी बोली, "आप अधिकारी हो, मैं तो नहीं हूँ, मेरे नाम से समाचार-पत्र खरीदो।" अधिकारी ने कहा, "तुम तो पढ़ी-लिखी हो नहीं, फिर...?" तब उसकी पत्नी बोली, "आप समाचार-पत्र पढ़कर सुना देना।" इस प्रकार मातृशक्ति ने आजादी की लड़ाई में अपना हरसंभव योगदान देने का प्रयास किया।

बिहार में भी अनेक गाँवों, शहरों की महिलाओं ने आजादी के यज्ञ में अपने-अपने हिसाब से उत्कृष्ट कार्य किया है। उस अनगिनत मातृशक्ति का काम आप खोज करके इस पुस्तक के माध्यम से सामने ला रहे हो, यह बहुत सुंदर कार्य है, जिससे यह भाव जागेगा कि आजादी हमें आसानी से नहीं मिली। कइयों की मेहनत, घर-घर से बलिदान, जागृत देश, राष्ट्रभक्ति का भाव—इसने स्वतंत्रता दिलाई है; और यदि स्वतंत्रता टिकाए रखना हो, भारत को समर्थ बनाना हो तो यही भाव गाँव-गाँव, गली-गली, हर युवा-कली के मन में जगाना पड़ेगा, तब समर्थ भारत, विकसित राष्ट्र का फूल खिलेगा और उसका सुसंस्कारित सामर्थ्य सौरभ दुनिया को प्रेरित करेगा।

शुभकामनाओं के साथ।

(सुमित्रा महाजन)

डॉ. विनय प्र. सहस्रबुद्धे

सत्यमेव जयते

पूर्व सांसद (राज्य सभा)
अध्यक्ष, शिक्षा, महिला, बाल, युवक और खेल संबंधी संसदीय स्थायी समिति
सदस्य, संसदीय ग्रंथालय समिति
सदस्य, सूचना एवं प्रसारण संबंधी संसदीय परामर्शदात्री समिति

संदेश

संदर्भ : 11072022/964
दिनांक : 11-07-2022

प्रिय बहन लाजवंती झाजी,

यह अत्यंत प्रसन्नता एवं गर्व का विषय है कि आपके द्वारा आजादी के अमृत महोत्सव के अवसर पर 'विस्मृत चेहरे : स्वाधीनता आंदोलन में बिहार की स्वतंत्रता सेनानी महिलाएँ' पुस्तक का प्रकाशन करवाया जा रहा है। इस पुस्तक के माध्यम से बिहार की उन महिला स्वतंत्रता सेनानियों के साहसपूर्ण जीवन के बारे में जानकारी प्राप्त होती है, जिन्होंने बिहार में विरोध एवं विद्रोह की मशाल जलाकर इस लड़ाई का नेतृत्व करते हुए इस देश व समाज के लिए अपने जीवन का समर्पण कर दिया।

जब हम स्वतंत्रता की लड़ाई के बारे में कहीं भी बात करते हैं तो ज्यादातर पुरुष सेनानियों की बात ही होती है, पर महिला सेनानियों की चर्चा कम की जाती है, जिसके पीछे का एकमात्र कारण है—सेनानी बहनों के इतिहास से नई पीढ़ियों को अवगत नहीं करवाया जाना। आपकी इस पुस्तक के माध्यम से समाज में महिलाओं को लेकर एक सही दृष्टि बनेगी कि उस दौर में भी महिला जिजीविषा, सशक्तीकरण का सकारात्मक वातावरण था। इससे यह भी संदेश जाएगा कि महिला कभी अबला

कमरा नं. 309, संसदीय सौंध, एक्सटेंशन बिल्डिंग, बी-ब्लॉक, नई दिल्ली-110001
दूरभाष : 011-230355799, 21410313, फैक्स : 011-23010296
निवास : 8, अशोक रोड, नई दिल्ली-110001, दूरभाष : 011-23782318
इ-मेल : vinay.prabhakar@sansad.nic.in, office@vinaysahasrabuddhe.in

नहीं रही, बल्कि सबला रही, जिसने स्वयं और देश की अस्मिता के लिए अपने आप को न्योछावर कर दिया।

यदि हम भारतीय इतिहास के गौरवशाली अतीत पर ध्यान करें तो पाएँगे कि भारतीय संस्कृति, परंपरा में सदैव महिलाओं का पूर्णरूप से सहभागिता, सम्मान देखने को मिलता है। संस्कार, संस्कृति एवं युद्ध में भारतीय महिलाएँ सदैव आगे रही हैं। महिलाओं ने युद्ध के मैदान में सैनिकों की भाँति लड़कर अदम्य साहस का परिचय दिया है। शीघ्र ही आनेवाली इस पुस्तक के माध्यम से वीरांगनाओं की ऐतिहासिक, साहसिक एवं छुपी हुई गाथाओं को विस्तृत रूप में वर्तमान एवं भावी पीढ़ी के समक्ष प्रस्तुत करने के लिए आपको ढेर सारी शुभकामनाएँ।

नारीशक्ति की तपस्या, त्याग एवं बलिदान को आपके द्वारा संकलित करने का यह प्रयास अत्यंत सराहनीय है जिसको हमेशा याद रखा जाएगा।

शुभकामनाओं सहित

भवदीय,

(विनय सहस्रबुद्धे)

वानति श्रीनिवासन, विधायक
(कोयंबटूर दक्षिण, तमिलनाडु)
राष्ट्रीय अध्यक्षा
महिला मोर्चा

भारतीय जनता पार्टी
Bharatiya Janata Party

दिनांक : 24 जून, 2022

संदेश

प्रिय बहन लाजवंती झाजी,

यह अत्यंत प्रसन्नता एवं गर्व का विषय है कि आपके द्वारा आजादी के अमृत महोत्सव के अवसर पर 'विस्मृत चेहरे : स्वाधीनता आंदोलन में बिहार की स्वतंत्रता सेनानी महिलाएँ' पुस्तक का प्रकाशन करवाया जा रहा है। इस पुस्तक के द्वारा बिहार की उन महिला स्वतंत्रता सेनानियों के साहसपूर्ण जीवन का वर्णन प्राप्त होता है, जिन्होंने बिहार में विरोध एवं विद्रोह की मशाल जलाकर तथा अभियान का नेतृत्व करते हुए अपने जीवन को समर्पित किया।

लाजवंती बहन, यदि हम भारतीय इतिहास के गौरवशाली अतीत पर दृष्टिपात करें तो भारतीय संस्कृति में सदैव महिलाओं का सम्मान देखने को मिला है। महिलाओं ने युद्ध के मैदान में सैनिकों की भाँति लड़कर साहस का परिचय दिया है। इस पुस्तक के माध्यम से वीरांगनाओं की गाथा विस्तृत रूप में भावी पीढ़ी के समक्ष प्रस्तुत करने के लिए आपको पुनः बधाई एवं शुभकामनाएँ। नारीशक्ति की तपस्या, त्याग एवं बलिदान को आपके द्वारा संकलित करने का प्रयास अत्यंत सराहनीय है।

धन्यवाद!

भवदीया,

(वानति श्रीनिवासन)

6-ए, दीनदयाल उपाध्याय मार्ग, नई दिल्ली-110002, दूरभाष : 011-23500000, फैक्स : 011-23500190

6-A, Deendayal Upadhyay Marg, New Delhi-110002, Phone : 011-23500000, Fax : 011-23500190

डॉ. संजय जायसवाल
एम.बी.बी.एस., एम.डी. (मेडिसिन)
संसद सदस्य (लोकसभा)
सभापति :
जल संसाधन समिति
- प्रदेश अध्यक्ष, भारतीय जनता पार्टी, बिहार प्रदेश
- मुख्य संयोजक, भारतीय जनता पार्टी (लोकसभा)

सदस्य :
- प्राक्कलन समिति
- शासकीय निकाय, एम्स, पटना

सत्यमेव जयते

ऑफिस : 203, 'बी' ब्लॉक, पार्लियामेंट हाउस
एनेक्सी एक्सटेंशन बिल्डिंग
नई दिल्ली-110001
टेली. : 011-23035762
टेलीफैक्स : 011-21410275
निवास : 5, तालकटोरा रोड,
नई दिल्ली-110001

संदेश

प्रिय बहन लाजवंती झाजी,

माननीय प्रधानमंत्री श्री नरेंद्र मोदीजी के आह्वान पर 'आजादी के अमृत महोत्सव' के तहत देश में राष्ट्रीय भावना का विचार स्पंदित हो रहा है। इतिहास के पन्नों से विस्मृत आजादी के नायकों के प्रति नव चैतन्यता जाग्रत् हो रही है।

इस कड़ी में 'आजादी के अमृत महोत्सव' के तहत लेखनी के माध्यम से आपकी अनूठी पहल को भी जानकर अत्यंत हर्ष और प्रसन्नता का बोध हो रहा है। बिहार से आजादी की लड़ाई में मातृशक्ति के योगदान को आलोकित करने वाली पुस्तक 'विस्मृत चेहरे : स्वाधीनता आंदोलन में बिहार की स्वतंत्रता सेनानी महिलाएँ' का प्रकाशन निश्चित ही उनके यशोगान को जन-जन तक पहुँचाएगा। बिहार की धरती कभी वीरों और वीरांगनाओं से खाली नहीं रही। समाज में कई ऐसी राष्ट्र-नायिका हैं, जिन्हें इतिहास के पन्नों में विशेष विचार से प्रेरित इतिहासकारों ने अदद दो पंक्तियाँ तक नसीब नहीं होने दीं। वीरांगनाओं की एक लंबी फेहरिस्त रही, जिनका यथोचित सम्मान का अकाल दशकों से पड़ा रहा। उन हुतात्माओं की वेदी पुष्पार्चन की बाट जोहती रही। इस धारणा को मिटाकर मातृशक्ति के सम्मान को पुनर्स्थापित करने का प्रयास आपकी पुस्तक करेगी, ऐसा अपेक्षित है।

डॉ. एम.पी. जायसवाल रोड बेतिया, जिला-पश्चिम चंपारण (बिहार)
टेली. : 06254-246814, मो. 9431212008
इ-मेल : dr.sanjayjaiswal@sansad.nic.in

दरअसल बिहार में हजारों महिलाओं ने आजादी की लड़ाई में हिस्सा लिया था, लेकिन इतिहास में मुख्य रूप से उन्हीं महिलाओं का नाम दर्ज है, जो अगली कतार और प्रभावी घराने से रहीं।

यह आह्लादित करता है कि इस पुस्तक का मंतव्य पावन और पवित्र है। इसके माध्यम से बिहार की उन महिला स्वतंत्रता सेनानियों के त्याग और बलिदान के बारे में जानकारी प्राप्त होगी, जिन्होंने परतंत्रता की बेड़ियों को तोड़कर भारत की आजादी में उल्लेखनीय योगदान दिया।

आज भी भारत के गुलाम खंड में संघर्ष की ख्याति बहुतायत तौर पर पुरुष सेनानियों तक ही अटक जाती है। मुझे पूर्ण विश्वास, यह पुस्तक उस अंधकारमय तमस को भेदकर सूर्य-किरणों की भाँति आधी आबादी की कीर्ति को नव पीढ़ियों तक ले जाएगी। बिहार की विदुषी उभय भारतीजी के उस स्वस्थ और विपुल बौद्धिक परंपरा का भी निर्वहन करेगी, जिसका प्रतिनिधित्व बिहार सहस्राब्दियों से करता आ रहा है।

इस प्रयास के लिए श्रीमती लाजवंती झाजी को मैं बहुत-बहुत शुभकामनाएँ देता हूँ। आकांक्षा है, भारतीय मानस-पटल के लिए पुस्तक 'विस्मृत चेहरे : स्वाधीनता आंदोलन में बिहार की स्वतंत्रता सेनानी महिलाएँ' नव परिवर्तनकारी सिद्ध होगी।

शुभेच्छा

(डॉ. संजय जायसवाल)
प्रदेश अध्यक्ष
भाजपा, बिहार

विजय कुमार चौधरी
मंत्री
शिक्षा एवं संसदीय कार्य विभाग
बिहार, पटना

बिहार सरकार

Vijay Kumar Choudhary
Minister
Education & Parliamentry Affairs Dept.
Bihar, Patna

पत्रांक .... *दिनांक : 23/6/2022*

संदेश

यह प्रसन्नता की बात है कि श्रीमती लाजवंती झा द्वारा 'विस्मृत चेहरे : स्वाधीनता आंदोलन में बिहार की स्वतंत्रता सेनानी महिलाएँ' पुस्तक का प्रकाशन कराया जा रहा है। भारतीय स्वतंत्रता संग्राम में बिहार की महिला स्वतंत्रता सेनानियों के महत्त्वपूर्ण योगदान को रेखांकित करती हुए उनके जीवन-वृत्त को नारी-शक्ति के त्याग, समर्पण एवं शौर्य की गाथा के रूप में संकलित करने का सराहनीय प्रयास किया गया है।

मैं पुस्तक के सफल प्रकाशन हेतु शुभकामनाएँ देता हूँ।

(विजय कुमार चौधरी)

कार्यालय : विकास भवन, नया सचिवालय, बिहार, पटना
कार्यालय : 0612-2204904 (का.), फैक्स : 0612-2215836, 0612-2216049 (आ.)
इमेल : ministereducationcell@gmail.com

संदेश

मुझे विशेष प्रसन्नता हो रही है कि आजादी के अमृत महोत्सव के अवसर पर लाजवंती झा की महत्त्वपूर्ण पुस्तक 'विस्मृत चेहरे : स्वाधीनता आंदोलन में बिहार की स्वतंत्रता सेनानी महिलाएँ' का प्रकाशन होने जा रहा है। इसकी पांडुलिपि देखने का अवसर प्राप्त हुआ।

आदियुग से अभी तक परिवार, समाज तथा राष्ट्र के सुचारू संचालन में महिला की भूमिका प्रमुख रही है। संतुलन तभी बना रहा है। स्वयं प्रकृति ने भी स्त्री-पुरुष को एक सामन बनाया है, सहभागी बनाया है।

देश के स्वतंत्रता आंदोलन में भी महिलाओं की महती भूमिका रही है। लाजवंतीजी ने इतिहास के पन्नों में छिपी इन संघर्षशील महिलाओं का परिचय न केवल वर्तमान और भविष्यत् पीढ़ी से कराया है, बल्कि हमारी धरोहर को भी सुरक्षित किया है। अतीत में व्यतीत हो चुकी इन महिला सेनानियों को परिश्रम से सामग्री पर शोध कर प्रकाश में लाया है। साहित्य, शिक्षा, स्वदेशी आंदोलन और प्रत्यक्षत: जेल जाने जैसे विविध माध्यमों से सहभागी बनी महिलाओं का भी पुस्तक में उल्लेख है।

मैं लाजवंती झा को इस पुस्तक के प्रकाशन पर बधाई देती हूँ, उनका अभिवादन करती हूँ। मेरी शुभकामना है कि लाजवंतीजी निरंतर अपनी लेखनी को इसी प्रकार धारदार बनाए रखें।

सस्नेह

—सुखदा पांडेय

निवेदन

आजादी के अमृत महोत्सव के शुभ अवसर पर बिहार की उन महिलाओं की जीवनगाथा का प्रकाशन, जिन्होंने राष्ट्र की स्वाधीनता की बलिवेदी पर अपना जीवन न्योछावर किया, परंतु इतिहास के पन्नों में उद्धृत नहीं हो पाईं, नारी-शक्ति के त्याग, समर्पण एवं बलिदान को जन सम्मुख के समक्ष प्रस्तुत करने का विचार मेरे जीवन का एक ध्येय रहा है।

पिछले चार वर्षों से इस दिशा में सतत प्रयत्नशील रहकर, लेखन एवं प्रकाशन हेतु आवश्यक सूचना, जानकारी एवं प्रमाण इकट्ठा करने का कार्य अत्यंत ही दुःसाध्य एवं चुनौतीपूर्ण रहा।

एक सदी से अधिक के विगत् कालखंड में अपने जीवन की आहुति द्वारा जिन महान् एवं पुण्यात्मा बहनों ने राष्ट्रीय स्वाधीनता आंदोलन की मशाल को प्रज्वलित रखा एवं भारत की आजादी हासिल करने हेतु निस्स्वार्थ होकर अपने शौर्य, साहस एवं तपश्चर्या द्वारा आंदोलन को प्रबल एवं प्रखर करने में महत्त्वपूर्ण भूमिका निभाई, उनकी शौर्यगाथा को प्रकाशित करने की न तो योग्यता और न ही सामर्थ्य मुझमें है। मैं सर्वथा इस महान् कार्य हेतु असमर्थ अनुभव करती हूँ।

कुछ ऐसी ही महिलाओं के परिवार के सदस्यों से साक्षात्कार, तत्कालीन समाचार-पत्रों की प्रति एवं यत्र-तत्र बिखड़ी हुई अल्प उपयोगी सामग्री का संकलन कर प्रस्तुत पुस्तक का प्रारूप तैयार किया गया। इस कृत को प्रस्तुत कर नारी-शक्ति की प्रतीक स्वरूप स्वाधीनता सेनानीनियों के प्रति शब्दांजलि एवं श्रद्धांजलि आपके समक्ष है।

प्राक्कथन

इतिहास, सामाजिक एवं साहित्यिक ग्रंथ मुख्यतया समाज एवं राष्ट्र के श्रेष्ठ चरित्रों का चित्रण करता है तथा महापुरुषों के जीवनवृत्तों का उल्लेख एवं प्रशंसा के इर्द-गिर्द एक लक्ष्मण रेखा-सा खींच दिया जाता है। यदा-कदा साहित्य में किंचित् महानारी का गुणगान बड़े मंदिर के गौण देवता की तरह मिल भी जाता है, परंतु इतिहास एवं समाजशास्त्र की विषय-वस्तु के रूप में नारी-शक्ति के महत्त्वपूर्ण योगदान का आलेख विरल ही दिखाई पड़ता है।

आजादी के इतिहास पर अनेक ग्रंथ हैं। कुछ में अग्रणी भूमिका निर्वहन करनेवाले सेनानियों की जीवनियाँ भी उपलब्ध हैं, परंतु स्त्रियों की समान भागीदारी पर बहुत खोजबीन के बावजूद भी कुछ विशेष नहीं मिला, इस पितृ प्रधान युग में जब वर्तमान परिवेश में स्त्रियों को अपनी पहचान बनाने में अनेक कठिनाइयों का सामना करना पड़ता है, ऐसे में उस जमाने में स्त्रियों की बात कौन सामने लाता?

सृष्टि की मूलार्ध मातृशक्ति की रचनात्मक एवं सहयोगपूर्ण प्रयास को यथासंभव उपयोगिता या उपादेयता के आलोक में ही परिलक्षित की जाती है। भारत एवं खासकर बिहार के संदर्भ में आधुनिक काल की महिलाओं का सार्वजनिक जीवन में प्रवेश तथा सेवा कार्यों का अध्याय राष्ट्रीय स्वाधीनता आंदोलन में गांधी युग के शुरुआत से माना जा सकता है। जब महिलाओं ने बड़े उत्साह से सत्याग्रह आंदोलन में पर्याप्त संख्या में योगदान दिया।

घर-घर चरखा चलाने, खादी का प्रचार-प्रसार करने, विदेशी वस्त्रों का बहिष्कार करने, धरना देने, छूआछूत की भावना मिटाने, मद्य निषेध आंदोलन को सफल बनाने तथा परदा प्रथा उन्मूलन में नारी-शक्ति की सच्चे लगन, त्याग एवं बलिदान की भावना ने राष्ट्रीय स्वतंत्रता आंदोलन को प्रबल एवं सफल बनाया तथा अपने पुरुष स्वयंसेवकों, कार्यकर्ताओं के साथ कंधे से कंधा मिलाकर अग्रसर हुईं,

लेकिन सिर्फ शिक्षित, कुलीन, संभ्रांत एवं संपन्न वर्ग की ही भागीदारी के मद्देनजर इसका सर्वव्यापीकरण नहीं हो पाया तथा इनका संख्या बल नगण्य सा रहा।

अब तक न तो इतिहास एवं न ही अन्य लिखित स्त्रोतों में इनके प्रयास एवं योगदान का तटस्थ एवं निष्पक्ष निरुपण हुआ, न ही कोई प्रामाणिक साक्ष्यों के आधार पर इनके महत्त्व को अवलेखित किया गया। आजादी के अमृत महोत्सव कार्यक्रम के उपलक्ष्य में स्वाधीनता संग्राम में नारी-शक्ति की भूमिका को रेखांकित करने का यथेष्ठ कार्य संपादित करने के लिए सर्वथा अयोग्य एवं संसाधनहीन होने के बावजूद नम्रतापूर्वक अपनी श्रद्धांजलि उन वीरांगनाओं को समर्पित करती हूँ, जिनकी पीड़ा तथा व्यथा अप्रकट रही, लेकिन उससे स्वतंत्र भारत के निर्माण का मार्ग प्रशस्त हुआ।

18-19वीं सदी के पूर्वाद्ध तक मध्यकालीन संस्कृति एवं प्रथाओं के बोझ तले दब चुकी नारी-शक्ति का उत्थान एवं जागरण का प्रारंभ राजा राम मोहन राय, ईश्वर चंद्र विद्यासागर एवं महात्मा फूले के प्रयासों से आरंभ हो चुका था, परंतु बिहार के संदर्भ में महिलाओं के पुनरुत्थान एवं सार्वजनिक जीवन में प्रवेश का अध्याय स्वाधीनता आंदोलन के दौरान महात्मा गांधी के अहिंसक सत्याग्रह से आरंभ होता है। 1919-20 में असहयोग आंदोलन, जिसे गांधीजी ने प्रयोगात्मक तौर पर अंग्रेजी दमनकारी, अत्याचारी एवं शोषणात्मक शासन तंत्र के विरुद्ध आयोजित किया तो उसमें योगदान करने तथा भाग लने में बिहार की स्त्रियाँ आगे आईं तथा 1930-32 के सत्याग्रह में उन्होंने पर्याप्त संख्या में अपनी भूमिका निभाई।

राष्ट्रीय कार्यकर्ताओं, स्वयंसेविकाओं एवं रचनात्मक सेवाओं के रूप में नारी-शक्ति का अभूतपूर्व नवजागरण 1940 ई. के रामगढ़ कांग्रेस के उपरांत प्रखरता से परिलक्षित हुआ, जब उनके सुव्यवस्थित कार्यप्रबंधन की सराहना महात्मा गांधी एवं देशरत्न डॉ. राजेंद्र प्रसाद सरीखे महापुरुषों ने की।

नारी जागरण की भावना को अग्रसर करने तथा नारी-शक्ति को संगठित करने के उद्देश्य से पटना में महिला चरखा क्लास, जो कालांतर में 'महिला चरखा समिति' नाम से कार्यरत है, 1940 में स्थापित की गई। बिहार निवर्तमान, वर्तमान तथा भविष्य के विकास के संदर्भ में नारीवाद (नारी-शक्ति के स्वाधीनता आंदोलन के संदर्भ में) भारतीय संविधान लिंग आधारित भेदभाव का पूर्ण उन्मूलन करते हुए नारियों के सामाजिक, आर्थिक और राजनीतिक अधिकार को पृथक् नहीं करता, वरन् सभी नागरिकों को समान अधिकार प्रदान करता है, प्रत्येक महिला को एक मतदान का अधिकार क्या बानगी भर है? शासन प्रबंध में महिलाओं ने गौण भूमिका

निभाई है। इसका आधार शील रक्षा का प्रश्न ही मानना चाहिए। स्वतंत्रता आंदोलन में बिहार की महिलाओं की भूमिका का आकलन इन दो तथ्यों के विषयानुरूप न होकर, अर्थात् नागरिक संहिता प्रदत्त समानता तथा चरित्र व शील की गरिमा से परे विगत एक सही के कारण परिणाम की परिस्थितियों के आलोक में किए जाने की महती आवश्यकता है।

स्वातंत्रता संग्राम के मद्देनजर पुष्ट व अपुष्ट प्रमाणों के आधारगत कुछेक साठ महिलाओं के नाम के साथ-साथ लगभग पाँच से छह हजार महिलाओं का नाम ब्रिटिश शासन के विरुद्ध जुलूसों एवं प्रदर्शनों में सम्मिलित होने का उल्लेख उपलब्ध हो पाता है। आवश्यक एवं अपरिहार्य रूप से लाखों महिलाओं ने स्वतंत्रता आंदोलन में योगदान दिया होगा, लेकिन इतिहास की विडंबनाओं एवं सीमाओं के परिप्रेक्ष्य में प्रथम पंक्ति में खड़ी उन नारियों का जिक्र मिल पाता है, जिनका दमन एवं उत्पीड़न अंग्रेजी साम्राज्यवाद द्वारा उनके हितों के विरुद्ध खतरनाक समझकर किया गया।

ब्रिटिश साम्राज्यवाद के विरुद्ध संगठित रूप से भारतीय स्वतंत्रता संग्राम का इतिहास 1857 ई. से शुरू होता है तथा इसकी परिणिति 1942 ई. के 'भारत छोड़ो आंदोलन' में होती है, परंतु आरंभिक स्वतंत्रता संग्राम सशस्त्र होने के कारण इसमें महिलाओं का पदार्पण नहीं हो पाया। अत: 1857 ई. से 1919 ई. तक के स्वाधीनता आंदोलन में महिलाओं की कोई भी सार्थक भूमिका दृष्टिगोचर नहीं होती, लेकिन जैसे ही महात्मा गांधी के नेतृत्व में आंदोलन का स्वरूप अहिंसक हुआ तो देश के अन्य राज्यों की तरह बिहार में भी नारियों को अधिकाधिक रूप से योगदान देने का अवसर प्राप्त हुआ।

यद्यपि 1857 ई. के प्रथम सशस्त्र स्वतंत्रता संग्राम में भी बिहार की नारी-शक्ति ने अपना बलिदान अर्पण किया था, लेकिन इस संदर्भ में विस्तृत एवं प्रामाणिक जानकारी का अभाव होने के कारण उन वीरांगनाओं का यथेष्ट उल्लेख नहीं हो पाया, इसलिए ऐसा प्रतीत होता है कि तीनों अवसरों पर बिहार की महिलाओं ने गांधीजी के आह्वान पर अपनी शक्ति तथा परिस्थिति के आधार पर स्वतंत्रता संग्राम में योगदान दिया यथा—

(क) असहयोग आंदोलन (1919-21 ई.) जब जलियाँवाला बाग नरसंहार, रॉलेट ऐक्ट तथा प्रेस की आजादी पर प्रतिबंध लगाया।

(ख) सविनय अवज्ञा सत्याग्रह (1930-32 ई.), जिसकी परिणति 'गांधी इरविन पैक्ट' में हुई थी, के साथ-साथ व्यक्तिगत सत्याग्राह।

(ग) भारत छोड़ों आंदोलन (1941-42 ई.), जिसे 'अगस्त महाक्रांति' भी कहा जाता है तथा जिसके परिणामस्वरूप क्रिप्स मिशन तथा कैबिनेट मिशन योजना द्वारा भारतीय संविधान का मार्ग प्रशस्त हुआ।

प्रथम दो आंदोलन अमूमन अहिंसक स्वरूप के होने के कारण महिलाओं की भागीदारी का व्यापक मार्ग प्रशस्त हुआ, जबकि अगस्त महाक्रांति के दौरान नारी-शक्ति विध्वंसात्मक गतिविधियों में भी शामिल हुई थी।

इसके समानांतर नेताजी सुभाषचंद्र बोस द्वारा स्थापित 'आजाद हिंद फौज' के अंतर्गत गठित 'झाँसी की रानी रेजिमेंट' में भी बिहार की महिलाओं ने महत्त्वपूर्ण भूमिका निभाई थी, जिनमें आशा सहाय तथा बेला मित्र जैसी वीरांगनाओं ने अपने शौर्य का प्रदर्शन किया था, लेकिन वे सभी इतिहास के पन्नों में गुम हो गईं।

आजादी के अमृत महोत्सव के शुभ अवसर पर नारी-शक्ति के अदम्य साहस, शौर्य तथा त्याग को जनमानस के सम्मुख प्रस्तुत करने तथा वर्तमान एवं भविष्य की पीढ़ी के लोग इससे प्रेरणा ले सकें, इस आशा के साथ स्वाधीनता संग्राम में बलिदान देनेवाली विस्मृत चेहरों को नमन एवं श्रद्धासुमन अर्पित करते हुए पुस्तक आप सभी को समर्पित करती हूँ।

—लाजवंती झा

आभार

सर्वप्रथम स्वतंत्रता संग्राम में शामिल सभी वीरांगनाओं, जिनकी चरित्र गाथा तथा कीर्ति ने मुझे इस पुस्तक को लिखने के लिए आत्मबल प्रदान किया, उन्हें नमन तथा उनका आभार व्यक्त करना चाहती हूँ...

'विस्मृत चेहरे : स्वाधीनता आंदोलन में बिहार की स्वतंत्रता सेनानी महिलाएँ' पुस्तक रूप में आपके सम्मुख प्रस्तुत करने की मेरी चेष्टा कभी सफल नहीं हो सकती थी, यदि श्री नरेंद्र कुमार झाजी ने मेरे विचार एवं संकलन को कलमबद्ध नहीं किया होता। प्रिय संगिनी विनीता मिश्राजी एवं शोभा सिंहजी ने अपना अमूल्य समय एवं योगदान देकर पुस्तक लेखन में सहयोग किया। संजीव कुमार वर्मा एवं मो. अजीज ने पुस्तक के टंकण में अपना बहुमूल्य समय प्रदान किया।

प्राचार्य, वी.एन.एस. विधि महाविद्यालय, मुंगेर एवं सुमिता नूपुरजी का आभार, जिन्होंने इस पुस्तक के प्रकाशन में अपना सहयोग दिया।

बिहार अभिलेखागार की बहन डॉ. भारती शर्मा एवं डॉ. शारदा शरण का सहयोग अमूल्य है।

मेरे सभी सहयोगी, परिवार के सदस्य एवं शुभेच्छु को धन्यवाद एवं शुभकामनाएँ, जिन्होंने मेरा उत्साहवर्धन किया।

अनुक्रम

संदेश *7*

निवेदन *19*

प्राक्कथन *21*

आभार *25*

1. नारी-शक्ति का पुनर्जागरण 29

2. भारतीय स्वतंत्रता संग्राम में बिहार की नारियों का योगदान 36

3. भीषण अत्याचार एवं दारुण यातना 52

4. स्वाधीनता आंदोलन में नारी-शक्ति का साहित्य सृजन 58

5. शिक्षा क्षेत्र एवं नारी-शक्ति 67

6. स्वदेशी एवं नारी-शक्ति 77

7. स्वाधीनता आंदोलन में प्रत्यक्ष रूप से
   शामिल होनेवाली बिहार की वीरांगनाएँ 87

संदर्भ-सूची *176*

नारी-शक्ति का पुनर्जागरण

सृष्टि के आरंभ से लेकर बर्बर युग तथा पाषाणकालीन अवधि खंड की पगडंडियों से गुजरने के पश्चात् भारतीय मनीषियों की दृष्टि स्थूल तत्त्वों से परे अंतरात्मा के सुक्ष्मतम तत्त्वों के अनुसंधान में संलग्न हुई तो साथ ही उन्होंने स्त्री-तत्त्व का गहन अनुसंधान करते हुए भारतीय वाङ्मय को ऐसे अनुपम एवं रत्नजड़ित उपादेयों से सुसज्जित किया, जो विश्व के अन्य भूभागों में अलक्षित रहा।

मनीषियों ने सृष्टा के जिस सत्य सनातन ब्रह्म का अनुशीलन किया, उसके स्वरूपों में प्रकृतिरूपी माया का शोध अभिन्न रूप से स्थापित किया गया। जितने देवस्वरूप स्वीकार किए गए, उतनी ही देवियों की भी प्रतिष्ठा आत्मसात् की। जितनी ही उदात्त एवं उदार मानवीय प्रज्ञा का प्रस्फुटन उन्हें दृष्टिगोचर हुआ, उन्हें स्त्रीत्व से जोड़ा गया। सरस्वती मेधा, प्रज्ञा, बुद्धि मनीषा आदि बौद्धिक क्षेत्र की अधिष्ठात्री देवी के रूप में, तो चंडी, दुर्गा, काली आदि शक्ति की उपासना करनेवालों की आराध्य देवी बनीं, वहीं रिद्धि-सिद्धि, निधि, कमला सहित लक्ष्मी-संपन्नता, वैभव, सौभाग्य की मूर्ति के रूप में प्रतिष्ठित की गईं।

ये संपूर्ण दैवीय शक्ति संपन्नस्वरूप नाम, रूप और आख्यानों से परिसंपन्न होकर जनमानस में गहरे पैठ बना समय-समय पर विधिवत् आराधित होती हैं, परंतु ये सभी चिंतनशील बौद्धिक आयाम से उत्पन्न मानवीय भावनाओं का ही प्रस्फुटन एवं प्रतीक हैं, जिन्हें वर्ण एवं आकृतियों में सँजोकर सामाजिक पूजा का रूपक प्रदान करने में स्त्रियों के प्रति भारतीय समाज की आदर भावना का प्रकटीकरण माना जाता है अथवा ऐसी ही मंशा से इनका चित्रण एवं निरूपण हुआ हो सकता है।

इसमें संदेह नहीं होना चाहिए कि कर्मजनित एवं जीवनपूरक आवश्यकताओं की पूर्ति हेतु ही आदि मानव एवं मानवी का गूढ़तम संबंध स्थापित हुआ होगा, परंतु

कालचक्र के प्रवाह के साथ मानवीय भावनाओं के परिष्करण के फलस्वरूप जिस मानवी चरित्र एवं नारी–शक्ति की दशा एवं दिशा का सृजन होता रहा, वह भूतकाल का चिरसाध्य एवं सुंदर प्रयत्न है।

इसमें कितना समय एवं शक्ति का अवलंब है, यह विमर्श से अतिरिक्त विषय है, परंतु धृति, क्षमा, करुणा, दया, सौंदर्य, सुकुमार्य की अधिष्ठात्री तो नारी को ही माना गया।

कन्या रूप में लालित्य एवं स्नेह अर्धांगिनी रूप में प्रेम, सौंदर्य तथा माँ के अंतिम रूप में करुणा, क्षमा, दया, वात्सल्य आदि उदार गुणों को स्नेह निहित कर मातृशक्ति मंदिर में जो मानवी मूर्ति प्राण प्रतिष्ठित हुई, उसके चरणारविंद में श्रद्धा के पावनपुष्प समर्पित किए गए तथा भावनातिरेक में उसकी वंदना एवं प्रशंसा के गीत गाए गए।

यह भारतीय संस्कृति की विशिष्टता है, जो विश्व की अन्य सभ्यताओं की तुलना में चरम विकास की अवस्था का परिचायक है।

भारतीय वाङ्मय के दृष्टिकोण से अनादि, अनंत, अजनमा ईश्वर को भी नाम रूप धारण कर अवतरित होने के लिए माता की गर्भ कुक्षि का आश्रय लेना पड़ता है, अतः इस सृष्टि के संचालन के लिए नारी–शक्ति की महिमा कितनी अनिवार्य है, यह स्वतः स्थापित सत्य है।

जिस माता की गर्भ कुक्षि में मानव जाति गढ़ी जाती है, उसके स्तन्य सुधा का पान कर लालित–पालित होकर एक दिन एक वयस्क मनुष्य विकसित होता है, यदि वही मातृ महिमा को क्षीण कर दे और मातृशक्ति कर्तव्य विमुख हो जाए तो मानव सभ्यता का इससे अधिक पतन संभव नहीं है और यह अत्यंत दुर्भाग्यपूर्ण मानना चाहिए।

स्त्री के जिस उदार–उदात्त एवं सर्वश्रेष्ठ मानवीय भावनाओं की प्रतिष्ठा वैदिक युग से लेकर पौराणिक युग तथा साहित्य एवं अनेक प्रकार की कथा–कहानियों व कविताओं में हो पाया है, उसके यथेष्ट अन्वेषण के उपरांत यह तथ्य निर्विवाद रूप से स्थापित होता है कि पुरुष जहाँ स्वयं किसी की आराधना करने लगता है, स्त्री अपने विशिष्ट दैवीय गुणों को प्रकाशित कर स्वयं आराध्या बन जाती है।

इस निरंतर विकास–यात्रा में इस भूभाग की नारी–शक्ति ने अपना स्वरूप गौरवपूर्ण ढंग से सँवारा है।

पुराणों में सीता, सावित्री, गार्गी, मैत्रेयी, अनसूया आदि जिन श्रद्धेय एवं सम्माननीय नारी–चरित्र का विवरण उपलब्ध है, निश्चय ही उन्होंने अपने पूर्ववर्ती

ग्रंथों, साहित्यों एवं उच्च गुणवत्तापूर्ण सामाजिक एवं पारिवारिक प्रथा एवं जीवन-शैली का अनुकरण करके ही अपने-अपने चरित्र का सृजन किया होगा तथा इन महिलाओं का जीवनवृत्त आगामी युग की नारियों के लिए प्रेरणा का पाथेय सिद्ध हुआ, ऐसा माना जा सकता है।

इन सभी पौराणिक एवं साहित्यिक चरित्रों से प्रेरणा लेकर इस संस्कृति की नारियाँ, विषम-से-विषम परिस्थिति में भी अनेक प्रकार के घात-प्रतिघात सहकर सुरक्षित एवं अक्षुण्ण संस्कृति की रक्षा करने में समर्थ रहीं।

हिमालय की तटीय भूमि में कुछ ऐसे अमुल्य चिंतन तत्त्व की परंपरा विकसित हुई, जो सहजता से नित्य-अनित्य का भेद, सत्य की यर्थाथता आदि का ज्ञान उपलब्ध कराती रही, और ऐसी चिंतन की परंपरा यहाँ के जन-जीवन के चारित्रिक निर्माण में काफी सहायक उपादान रहे हैं।

वैदिककालीन ऋषियों ने आत्म तत्त्व को धार्मिक एवं आध्यात्मिक साहित्यों में स्थापित किया तो वैदिकोत्तर काल में बुद्ध, महावीर तथा युग प्रवर्तक अन्य संतों की वाणी ने इसी तत्त्व को मूल प्रकृति के रूप में जनमानस में पिरोया, जिसका परिणाम यह हुआ कि जनसाधारण में स्वतंत्र चिंतन, त्याग, सहिष्णुता, धैर्य, अहिंसा एवं न्याय आदि भावों का विकास अत्यंत ही सहजता एवं सरलता से आत्मसात् हो पाया।

आरंभिक काल से ही स्त्री-पुरुषों में कोई सामाजिक भेद न रहने के कारण स्त्रियाँ भी पुरुषों के सामान स्वतंत्र चैतन्य अवस्था लेकर विकासोनुख हुईं एवं समय-समय पर स्त्रियों ने आत्मबल द्वारा जो आत्म प्रकाशन किया, उससे वे इतिहास में अमर हो गईं।

विदेह राजा जनक की सभा में विदुषी स्त्रियों का शास्त्रार्थ उस युग के इस क्षेत्र की नारियों के बौद्धिक विकास का उद्घोष करता है।

बिहार के वर्तमान सहरसा जिले के अंतर्गत महिषी में मंडन मिश्र एवं शंकराचार्य के शास्त्रार्थ के बीच विदुषी भारती का न्यायाध्यक्ष पद पर आसीन होकर शंकर की विजय का निष्पक्ष निर्णय देते हुए भी अपने परास्त पति के सम्मानार्थ स्वयं गृहस्थ संबंधी प्रश्नों से ब्रह्मचारी शंकर को निरुतर कर देना भारती की अद्‌भुत विद्वत्ता एवं चरित्र का परिचायक है।

पौराणिक महिलाओं का आख्यान, जिसमें सीता, अहिल्या, उर्मिला, मैत्रेयी, गार्गी तथा कात्यायनी, जिसका संबंध पुराणकालीन बिहार से है, अपने चारित्रिक विकास के उत्कर्ष को प्रतिष्ठित करती हैं।

अहिल्या का प्रतीकात्मक स्वत: जड़वत् स्तब्ध एवं मौन धारण कर लेना, उर्मिला की मौन साधना, जब उसका पति लक्ष्मण चौदह वर्षीय वनवास स्वीकार करता है तथा मैत्रेयी का अपने पति याज्ञवल्क्य को 'असतो मा सद्गमय तमसो मा ज्योतिर्गमय, मृत्योर्मामृतं गमय' के आह्वान द्वारा नारियों के शक्ति संचय एवं अद्भुत चरित्र-निर्माण के अतुलनीय उदाहरण आज भी जीवंत हैं।

महात्मा बुद्ध ने जिस ज्ञानतत्त्व हेतु जीवनरूपी यज्ञकुंड की वेदी में पुत्र एवं पत्नी को समिधा रूप में समर्पित कर संसार को अनित्य एवं असत्य जानकर वैराग्य धारण किया, वहीं यशोधरा ने अनित्य पुत्र को संवर्धित करने को धर्म के रूप में स्थापित किया।

बौद्ध धर्म के प्रचार-प्रसार में जितना पुरुषों ने योगदान दिया, उससे कम संघर्ष, तपस्या एवं समर्पण नारी-शक्ति ने नहीं किया। संघमित्रा जैसी राजकुमारी अपना जीवन इस पुण्यकर्म के लिए उत्सर्ग करके ही अमर हुई।

ऐसी अनेक अनाम स्त्रियाँ भी हुई हैं, जिन्होंने पुण्य पथ-पावन अनुष्ठान में परिवार, पति, पुत्र का सहर्ष उत्सर्ग कर धर्म-संस्कृति की सुरक्षा की ध्वजवाहक बनीं। धन्य है बिहार की यह धरती, जिसने ऐसी यशस्वी व तपस्वी महिलाओं को जन्म दिया।

बिंबिसार की पत्नी वासवी, अजातशत्रु की प्रेमिका आम्रपाली, चंद्रगुप्त की माता 'मुरा' अशोक की पत्नी तिष्यरक्षिता आदि महिलाओं ने बिहार से इतर भारतीय राजनीतिक संस्कृति को अक्षुण्ण बनाए रखने का महती प्रयत्न सार्थक किया।

निर्दोष होते हुए भी संतप्त तथा पीड़ित सीता सच्चे अर्थ में सहधर्मिणी का कर्तव्य निर्वहन करते हुए अपनी क्षमाशील वृत्तियों का पोषण कर हमेशा राम की प्रेरणा बनी रही तथा इस प्रेरणा के समाप्त होते ही राम की कहानी खत्म हो जाती है।

बिहार की इन पौराणिक स्त्रियों ने ऐसे ऊँचे आदर्श स्थापित किए कि संपूर्ण भारतवर्ष उन्हें देवी शक्ति संपन्न, आध्यात्मिक, सामाजिक तथा उच्च स्थान पर सुशोभित करता है।

इन आदर्श चरित्रों की कहानी पीढ़ी-दर-पीढ़ी इस प्रकार भारतीय जनमानस में उतरी कि मध्यकाल एवं पूर्ववर्ती आधुनिक काल 10वीं से 19वीं सदी तक में स्त्रियों की शिक्षा का कोई संगठित ढाँचा नहीं रहने के बावजूद भी परिवार एवं समाज का न तो पतन हो पाया, न ही विघटन।

फिर किस दुर्भाग्य से पीड़ित होकर पुरुषों ने नारियों के हाथ से सारे अधिकार छीन लिये, उन्हें लगभग घरों की चहारदीवारी के अंदर ऐसे समेट दिया कि ज्ञान

के प्रकाश के साथ-साथ सूर्य के प्राकृतिक प्रकाश का दर्शन भी उन्हें दूभर हो गया। जहाँ स्त्रियाँ आध्यात्मिक शास्त्रार्थ के लिए स्वतंत्र थीं, वेदमंत्र के निर्माण एवं उच्चारण में समर्थ थीं, विवाह में स्वयं पति का वरण करती थीं, राजनीति के दाँव-पेंच को समझती थीं, युद्ध-आखेट, उत्सव आदि में साथ जाती थीं, सही अर्थों में पुरुषों की सहयोगिनी एवं समकक्ष थीं, दया, क्षमा, त्याग, शौर्य, उदारता आदि गुणों से संयुक्त थीं, ऐसी पार्श्व संगिनी पद-दलित या पैरों की जूती कैसे हो गईं?

लक्ष्मी-नारायण, सीता-राम, राधे-कृष्ण व पार्वती-परमेश्वरौ की उपमा से युक्त पति-पत्नी, सेविका-सेव्य भाव को कब और कैसे प्राप्त हुए?

बिहार क्षेत्र की स्त्रियों का दुर्भाग्य इतना प्रबल हुआ कि सदियों से भी अधिक कालखंड में वे सुषुप्ति से भी अधिक गहरी मूर्च्छित अवस्था में पहुँच गईं। भोजन एवं वस्त्राभूषण में ही उनका संसार सिमट गया। इससे अधिक सोचने की शक्ति नहीं रही। विश्व, समाज और कुल-परिवार से क्रमशः आकुंचित व संकुचित होते-होते जिनका स्वजन लोक पति-पुत्र तक सिमटकर गृह-कलह का कारण बन गया। सारे व्रत व अनुष्ठान केवल सीमित भौतिक कामनाओं की पूर्ति का साधन बनकर रह गए और तरह-तरह के कुसंस्कार उनके हृदय-पटल पर घनीभूत होने लगे। जन्म, विवाह, मृत्यु अथवा और भी अन्य अवसरों पर संस्कारों का कठोरतापूर्वक पालन ही धर्माचरण बन गया तथा उनकी स्वतंत्र चेतना ऐसे लुप्त हो गई कि वे अपना सत्त्व ही भूल बैठीं।

लगभग हजार से डेढ़ हजार वर्षों तक जीवन की इस अवस्था में दीन-हीन, कुंठित होकर रहने के लिए अभिशप्त होने के पश्चात् जब पश्चिमी सभ्यता की दूषित हवा यूरोप एवं अमेरिका से इधर का मुख करने लगी, तब यहाँ के पुरुष वर्ग ने महसूस किया कि सभ्यता के रणक्षेत्र में जहाँ उसे मजबूती से आगे बढ़ना है तो उनकी अर्धांगिनी न तो उसकी सहगामिनी बन सकती है और न ही सहयोगिनी, बल्कि नारी-शक्ति को कंधे पर बोझ के सदृश समझा जाने लगा।

पुरुष वर्ग को सभ्य समाज में पत्नी की प्रतिष्ठा के लिए नए रंग में उन्हें रँगने की आवश्यकता महसूस हुई। पिता को पुत्री के लिए योग्य पति हेतु कन्या के लिए नए शिक्षण एवं फैशन की ओर उन्मुख होना पड़ा, नहीं तो विवाह के बाजार में कन्याओं को ग्राहक कहाँ से मिलता, वह भी मूल्य के साथ!

नारी वर्ग ने इसी को अपना जीवन-सत्य स्वीकार कर लिया और वह आपस की प्रतिस्पर्धा में क्रमशः आगे बढ़ने लगी तथा आधुनिकता के नए दौर की परिभाषा गढ़नी शुरू हो गई।

19वीं सदी से जो आधुनिक शिक्षा का सूत्रपात पाश्चात्य चिंतन प्रणाली के भारत आगमन से चल रहा है, वह स्वदेशी शिक्षा शास्त्रियों के चिंतन-मनन की परंपरा से काफी दूर है।

वास्तव में वर्तमान शिक्षा प्रणाली एक विजयी एवं मदांध शासक द्वारा विजित राष्ट्र के मस्तिष्क को पराधीन एवं विकृत करने के उद्देश्य से रची गई थी, जिसके बल पर सुगमतापूर्वक अरबी-तुर्की संस्कृति, तत्पश्चात् यूरोपीय संस्कृति एवं शासन तंत्र निर्बाध चलता रहा। इस शिक्षण प्रणाली के द्वारा नए ज्ञान की उपलब्धि तो हुई, किंतु जिस शिक्षण मूल्यों को आत्मसात् कर यह भूभाग सभ्यता की आदर्श स्थिति और उत्कर्ष पर पहुँचा था, उन तत्त्वों का सामान्यतया परित्याग कर दिया गया। परिणाम यह हुआ कि पूर्व एवं पाश्चात्य के जीवन संबंधी तात्त्विक भेद को यहाँ का शिक्षित वर्ग ठीक से समझने में असमर्थ रहा। भौतिकता और आध्यात्मिकता के बीच की खाई इतनी गहरी और चौड़ी हो गई कि भारतीय राष्ट्र गिरने और लड़खड़ाने लगा।

दृश्य जगत् से परे की शाश्वत वस्तु विशुद्ध चैतन्य ऊर्जा की उपलब्धि मानवमात्र का परम उद्देश्य न होकर त्याज्य, क्षणिक भौतिक सुख की प्राप्ति को ही जीवन का सर्वस्व स्वीकार कर किया गया, जो भारतीय सभ्यता के नैतिक एवं चारित्रिक पतन का जड़मूल कारण है। अवतारी पुरुष राम-कृष्ण से लेकर भिक्षुक बुद्ध, संन्यासी शंकर तथा सत्य व अहिंसा के पुजारी बापू जिस ज्ञान और आदर्श के समर्थन में समर्पित थे, उसके विपरीत भौतिक सुख ही परम पुरुषार्थ है, जैसी पाश्चात्य विचारधारा संस्कृति भेद एवं जीवन-शैली के कारण नारी-शक्ति भोग्या के रूप में स्थापित की जाने लगी।

अर्थ उपार्जन विद्या प्राप्ति का मूल उद्देश्य बना, न कि आत्मनिर्भर मानव समाज का निर्माण, जिसके बल पर मानव सभ्यता आधारित है।

स्त्री-पुरुष के शिक्षण में कहीं भी भेद नहीं होने के कारण स्त्रियों में न तो उनकी सर्जनात्मक शक्ति का प्रस्फुटन होता दिखाई देता है, न ही उनमें आत्म विकास की रुचि दिखाई पड़ती है।

अतः साक्षरता एवं शिक्षा में प्रगति होने के बावजूद भी वह मौलिक चिंतन का आधार नहीं है, जिसके द्वारा आत्मोपलब्धि की जा सके। वह आत्मबल नहीं है, जिसके द्वारा कठिन-से-कठिन परिस्थितियों में भी अचल रहा जा सके। उस आत्मबल तथा त्यागबल का अभाव है, जिसके द्वारा आरंभिक सभ्यता मर्यादित हुई थी। स्त्री आज अपने स्त्रीत्व एवं तत्त्वज्ञान, कर्तव्य एवं मर्यादा के क्षेत्र में कठपुतली बनकर हमेशा भौतिक जीवन की निस्सारता को मन की तृष्णा का आधार बना चुकी है।

हीरा खोकर काँच का संग्रह करना सिर्फ निर्धनता को बढ़ाता है। व्यक्तित्व आचार-विचार एवं आत्मबल का अभाव मान यश एवं धन की प्रतिस्पर्धा से ग्रसित जीवन अवनति को प्राप्त होता है, जबकि सेवावृत्ति एवं त्याग उन्नति एवं समृद्धि का कारक होता है। बीसवीं सदी के आरंभ में स्त्रियों की अंतर्दृष्टि खोलनेवाली चिरसाधना एवं तपस्या से पूर्ण पूज्य बापू की वाणी भी गूँजी, लेकिन यह शंखनाद चिरबधिर भारतीय समाज के कर्ण कुहर के अंदर युग-धर्म के प्राबल्य तथा पाशविक सोच के कारण प्रवेश कर प्रतिध्वनित एवं समाज में प्रतिबिंबित करने में असफल ही सिद्ध हुआ।

राजा राम मोहन राय, ईश्वर चंद्र विद्यासागर, रामकृष्ण परमहंस से लेकर पूज्य गांधी तक सबने स्त्रियों के लिए दिशा संकेत दिए, किंतु सदियों तक अंधकूप में रहने के कारण तथा बाहर निकलने पर आधुनिक सभ्यता की सर्चलाइट से सही प्रकाशपुंज किसी को भी शायद सही दिशा नहीं दिखा पाया।

एक दीर्घकालीन, तमसाच्छन्न रात्रि रही और अब पुनर्जागरण की वेला में यदि आत्मज्ञान का प्रकाश एवं आत्मबल का अवलंब न अपनाया गया तो आज के परमाणु एवं डिजिटल युग में हिंसा, अशांति एवं विध्वंस का विरोध कर, शांति एवं सभ्यता की अग्रदूत बनने में, विषमता में समता की सृष्टि करने में नारी-शक्ति असमर्थ ही रहेगी। सृष्टि की आधारमूला शक्ति के रूप में नारी के ऊपर श्रेष्ठ एवं सभ्य राष्ट्र के निर्माण का गुरुतर कार्यभार है, जिसकी दिशा एवं दशा तय करने का अधिकार एवं कर्तव्य नारी-शक्ति के ऊपर है। बीसवीं सदी के दूसरे दशक से बिहार की नारी-शक्ति ने अपना खोया हुआ गौरव एवं प्रतिष्ठा पुनः अर्जित करते हुए राष्ट्रीयता एवं भारत की स्वतः स्फूर्त चेतना के जागरण द्वारा 'वंदे मातरम्' की भावना से यथाशक्ति स्वाधीनता आंदोलन की मंदाकिनी में पतली धारा से आरंभ कर विशाल राष्ट्रीयता की धारा को गतिमान किया।

राजनीतिक क्षेत्र में, खासकर राजनीतिक आंदोलन/क्रांतियों में अब तक अस्पृश्य रही नारी-शक्ति बड़े उत्साह एवं साहस के साथ महात्मा गांधी के आह्वान एवं आदेश पर राष्ट्रीय स्वतंत्रता संग्राम में कूद पड़ी तथा चरखा एवं खादी, स्वदेशी अपनाने एवं विदेशी के बहिष्कार, छुआछूत की भावना मिटाने, मद्यनिषेध आंदोलन को प्रबल करने, परदा प्रथा तोड़ने तथा शिक्षा एवं समाज को सुदृढ़ करने हेतु सच्ची लगन और समर्पण के साथ अपने पुरुष सत्यार्थियों एवं सत्याग्रहियों को बल एवं प्रेरणा प्रदान करने लगी। प्रस्तुत संकलन में स्वाधीनता संग्राम में बिहार के नारी जाति का यथेष्ट एवं यथासाध्य विवरण प्रकाशित करने का सम्यक् प्रयास किया जा रहा है।

□

भारतीय स्वतंत्रता संग्राम में बिहार की नारियों का योगदान

'प्रथम चरण' : असहयोग आंदोलन एवं बिहार की नारी-शक्ति

ब्रिटिश साम्राज्यवाद के विरुद्ध संगठित रूप से भारतीय स्वतंत्रता संग्राम का इतिहास 1857 ई. से शुरू होता है तथा इसकी परिणीति 1942 ई. के 'भारत छोड़ो आंदोलन' में होती है, हालाँकि आरंभिक संग्राम सशस्त्र होने के कारण इसमें महिलाओं का पदार्पण व्यापक नहीं हो पाया, परंतु 1857 की क्रांति का एक प्रमुख केंद्र बिहार का आरा जिला भी था, जहाँ जगदीशपुर के जमींदार 80 वर्षीय बाबू कुँवर सिंह ने अंग्रेजी ईस्ट इंडिया कंपनी की हुकूमत के खिलाफ सशस्त्र विद्रोह का वातावरण निर्माण किया तथा बिहारी जनमानस ने स्वतंत्रता-प्राप्ति की अवधारणा को सर्वप्रथम आत्मसात् किया। इस क्रांतिकारी धटना का उल्लेख इतिहास में सर्वत्र दर्ज है, परंतु इस हिंसक क्रांति में भी बिहार की नारी-शक्ति ने बलिदान दिया था, इस संबंध में नहीं के बराबर जानकारी उपलब्ध है।

19वीं सदी के कतिपय आलेखों एवं दस्तावेजों से ज्ञात होता है कि बाबू कुँवर सिंह की प्रेयसी एवं शाहाबाद की नर्तकी गुलाबी सिर्फ नृत्य कला में ही प्रवीण नहीं थी, बल्कि तलवार की हनक भी दिखाती थी। कुँवर बाबू की जान बचाने के क्रम में ये 1857 के युद्ध में शहीद हुई थी। यह भी पता चलता है कि जगदीशपुर, पीरो, बीबीगंज और आरा की कई महिलाओं ने 1857 के प्रथम स्वतंत्रता आंदोलन के दौरान गुप्त रूप से बाबू कुँवर सिंह की सेनाओं को मदद एवं सहयोग किया था।

आरा की करमन बाई, धरमन बाई का नाम नर्तकी गुलाबी के साथ उल्लेखनीय है। यद्यपि इस आंदोलन को दबा दिया गया, लेकिन इन महिलाओं की चर्चा से महिला वर्ग में एक जागृति के भाव का सूत्रपात हुआ।

1857 की क्रांति में शहीद हुई महिला स्वतंत्रता सेनानियों के संबंध में विशेष जानकारी उपलब्ध नहीं हो पाती है, परंतु कुछ एक नाम अवश्य प्राप्त होते हैं। मुजफ्फरपुर की आशा देवी, भगवती, भगवानी, हबीबा जमीला मेहरी, इंद्र कौर, माम कौर, रहीमी, राजकौर, रंग वीरी, शोभा देवी, रसूलपुर की बेली, छाजू नगर की लेखा, नागली की रत्ना और पलवल की मोनी नाम की शहीद महिलाओं का जिक्र मिलता है, जो 1858 में शहीद हुई थीं। स्वाधीनता आंदोलन के इतिहास में ये गुमनाम ही रहीं अथवा इनके योगदान का यथेष्ट निरूपण नहीं हो पाया।

1917 ई. में तत्कालीन ब्रिटिश पार्लियामेंट के भारतीय मामले के मंत्री मोंटेग्यू तथा वायसराय चेम्सफोर्ड द्वारा भारतीय शासन एवं प्रशासन में सुधार हेतु एक मिशन गठित किया गया था, जिसने तत्कालीन भारतीय शासन प्रणाली में कुछेक भारतीयों के शामिल किए जाने की योजना को 'मोंटेग्यू-चेम्सफोर्ड' सुधार का नाम दिया।

भारतीय प्रशासनिक संरचना में मोंटेग्यू-चेम्सफोर्ड के प्रतिवेदन के आधार पर ब्रिटिश पार्लियामेंट द्वारा भारत शासन अधिनियम 1919 पारित किया गया, लेकिन यह सुधार राष्ट्रवादियों को अपेक्षाओं को तुष्टि प्रदान नहीं कर पाया, क्योंकि इस अधिनियम का उद्‌देश्य शासन की संसदीय पद्धति की स्थापना न होकर उत्तरदायित्वहीन कार्यपालिका की ही प्रभुता को मान्यता प्रदान की गई थी, अर्थात् अंतिम विनिश्चय वायसराय द्वारा ही होना था।

1919 के सुधार भारत की जनता की आकांक्षाओं की पूर्ति नहीं कर सके और महात्मा गांधी के नेतृत्व में ब्रिटिश साम्राज्य के खिलाफ असहयोग के माध्यम से स्वराज्य प्राप्ति के लिए आंदोलन प्रारंभ हुआ।

बिहार कांग्रेस की ओर से प्रसिद्ध वकील श्री हसन इमाम के नेतृत्व में एक प्रतिनिधिमंडल को इंग्लैंड भेजने का निर्णय लिया गया, ताकि अंग्रेजी शासन पर दबाव डाला जा सके। इस प्रतिनिधिमंडल में श्रीमती हसन इमाम एवं उनकी पुत्री श्रीमती शमी शामिल थीं। उक्त दो महिलाएँ राजनीतिक कारण से ब्रिटेन जानेवाली प्रथम नारियाँ थीं।

पुनः जलियाँवाला बाग हत्याकांड तथा रॉलेट कानून के विरुद्ध असहयोग आंदोलन के अंतर्गत राष्ट्रव्यापी हड़ताल का आह्वान किया गया तो अनेक बिहारी महिलाओं ने इसमें बढ़-चढ़कर भाग लिया। श्रीमती सरला देवी ने संयुक्त बिहार के हजारीबाग जिले में इस आंदोलन का नेतृत्व किया।

बिहार के छात्रों का सोलहवाँ अधिवेशन हजारीबाग में ही सन् 1921 ई. को आयोजित किया गया था, जिसकी अध्यक्षता श्रीमती सरला देवी ने ही की थी। इस

अधिवेशन में सरला देवीजी ने अत्यंत ही ओजस्वीपूर्ण वक्तव्य द्वारा छात्रों को ब्रिटिश शिक्षा पद्धति के विद्यालयों एवं महाविद्यालयों के परित्याग का आह्वान किया, जिसके फलस्वरूप सैकड़ों छात्रों ने सरकारी विद्यालयों का परित्याग कर स्वदेशी विद्यालयों के विकास में सार्थक भूमिका निभाई। श्रीमती सरला देवीजी ने प्रिंस ऑफ वेल्स के भारत आगमन के उपलक्ष्य में आयोजित समारोहों के बहिष्कार करने हेतु हजारीबाग तथा राँची में वातावरण तैयार किया।

पटना में श्रीमती सावित्री देवीजी ने असहयोग आंदोलन में सरकार की साम्राज्यवादी नीतियों के विरुद्ध कई जनसभाओं का आयोजन किया। इन सभाओं में ब्रिटिश दमनकारी नीतियों एवं क्रियाओं की कठोर निंदा की गई। ब्रिटिश सामग्रियों का पूर्ण बहिष्कार एवं स्वदेशी उत्पादों के उपयोग की प्रभावी वकालत की गई तथा लगातार दो वर्षों तक स्वदेशी एवं बॉयकाट का नारा बुलंद होता रहा।

बिहार के लगभग सभी जिलों में शराब की दुकानों, विदेशी सामग्री की दुकानों के सामने सभी वर्गों की महिलाएँ शांतिपूर्ण धरना, प्रदर्शन एवं उपवास कार्यक्रम में हिस्सा लेने लगीं। ऊँचे घराने की महिलाओं ने सत्याग्रह एवं असहयोग आंदोलन को बल प्रदान करते हुए इसे जारी रखा तथा कई उल्लेखनीय कार्य किए, यथा अली बंधुओं शौकत अली तथा मोहम्मद अली की माताजी अमीन बेगम बानो ने स्वयं घर-घर जाकर महिलाओं का आह्वान किया तथा अंगोरा कोष की स्थापना की। महिलाओं ने अपने अल्पसंचित धन का दान देकर आंदोलन को जारी रखने हेतु समर्थन किया था। जब जनआंदोलन मंद पड़ता था तो बिहार की महिलाएँ झंडा लेकर मैदान सँभालती थीं तथा स्वदेशी एवं शराबबंदी कार्यक्रम को गति प्रदान करती रहती थीं।

चरखा समिति का गठन लगभग प्रत्येक जिले में हो चुका था तथा आमतौर पर महिलाएँ ही चरखा सँभालती थीं तथा वस्त्र व धागों की आपूर्ति निर्बाध रूप से करती रहती थीं।

श्रीमती उर्मिला देवी, जो पटना के प्रख्यात बैरिस्टर सी.सी. दास की पत्नी थीं, निर्भीकतापूर्वक सभी प्रकार के सार्वजनिक कार्यों में भागीदारी करती थीं। वह बिहार की उन सशक्त महिलाओं में शुमार थीं, जो राष्ट्रीय नेताओं के बिहार आने पर उनका स्वागत समारोह आयोजित करना, सभा-सम्मेलनों को सफल बनाने हेतु महिलाओं को एकजुट करना, आंदोलनकारी महिलाओं द्वारा धरना-प्रदर्शन एवं विरोध जुलूस निकालने तथा जनसभाओं को आयोजित करने में उल्लेखनीय भूमिका का निर्वहन किया करती थीं।

1921 ई. में श्रीमती उर्मिला देवी ने गया में आयोजित कांग्रेस के राष्ट्रीय अधिवेशन को सफल बनाने हेतु प्रशंसनीय योगदान दिया।

चौरी–चौरा घटनाक्रम के उपरांत यद्यपि महात्मा गांधी ने असहयोग आंदोलन स्थगित कर दिया था, परंतु अगले संघर्ष हेतु शक्ति व धन संचय के उद्देश्यपूर्ण कार्यक्रमों में उन्हें बिहार की महिलाओं का यथेष्ट सहयोग प्राप्त हुआ। देशबंधु स्मारक कोष (देशबंधु चितरंजन दास की मृत्यु के उपरांत) के निमित्त अर्थ संग्रह हेतु गांधीजी तब बिहार आए तो पटना, राँची, जमशेदपुर, देवधर तथा हजारीबाग समेत अन्य जिलों में सैकड़ों की संख्या में महिलाओं ने उपस्थित होकर उन्हें सहयोग दिया तथा अपने–अपने कीमती सोने–चाँदी के आभूषणों को उतारकर उन्हें अर्पित किया।

इस यात्रा में गांधीजी को श्रीमती प्रभावती देवी (धर्मपत्नी श्री जयप्रकाश नारायण) का पूर्ण सहयोग एवं समर्थन मिला, जिनके अनुपम त्याग एवं सेवा की कहानी तत्कालीन बिहार की महिलाओं के लिए जागृति व प्रेरणा की गौरवमयी मिसाल बन चुकी थी। गांधीजी की इस बिहार–यात्रा को सफल बनाने का श्रेय श्रीमती प्रभावती देवी को ही जाता है।

'द्वितीय चरण' : सविनय अवज्ञा आंदोलन एवं बिहार की नारी-शक्ति

असहयोग आंदोलन (1919–21) ने अवश्यमेव ही राष्ट्रीय स्वाधीनता आंदोलन के एक प्रमुख घटक के रूप में बिहार की महिलाओं में एक अलख जगाई, जिससे बिहार की स्त्रियों ने एक नूतन जीवन को आत्मसात् किया। अब वे अपने आंदोलनकारी भाइयों एवं समकक्षों के साथ कंधे से कंधा मिलाकर निर्भीकतापूर्वक स्वतंत्रता संग्राम में स्वेच्छा से भागीदारी सुनिश्चित करने लगीं।

29–31 दिसंबर, 1929 को लाहौर अधिवेशन में कांग्रेस ने पूर्ण स्वराज्य प्राप्ति का प्रस्ताव पारित किया तथा गांधीजी के नेतृत्व में सविनय अवज्ञा आंदोलन की शुरुआत की गई। 12 मार्च, 1930 को गांधीजी ने इतिहास प्रसिद्ध 'दांडी मार्च' का आयोजन कर 'नमक सत्याग्रह' का आगाज किया। सविनय अवज्ञा आंदोलन ब्रिटिश शासन–प्रशासन को पंगु बनाने के उद्देश्य से अनैतिक कानूनों को तोड़ने एवं नहीं मानने का संकल्प प्रदर्शित किया गया।

बिहार में भी इसके कारण नए बलिदान का भाव जाग्रत् हुआ तथा इसका प्रभावकारी असर नारी समाज पर दृष्टिगोचर होने लगा। प्रदेश की संभ्रांत नारियों

सहित अनेकानेक महिलाओं ने नमक कानून भंग करते हुए बिहार में सविनय अवज्ञा आंदोलन का बिगुल बजाया।

संथाल परगना जिले (अब झारखंड में) में श्रीमती शैलबाला राय ने महिलाओं को संगठित किया एवं सत्याग्रह के मैदान में कूद पड़ीं। स्थान-स्थान पर स्त्री सभाओं का आयोजन किया जाने लगा एवं श्रीमती राय के आह्वान पर अनेक महिलाओं ने नमक कानून को भंग किया।

तत्कालीन शाहाबाद जिले (अब औरंगाबाद) एवं सासाराम में श्री राम बहादुर 'बार एट लॉ' की पत्नी श्वेता देवी ने सासाराम थाने के सामने नमक बनाकर कानून भंग किया। अन्य आसपास के जिलों की स्त्रियों ने भी इस आंदोलन में भागीदारी प्रदान की।

नमक सत्याग्रह के साथ-साथ बिहार प्रांत की महिलाएँ विदेशी वस्त्रों के बहिष्कार एवं शराबबंदी आंदोलन को निरंतर आगे बढ़ा रही थीं। इन आंदोलनों में बिहार की महिलाओं का योगदान अन्य राज्यों की तुलना में अधिक गौरवशाली रहा।

सविनय अवज्ञा आंदोलन को शुरू करते समय महात्मा गांधी ने संपूर्ण भारत की महिलाओं के नाम एक खुले पत्र में आह्वान किया था कि वे विदेशी वस्त्रों के बहिष्कार एवं शराबबंदी कार्यक्रमों में भागीदार बनें। उन्होंने कहा था कि महिलाओं को इस आंदोलन में शामिल होने के कारण अपमान एवं कष्टों का सामना करना पड़ेगा और उन्हें गौरवपूर्ण तरीके से इसका सामना करना चाहिए।

बिहार की नारियों ने गांधीजी की अपेक्षाओं को अक्षरशः पूरा किया। ब्रिटिश शासन द्वारा अमानवीय दमन के बावजूद विदेशी वस्त्रों की होली जलाने तथा शराब की दुकानों पर धरना देने एवं प्रदर्शन करने के कार्यक्रम को बिहार की महिला ब्रिग्रेड ने अत्यंत सक्रिय तरीके से संचालित किया। स्त्रियों की सक्रियता उनके नवजागरण एवं नवजीवन का प्रतीक थी। अन्य प्रांतों की महिलाओं से बिहार की बहनों का साक्षात्कार एवं विचार-विमर्श सर्वप्रथम 1919 के जनवरी माह में पटना में आयोजित अखिल भारतीय महिला सम्मेलन के अवसर पर हुआ माना जा सकता है। खासकर राजनीतिक महत्त्व एवं स्वतंत्रता संग्राम के मद्देनजर बिहार की बहनों को देश के अन्य भागों की बहनों के साथ उनकी तरक्की एवं ब्रिटिश राज से आजादी के संबंध में विमर्श करने का अवसर अकसर राष्ट्रीय एवं क्षेत्रीय महिला सम्मेलन के दौरान ही मिल पाता था।

इसके परिणामस्वरूप दिसंबर 1919 में 'बिहार प्रांतीय महिला सम्मेलन' का आयोजन हुआ, जिसमें सामाजिक मुद्दे यथा बाल-विवाह, परदा प्रथा एवं दहेज

प्रथाओं के विरोध में प्रस्ताव पारित किए गए थे, साथ ही इसी सम्मेलन में बिहार की महिलाओं हेतु शिक्षा के प्रसार पर भी ध्यान केंद्रित किया गया था।

वर्ष 1930 की जनवरी में बंबई (आधुनिक मुंबई) में अखिल भारतीय महिला सम्मेलन का आयोजन किया गया था, जिसमें बिहार की ओर से सम्मिलित उल्लेखनीय प्रतिनिधियों में श्रीमती नंदकिशोर लाल एवं श्रीमती कमलकामिनी प्रसाद प्रमुख थीं, इनके अथक प्रयास से एवं अन्य शिक्षित बहनों की सक्रिय भागीदारी से यहाँ की बहनों में एक नवीन ऊर्जा का संचार हुआ तथा उनमें आत्मनिर्भरता एवं साहस के भाव का उदय हुआ, जिसके कारण राष्ट्रीय स्वाधीनता आंदोलन में उनकी भागीदारी सतत बढ़ती चली गई।

विदेशी वस्त्रों के बहिष्कार एवं शराबबंदी कार्यक्रम में शामिल महिलाओं पर सरकारी दमन चक्र आरंभ हुआ तथा आंदोलन को कुचलने के नाम पर जो प्रशासनिक अत्याचार शुरू हुआ, उसमें बिहार की कुछ बहनें राष्ट्रीय नेताओं एवं कार्यकर्ताओं के साथ गिरफ्तार की गईं। हजारीबाग की सरस्वती देवी, जो तत्कालीन जिला कांग्रेस कमिटी की अध्यक्षा थीं तथा श्रीमती साधना देवी, जो स्थानीय महाविद्यालय के भौतिकी विभाग के प्राध्यापक की सुपुत्री थीं, को राजनीतिक अपराध के बिना पर कैद किया गया था। श्रीमती सरस्वती देवी को तत्काल छह माह के कारावास की सजा सुनाई गई थी। सन् 1930 ई. के जुलाई में गिरिडीह की बहन श्रीमती मीरा देवी को सत्याग्रह आंदोलन के सिलसिले में गिरफ्तार किया गया था। राजनीतिक अपराध के कारण गिरफ्तार होनेवाली बिहार की वो तृतीय महिला थीं।

सविनय अवज्ञा आंदोलन के क्रम में पटना की सड़कों पर धूमधाम कर विदेशी वस्त्रों के बहिष्कार एवं दुकानदारों से विदेशी वस्त्र एवं सामान नहीं बेचने का निवेदन करने के कार्यक्रम को श्रीमती हसन इमाम एवं उनकी पुत्री शमी ने सफलतापूर्वक संचालित किया। इनके अतिरिक्त पटना नगर के माइनिंग इंजीनियर की पत्नी श्रीमती विंध्यवासिनी देवी ने अनेक स्त्रियों के साथ शराब की दुकानों पर धरना देने में महत्त्वपूर्ण भूमिका निभाई।

ऐसा कहना गलत नहीं होगा कि पटना में सत्याग्रह आंदोलन को सफल बनाने में नारी समाज का सर्वश्रेष्ठ एवं बहुमूल्य योगदान रहा। नारियों ने इस आंदोलन को इतना प्रभावी एवं प्रबल बनाया कि पटना के कलेक्टर को इस आंदोलन का दमन करने के लिए महिला पुलिस की भरती करनी पड़ी। तमाम प्रकार के सरकारी दमन चक्र के बावजूद महिलाओं का आंदोलन जोर पकड़ता गया तथा सरकारी तंत्र के होशफाक्ता होने लगे।

गौरी दास एवं उनकी माता श्रीमती सी.सी. दास ने कॉलेजों में जाकर छात्र समूहों को आंदोलन में सम्मिलित होने के लिए उत्प्रेरित किया तथा उन्हें आजादी की लड़ाई का हिस्सा बनने के लिए उद्वेलित किया, जिसके परिणामस्वरूप स्वदेशी एवं बहिष्कार आंदोलन बिहार में व्यापक हो पाया।

इन प्रभावशाली महिलाओं के नेतृत्व में तीन विराट् प्रदर्शन पटना नगर में आयोजित किए गए। श्रीमती हसन इमाम ने लगभग 3,000 महिलाओं का एक जुलूस निकालकर विदेशी वस्त्रों की होली जलाई।

पटना में आयोजित ऐसे विरोध प्रदर्शन के प्रभाव से प्रांत के अन्य जिले में भी इस प्रकार के अनेक प्रदर्शनों एवं विरोध जुलूसों का सिलसिला चल पड़ा। मुंगेर की श्रीमती शाह जुबैर, जो एक कुलीन घराने की महिला थी, इन प्रदर्शनों से प्रभावित होकर परदे का त्याग करते हुए विदेशी वस्त्रों के बहिष्कार प्रदर्शन कार्यक्रम को आयोजित करने लगी।

श्रीमती हसन इमाम, श्रीमती सी.सी. दास, विंध्यवासिनी देवी, शमी इमाम एवं गौरी दास के आंदोलनकारी कार्यक्रमों से सरकार घबरा गई तथा इनके विरुद्ध पुलिस कानून एवं भारतीय दंड संहिता के अनुसार कानूनी कारवाई करते हुए अदालत में उपस्थित होने का फरमान जारी किया तथा अनेक महिलाओं पर जुर्माना लगाया गया।

इसका भारी विरोध किया गया, कारण कि इस घटना से पूरे प्रांत में सनसनी फैल गई तथा इसके विरुद्ध जगह-जगह पर आम सभाएँ की गईं, जुलूस निकाले गए एवं महिलाओं ने जुरमाने की रकम अदा करने से इनकार कर दिया। इन महिलाओं ने बिहार के अन्य जिलों में दौरे कर महिलाओं को संगठित करना शुरू किया। परिणामस्वरूप आंदोलन व्यापक होता चला गया। संथाल परगना जिले की श्रीमती साधना देवी ने महिला सत्याग्रहियों का नेतृत्व कर सरकारी तंत्र को बखूबी परेशान किया। संथाल परगना जिले में विदेशी वस्त्रों का बहिष्कार एवं शराबबंदी कार्यक्रम काफी सफल रहा, क्योंकि महिलाओं के साथ-साथ छोटे बच्चे भी धरना कार्यक्रम में भाग लेने लगे और दिन-प्रतिदिन शिशु सत्याग्रहियों की संख्या में अभूतपूर्व बढ़ोतरी होने लगी।

महिलाओं एवं बच्चों के सत्याग्रह में अहिंसा की शक्ति वास्तविक रूप से परिलक्षित होने के कारण सरकार किंकर्तव्यविमूढ़ हो गई। महिलाओं एवं बच्चों के विरुद्ध कारवाई करने से सरकार बदनाम होती थी और कारवाई नहीं करने से आंदोलनकारी महिलाओं का मनोबल ऊँचा होता था एवं आंदोलन का स्वरूप

विस्तृत होता था। मुंगेर, लखीसराय तथा गया में भी नारी-शक्ति प्रखर तेज के साथ प्रकट हुई।

गया में श्रीमती विद्यावती देवी, लखीसराय में श्रीमती सेवा देवी को ब्रिटिश सरकार विरोधी कार्यक्रम का नेतृत्व करने के कारण गिरफ्तार किया गया। गया की ही एक अन्य महिला श्रीमती चंद्रावती देवी चौकीदारी टैक्स का विरोध करने के मद्देनजर जेल भेजी गई। राष्ट्र के सभी प्रांतों के साथ-साथ बिहार भी सविनय अवज्ञा आंदोलन का प्रमुख केंद्र बना रहा तथा सत्याग्रह का बल इतना अधिक प्रभावशाली सिद्ध हुआ कि ब्रिटिश सरकार घुटने पर आ गई। इसका श्रेय नारी-शक्ति को भी जाता है। पुनश्च, गांधी-इरविन समझौते के द्वारा यह आंदोलन स्थगित किया गया एवं 12 नवंबर, 1930 को लंदन में गोलमेज सम्मेलन का आयोजन किया गया, लेकिन राष्ट्रवादियों की आकांक्षा अपूर्ण रहने के कारण गांधीजी ने व्यक्तिगत सत्याग्रह जारी रखने का आह्वान किया। तद्नुसार, 26 जनवरी, 1931 को संपूर्ण भारत में स्वतंत्रता दिवस का आयोजन किया गया एवं सरकारी प्रतिबंध के बावजूद संपूर्ण राष्ट्र में आम सभाएँ की गईं एवं जुलूस निकाले गए। बिहार की महिलाओं ने इसमें साहसपूर्वक बढ़-चढ़कर भाग लिया।

पटना में श्रीमती सी.सी. दास, कुमारी गौरी दास तथा श्रीमती नवल किशोर प्रसाद के नेतृत्व में स्वतंत्रता दिवस समारोह का आयोजन सफलतापूर्वक किया गया। राष्ट्रीय कार्यकर्ताओं का जोश जुनून बन चुका था, तो पुलिस ने बर्बरतापूर्वक दमन का सहारा लिया एवं राष्ट्रभक्तों पर गोलियाँ चलाईं, गिरफ्तारियाँ की गईं, उन पर लाठियों से प्रहार किए गए। बिहार की अनेक महिलाएँ पुलिस के इन अत्याचारों का शिकार बनीं।

सुश्री कुमारी गौरी दास पटना के प्रसिद्ध बैरिस्टर श्री सी.सी. दास की पुत्री का उल्लेख सविनय अवज्ञा आंदोलन के परिप्रेक्ष्य में प्रथम पंक्ति में आता है।

बिहार की महिला आंदोलनकारियों में उनका स्थान अग्रगण्य है, ब्रिटिश सरकार की नजर में वह एक खतरनाक महिला थी तथा उसका संबंध बंगाल के क्रांतिकारियों से होना समझा जाता था। कलकत्ता की पुलिस और गुप्तचर विभाग ने बड़ी संख्या में अपने लोग, बिहार पुलिस के साथ भेजे, जब उनकी गिरफ्तारी 26 जनवरी, 1931 के स्वतंत्रता दिवस कार्यक्रम को विफल बनाने के संदर्भ में की जानी थी। 25 जनवरी, 1931 को बिहार पुलिस के पदाधिकारियों ने बंगाल के खुफिया अधिकारियों के साथ श्री सी.सी. दास के घर पर छापा मारा, क्योंकि उनको संदेह था कि सुश्री गौरी दास का संबंध बंगाल के गुप्त क्रांतिकारियों एवं

संगठनों से था, क्योंकि इसके लिए बंगाल की तत्कालीन सरकार द्वारा वारंट जारी किया गया था। सुश्री गौरी दास के प्रति सरकारी रुख से प्रकट होता है कि बिहार की कुछ महिलाएँ न्यूनाधिक संख्या में गुप्त क्रांतिकारी गतिविधियों में सम्मिलित थीं और सुश्री गौरी दास उनका नेतृत्व करती थीं। वह बिहार में न सिर्फ महिलाओं को संगठित कर रही थीं, वरन् छात्रों एवं युवकों को संगठित करने का बेड़ा भी उन्होंने उठाया था।

आमतौर पर यह तथ्य उतना स्पष्ट नहीं है कि महिलाएँ बिहार में क्रांतिकारी अभियान में सीधे तौर पर जुड़ी थीं, लेकिन गांधीजी के नेतृत्व में चलनेवाले आंदोलन एवं सरकारी दमन का अहिंसापूर्वक मुकाबना करने में बिहारी की महिलाओं ने अद्भुत शौर्य, साहस एवं संयम का परिचय दिया।

5 मार्च, 1931 को 'गांधी-इरविन समझौते' से सत्याग्रह आंदोलन स्थगित हुआ। संपूर्ण राष्ट्र में विरोध के बावजूद सरदार भगत सिंह, श्री राजगुरु एवं सुखदेव को फाँसी की सजा दी गई। सरकार की इस अमानुषिक काररवाई का जवाब भारतीय जनता ने हड़ताल एवं प्रदर्शन से दिया एवं साम्राज्यवादी बर्बरता के विरुद्ध आवाज को बुलंद किया।

शाहाबाद जिले की श्रीमती कुसुम कुमारी देवी ने आरा की विराट् जनसभा में युवकों को ललकारा और बिहार के नवयुवकों को सरदार भगत सिंह, खुदीराम बोस तथा बिस्मिल की तरह राष्ट्र पर जान न्योछावर करने के लिए उद्वेलित किया। कुसुम कुमारी देवी का आह्वान था कि बिहार के युवाओ, भगत सिंह की चित्ता की आग अभी ठंडी नहीं हुई है, आगे आओ तथा उनकी चिनगारियों को प्रज्वलित करने के लिए आग बढ़ो। यह बिहारी महिलाओं की बीरता एवं निर्भीकता का परिचायक है।

गांधी-इरविन समझौते के तहत लंदन में आयोजित द्वितीय गोलमेज सम्मेलन में महात्मा गांधी ने भाग लिया था, लेकिन यह सम्मेलन राष्ट्रवादियों की अपेक्षा के विपरीत विफल सिद्ध हुआ। भारत में निराशा एवं क्षोभ का वातावरण उत्पन्न हो गया था। सत्याग्रह की आग फिर भड़क उठी। बिहार में हड़तालों एवं प्रदर्शन अत्यधिक मात्रा में आयोजित किए जाने लगे। सरकारी दमन का अहिंसात्मक तरीके एवं वीरतापूर्वक सामना करने के लिए बिहार की स्त्री शक्ति पुनः आगे आकर सत्याग्रह के समरक्षेत्र में कमर कसकर खड़ी हो गई, तो सरकारी तंत्र ने क्रूरता दिखाई।

पहले के आंदोलनों में महिलाओं के प्रति प्रशासन नम्रता से काररवाई करता था, लेकिन अब साम्राज्यवादी सरकार को भान हो चुका था कि महिलाओं का

सत्याग्रह आंदोलन में प्रवेश उनके भारतीय अस्तित्व के लिए चुनौती है, इसलिए महिला आंदोलनकारियों से सख्ती से पेश आने का निर्णय लिया गया, ताकि वे आंदोलन में सम्मिलित नहीं हो सकें। बिहार एवं उड़ीसा की सरकार ने अपने पदाधिकारियों को स्पष्ट निर्देश देते हुए महिला सत्याग्रहियों के प्रति अत्यधिक कड़ाई से पेश आने का आदेश पारित किया।

सरकार के कड़े रुख के बावजूद इस जिले में बिहार की महिलाएँ ज्यादा-से-ज्यादा संख्या में टोलियों में निकलीं। सरकार की ओर से उन पर बर्बरतापूर्वक लाठीचार्ज किया गया तथा उन्हें अपमानित किया गया; लेकिन राष्ट्र की स्वतंत्रता के लिए उन्होंने निर्भीकता से सारे अत्याचार सहन किए। सविनय अवज्ञा आंदोलन के इस दूसरे चरण में अनेक महिलाओं ने गिरफ्तारियाँ दीं।

मुंगेर जिले में श्रीमती सोना देवी, श्रीमती ठाकुर देवी, श्रीमती पूर्ति देवी एवं श्रीमती यशोदा देवी ने डाकघर पर धरना देते हुए अपनी-अपनी गिरफ्तारियाँ दीं। पूरब सराय की श्रीमती लक्ष्मी देवी को भी इसी सिलसिले में गिरफ्तार किया गया।

कुछ महिलाओं को दो से तीन बार कारागार का दंड दिया गया। खगड़िया जिले के अलौली गाँव की श्रीमती सीता देवी तीन बार कारागार का दंश झेलीं। खगड़िया जिले के ही गोगरी थाने के अंतर्गत 14 महिलाओं को धरना-प्रदर्शन एवं विरोध जुलूस में शामिल होने के अपराध में गिरफ्तार किया गया। इसमें श्रीमती अनून देवी, मधेपुरा की श्रीमती सुशीला देवी और कन्हैयाचक की श्रीमती सरस्वती देवी का नाम उल्लेखनीय है।

पटना एवं गया में अधिक संख्या में महिलाओं को सरकार विरोधी सभा आयोजित करने के अपराध में गिरफ्तार किया गया।

गया की श्रीमती रानी चौधरी को आम सभा बुलाने, जुलूस निकालने एवं प्रदर्शन करने के अपराध में गिरफ्तार किया गया, किंतु सरकारी दमन की घटनाओं से सत्याग्रह आंदोलन दबा नहीं।

पटना में देशरत्न डॉ. राजेंद्र प्रसाद की पत्नी श्रीमती राजवंशी देवी, जिला कांग्रेस की श्रीमती चंद्रावती देवी एवं 5 अन्य महिलाओं को 15 माह का कठिन कारावास का दंड मिला। अन्य दो महिलाओं को 4-4 माह के कठोर कारावास से दंडित किया गया। ये कुछ नाम ऐसे थे, जिनका उल्लेख तत्कालीन समाचार-पत्रों की सुर्खियाँ बना, लेकिन ऐसी अनेक नारी विभूतियाँ भी अवश्य ही रही होंगी, जिनके बारे में इतिहास को अभी कुछ पता नहीं है।

'तृतीय चरण' : बिहार की नारी-शक्ति एवं अगस्त महाक्रांति

स्वाधीनता आंदोलन के तीसरे चरण, यानी 'भारत छोड़ो आंदोलन', जिसे 'अगस्त क्रांति' भी कहा जाता है, अंग्रेजी साम्राज्यवाद के विरुद्ध निर्णायक संगठित आंदोलन का उग्र स्वरूप था। सविनय अवज्ञा आंदोलन को आंशिक सफलता मिली थी, क्योंकि इसके फलस्वरूप ब्रिटिश संसद् ने भारतीय जनमानस के समक्ष भारतीय शासन अधिनियम 1935 जैसा विधान प्रदत्त किया, जिसमें प्रांतीय सरकार की रूपरेखा तो स्पष्ट थी, परंतु केंद्रीय प्रशासन शुद्ध रूप से ब्रिटिश साम्राज्य के पूर्णतः अधीन था। भारतीय राष्ट्रवादी पूर्ण स्वराज्य से कम कुछ भी मानने को तैयार नहीं थे। इसके बावजूद 1937 में देश भर में चुनाव हुए तथा अधिकांश प्रांतों में कांग्रेस की सरकार बनी।

यूरोप में 1939 में द्वितीय विश्वयुद्ध आरंभ हो गया, जिसमें भारतीयों की इच्छा के विरुद्ध अंग्रेज़ी सरकार ने भारत को इस युद्ध में घसीटा। भारतीय नेताओं ने शर्त रखी कि अगर युद्धोपरांत ब्रिटिश सरकार भारत की स्वतंत्रता की घोषणा करती है तो भारत इस युद्ध में शामिल हो सकेगा, लेकिन ऐसा कोई भी आश्वासन भारत को नहीं मिला।

देश में क्षोभ एवं निराशा का वातावरण पुनः उत्पन्न हुआ। 1940 में बिहार के रामगढ़ जिले में भारतीय राष्ट्रीय कांग्रेस के वार्षिक अधिवेशन का आयोजन हुआ। इसकी तैयारी का अवसर बिहार की महिलाओं को मिला। बिहार की सैकड़ों स्वयंसेविकाओं ने अधिवेशन के आयोजन में भाग लेकर इसे सफल बनाने का प्रयत्न किया। इस अधिवेशन में अंग्रेजी सरकार के विरुद्ध तत्काल सत्याग्रह छेड़ने का निर्णय लिया गया तथा राष्ट्र को अगली लड़ाई लड़ने के लिए तैयार रहने को कहा गया। इस अवधि में विभाजक शक्तियाँ सांप्रदायिक उन्माद फैलाकर अंग्रेजों की राह पर राष्ट्रवादी आंदोलन को कमजोर कर रही थीं। साम्राज्यवादी शक्ति फूट डालो और राज करो की नीति के तहत ऐसे तत्त्वों को बढ़ावा दे रही थी। अंग्रेजी सरकार की इस नीति के विरोध में महात्मा गांधी ने सन् 1941 में व्यक्तिगत सत्याग्रह का कार्यक्रम देश के समक्ष रखा तथा कुछ चुनिंदा लोगों को ही इसमें भाग लेने की अनुमति प्रदान की। इस आंदोलन को कुचलने के लिए सरकार पहले से ही तैयार बैठी थी। सत्याग्रही कार्यकर्ताओं को जेल में बंद किया जाने लगा। इस अवसर पर बिहार की नारी-शक्ति पीछे नहीं रही। अनेक महिलाओं ने इस व्यक्तिगत सत्याग्रह में भाग लिया एवं गिरफ्तार हुईं।

गया में श्रीमती प्रियंवदा देवी, श्रीमती जगतरानी देवी और श्रीमती जानकी देवी को इस सत्याग्रह में भाग लेने के अपराध के कारण चार-चार माह का कारावास

झेलना पड़ा। श्रीमती शांति देवी पर कारावास के साथ-साथ दो सौ रुपए का जुर्माना भी लगाया गया।

22 फरवरी, 1941 को दुमका (संथाल परगना) में आयोजित आम सभा में निर्णय लिया गया कि श्रीमती महादेवी केजरीवाल (जो तत्कालीन जिला कांग्रेस कमिटी के अध्यक्ष की पत्नी थीं) दुमका शहर में सत्याग्रह करेंगी तथा इसके पश्चात् उनके नेतृत्व में एक विशाल जुलूस भी निकाला गया।

26 फरवरी, 1941 को श्रीमती महादेवी केजरीवाल ने दुमका के डिप्टी कमिश्नर/उपायुक्त को एक लिखित ज्ञापन सौंपा कि 'साम्राज्यवादी राष्ट्रों की लड़ाई से भारत का कोई सरोकार नहीं है, इसलिए अंग्रेजों को किसी तरह से धन, जन बल से सहायता करना पाप है। भारतीयों को अहिंसात्मक सत्याग्रह से इस युद्ध का विरोध करना चाहिए। संथाल परगना की महिला सत्याग्रहियों को गिरफ्तार नहीं किया जा सका, जबकि उन लोगों ने लिखित ज्ञापन देकर सत्याग्रह आंदोलन को जारी रखा। ऐसा लगता है कि महिला सत्याग्रहियों के सामने अंग्रेजी सरकार ने घुटने टेक दिए। व्यक्तिगत सत्याग्रह में इस बात की आशंका कदापि नहीं थी कि यह व्यापक रूप प्राप्त कर सकेगा, क्योंकि कुछ चुनी हुई महिलाएँ ही इसमें शामिल हो सकती थीं, तथापि संथाल परगना जिले के अधिकारियों के साथ ही साथ संपूर्ण प्रांत के अधिकारियों के मानस पर महिला सत्याग्रहियों का ऐसा प्रभाव तथा रोब स्थापित हो चुका था कि वे उन्हें गिरफ्तार करने का साहस नहीं कर पाते थे, हालाँकि जापानी आक्रमण के खतरे के मद्देनजर व्यक्तिगत आंदोलन भी स्थगित कर दिया गया। सत्याग्रहियों ने सौहार्द का परिचय दिया, लेकिन अंग्रेजी सरकार की नीतियों पर इसका कोई प्रभाव नहीं पड़ा।

बिहार के संदर्भ में 'अगस्त क्रांति' में नारी-शक्ति

9 अगस्त, 1942 को छात्रों की हड़ताल के साथ 'अगस्त क्रांति' की शुरुआत हुई, जबकि गांधीजी ने 'करो या मरो' का नारा देकर अंग्रेजों को भारत छोड़ने का प्रस्ताव दिया। इस महाक्रांति में भी बिहार की महिलाओं ने महत्त्वपूर्ण योगदान दिया। पटना मेडिकल कॉलेज अस्पताल की परिचारिकाओं के साथ-साथ छात्रों ने भी हड़ताल की।

महिला चरखा क्लब, जो अब 'महिला चरखा समिति' बन चुकी थी, की बहनों ने अगस्त क्रांति की ज्वाला को प्रज्वलित और व्यापक बनाने का काम किया।

'महिला चरखा समिति' ने 9 अगस्त को एक विराट् प्रदर्शन पटना में किया एवं श्रीमती भगवती देवी, जो 'भारत रत्न' डॉ. राजेंद्र प्रसाद की बहन थीं, की अध्यक्षता में एक सभा का आयोजन कर, सरकारी कर्मचारियों एवं वकीलों से कार्य बहिष्कार कर सरकारी दमन का दृढ़तापूर्वक विरोध करने की अपील की गई। इस कार्यक्रम में श्रीमती सुंदरी देवी एवं श्रीमती रामप्यारी देवी का उल्लेखनीय योगदान रहा।

12 अगस्त, 1942 को बार एट लॉ श्रीमती धर्मशीला लाल ने एक जुलूस निकाला तो गिरफ्तार कर ली गईं। इसमें सैकड़ों महिलाओं ने भागीदारी की थी। लगभग बिहार के सभी प्रमख शहरों में नारी-शक्ति ने अगस्त क्रांति को सफल बनाने हेतु जुलूस निकाले एवं सभा का आयोजन कर अंग्रेजी सरकार के विरुद्ध प्रभावी आंदोलन का प्रबल वातावरण बनाया।

मानभूम जिले के पुरुलिया नगर स्थित शिल्प आश्रम को पुलिस ने जब्त कर लिया और उसमें रहनेवाली राष्ट्रीय कार्यकर्ता श्रीमती लावण्यप्रभा घोष और उनकी पुत्री सुश्री कमला घोष को गिरफ्तार कर लिया गया।

हजारीबाग जिले में स्थानीय राष्ट्रीय कार्यकर्ताओं की गिरफ्तारी के विरोध में श्रीमती सरस्वती देवी के नेतृत्व में एक विराट् जनसमर्थन जुलूस निकाला गया, जिसके कारण श्रीमती सरस्वती देवी कैद कर ली गईं एवं उन्हें केंद्रीय कारागार भागलपुर भेजा गया, लेकिन जब उन्हें एक अन्य महिला कार्यकर्ता के साथ कारागार लाया जा रहा था तो छात्रों की एक टोली द्वारा उन दोनों को पुलिस हिरासत से मुक्त करा लिया गया।

13 अगस्त, 1942 को भागलपुर के लाजपत पार्क में विद्यार्थियों की एक सभा का आयोजन किया गया, जिसकी मुख्य वक्ता श्रीमती सरस्वती देवी थीं, जिनके जोशीले साम्राज्यवाद विरोधी भाषण के कारण पुनः 14 अगस्त को उन्हें गिरफ्तार किया गया। श्रीमती माया देवी जो भागलपुर जिले के बिहपुर थाना की राष्ट्रीय कार्यकर्ता थीं, ने वहाँ के सरकारी शासन तंत्र की नाक में दम कर रखा था। उन्हें भी गिरफ्तार कर लिया गया तो आमजनों ने इसके विरुद्ध प्रदर्शन करते हुए उन्हें पुलिस हिरासत से मुक्त कराने का प्रयत्न किया। इस उग्र भीड़ पर पुलिस ने फायरिंग कर अनेक लोगों की हत्या कर दी। सारण (छपरा) जिले में रेलवे स्टेशनों, डाकघर एवं न्यायालयों के परिसर में अनेक महिलाओं ने धरना-प्रदर्शन किया तथा छिटपुट तोड़-फोड़ की घटनाएँ भी की गईं। यहाँ की महिलाएँ हड़ताल एवं प्रदर्शन कर लगातार सरकार पर दवाब बनाए रखा। 15 अगस्त, 1942 को श्रीमती शांति देवी

के नेतृत्व में एक सभा का आयोजन हुआ तथा छपरा के समस्त नागरिकों से अगस्त क्रांति की ज्वाला को प्रज्वलित रखने की मार्मिक अपील की गई।

संथाल परगना जिले के अंतर्गत दुमका में 17 अगस्त को श्रीमती जांबवती देवी एवं श्रीमती प्रेमा देवी के नेतृत्व में एक विशाल जुलूस निकाला गया तथा 'अंग्रेजो भारत छोड़ो' के नारे बुलंद किए गए। दोनों नेत्रियों को गिरफ्तार कर लिया गया।

श्रीमती शारदा देवी के नेतृत्व में साहबगंज एवं राजमहल में कई विराट् जुलूस निकाले गए। उन्हें गिरफ्तार कर एक वर्ष की सजा सुनाई गई। संथाल परगना जिले में 'अगस्त क्रांति' की मशाल को थामे रखने और व्यापक बनाने में श्रीमती शारदा देवी एवं श्रीमती उषा रानी मुखर्जी के नाम विशेष रूप से उल्लेखनीय है। श्रीमती उषा रानी मुखर्जी को तो अगस्त के अंत में गिरफ्तार कर लिया गया। 'अगस्त क्रांति' के दौरान घोड़मारा गाँव की श्रीमती विराजी मधियाइन को पुलिस द्वारा गोली मार दी गई और वे शहीद हो गईं।

कुमारी आर.एस. दास ने पलामू जिले में अगसत क्रांति की मशाल जलाने में महत्त्वपूर्ण भूमिका निभाई। उन्होंने संपूर्ण जिले में इस क्रांति को सफल बनाने का वातावरण निर्माण किया तथा दूरस्थ गाँवों में यात्रा कर किसानों को संगठित किया था। इसके अलावा, उन्होंने जपला सीमेंट फैक्टरी के मजदूरों को संगठित करने का महती प्रयत्न किया। जनसभा आयोजित कर कुमारी दास आम नागरिकों को क्रांति का भागीदार बनाने का आह्वान करती रहीं। सरकारी अधिकारियों ने उनके कार्यक्रमों का संज्ञान लेते हुए उनके विरुद्ध भारत सुरक्षा अधिनियम के अंतर्गत कानूनी काररवाई की। अब 'अगस्त क्रांति' की आग गाँव-गाँव में फैल चुकी थी तथा अंग्रेजी हुकूमत के विरुद्ध व्यापक जनसमर्थन तैयार हो चुका था। बिहार प्रांत की महिलाओं का इसमें अमूल्य योगदान था।

मानभूम जिले में श्रीमती बासंती देवी ने 'अगस्त क्रांति' की लौ को प्रज्वलित रखा तथा किसानों एवं मजदूरों को भी सक्रिय रूप से इस आंदोलन का चेहरा बनाने में महत्त्वपूर्ण भूमिका अदा की। श्रीमती देवी गुप्त रूप से क्रांतिकारी घटनाओं को अंजाम देने हेतु युवक एवं युवतियों को संगठित करती रहीं तथा इस क्रांति को लंबे समय तक जारी रखा।

1942 की 'अगस्त क्रांति' का स्वरूप असहयोग आंदोलन (1919-21) तथा सविनय अवज्ञा आंदोलन (1930-32) से दशा एवं दिशा के परिप्रेक्ष्य में भिन्न था क्योंकि यह पूर्ण अहिंसक नहीं था। इसलिए नारी-शक्ति संपूर्ण सक्रियता से प्रकट

नहीं हो पाई, परंतु जिन महिलाओं ने स्वाधीनता आंदोलन के इस महती यज्ञ में आहुति डाली, उनकी शक्ति एवं बुद्धिमत्ता प्रशंसनीय है।

जिन नारी-शक्तियों का इस संकलन में उल्लेख हो पाया है, निस्संदेह इससे कहीं अधिक संख्या में नारी-शक्ति ने हिस्सा लिया, इससे इनकार नहीं किया जा सकता। नारी-शक्ति के संगठनात्मक प्रयास बल से बिहार में निश्चित ही अंग्रेजी सरकार की चूलें हिल गईं। इस महान् क्रांति का दमन करने के लिए अंग्रेजी राज के सिपाहियों ने ऐसे-ऐसे घृणित एवं बर्बर अत्याचार किए, जिसका वर्णन शब्दों से परे है।

बिहार की अनगिन ललनाएँ गोरी फौज के सिपाहियों की पशुता एवं वासना का शिकार हुईं। क्रांतिकारी महिलाओं का बलात्कार करना, अनंत जुल्म एवं अत्याचार की बानगी भर है। बिहार की महिलाओं पर ढाए गए जुल्म के इंतिहा की कहानी अकथनीय और अनंत है। इन सारे जुल्म एवं अत्याचारों का वीरतापूर्वक मुकाबला करते हुए देश की स्वतंत्रता के लिए अपना सर्वस्व बलिदान करनेवाली सभी नारी-शक्ति धन्य है। देश का मस्तक ऊँचा रखने तथा राष्ट्रीय स्वतंत्रता को हासिल करने के लिए बिहार की नारी-शक्ति ने जो त्याग और समर्पण किया, वह बिहार ही नहीं, भारत को गौरवान्वित करने के लिए पर्याप्त है।

झाँसी की रानी रेजिमेंट

'अगस्त क्रांति' के बर्बर हिंसक दमन के फलस्वरूप 'भारत छोड़ो आंदोलन' का शोर थम चुका था। सभी प्रमुख राष्ट्रीय नेता गिरफ्तार किए जा चुके थे। राजनीतिक गतिविधियाँ नहीं के बराबर हो रही थीं। मार्च 1941 में नेताजी सुभाषचंद्र बोस गुप्त तरीके से सोवियत यूनियन पहुँचकर भारतीय स्वतंत्रता संग्राम के लिए मदद चाहते थे, लेकिन जर्मनी द्वारा जून 1941 में सोवियत संघ पर आक्रमण के बाद रूस का मित्र राष्ट्र में शामिल हो जाना नेताजी के लिए निराशाजनक सिद्ध हुआ। सोवियत रूस अब साम्राज्यवादी ब्रिटिश शासन के साथ युद्ध में जर्मनी, जापान तथा इटली के विरुद्ध युद्धरत हुआ तो नेताजी जर्मनी पहुँचे तथा मदद का आश्वासन पाकर जापान पहुँचे, जहाँ उन्होंने 'आजाद हिंद फौज' की स्थापना की थी।

मलेशिया तथा बर्मा से ब्रिटिश फौज के जापान द्वारा पीछे धकेलने के कारण तथा बड़ी संख्या में ब्रिटिश भारतीय फौजियों के जवानों को जापान द्वारा कैद किए गए भारतीय आजाद हिंद फौज में शामिल हुए थे। नेताजी ने इस फौज का नेतृत्व करते हुए जापान की फौज के साथ भारत की तरफ कूच किया। आजाद हिंद फौज में एक महिला दस्ता 'झाँसी की रानी रेजिमेंट' का गठन किया गया

था, जिसमें बिहार की महिलाएँ भी शामिल हुई थीं। बेला मित्र, आशा सहाय तथा स्वर्णलता देवी ने 'झाँसी की रानी रेजिमेंट' में अपने त्याग, बलिदान एवं शौर्य की भावना का परिचय देते हुए राष्ट्रीय आंदोलन को पुनर्जीवित किया तथा अपना परचम लहराया।

आगे निष्पक्ष एवं तटस्थ इतिहासकार एवं संकलनकर्ता पिछड़े हुए बिहार की पिछड़ी हुई नारी-शक्ति का यथेष्ट मूल्यांकन कर स्वतंत्रता संग्राम में उनके मर्माहत करनेवाले प्रयत्नों का वृहद् मीमांसा कर पाएँ, ऐसी अपेक्षा है।

जिस राष्ट्र/सभ्यता/समाज में नारी-शक्ति को परितप्त एवं दुखः दग्ध होने के लिए विवश किया जाता है, वह पतन को प्राप्त होकर विनष्ट हो जाता है तथा जिस सभ्यता/समाज में ऐसा नहीं किया जाता, वह सदैव उन्नति एवं वैभव को प्राप्त करता है।

□

भीषण अत्याचार एवं दारुण यातना

16 दिसंबर, 1942 को तत्कालीन ब्रिटिश सरकार ने केंद्रीय असेंबली में 'भारत छोड़ो आंदोलन' की रिपोर्ट पेश की थी, जिसके अनुसार हाल के दंगों में पुलिस की गोलीबारी में 340 लोग मारे गए। 850 घायल हुए, जबकि सेना की गोलीबारी में 318 लोग मारे गए तथा 153 घायल हुए। इसके साथ सरकारी विभाग तथा पुलिस के 31 लोग मारे गए। ('अगस्त क्रांति', पृ. 327-28)

पुलिस ने जनता पर अमानवीय तथा वीभत्स यातनापूर्ण अत्याचार किए, जनता का धन लूटा, उनकी इज्जत लूटी तथा मनमाने तरीके से आंदोलकारियों की हत्या कीं। ब्रिटिश साम्राज्यवादी प्रशासन तथा सत्ता की बर्बरता का सबसे घिनौना चेहरा 'अगस्त क्रांति' में अनगिनत महिलाओं के साथ हुई बलात्कार की घटनाएँ हैं, जिसने नारी मर्यादा पर न सिर्फ कुठाराघात किया, बल्कि वे अपराधी नरपिशाच फौजी पुलिस व उनके अधिकारी वर्ग की क्रूर पाशविक, पतित कृत्य ने बलात्कार के खिलाफ मौन साधे समाज को झकझोरते हुए चुप्पी तोड़ने को बाध्य किया।

44 ऐसी ही पीड़ित तथा दग्ध नारी-शक्ति ने 'अंग्रेजो भारत छोड़ो' का नारा लगाते हुए इस भीषण अत्याचार को उजागर किया था। लगभग दो हजार लोगों के गाँव सिंघिया में स्थानीय थाना से पुलिस तथा मिलिट्री के लोग दिन भर गाँव के चक्कर काटकर आतंक फैलाते थे तथा तलाशी के बहाने, धरपकड़ करने के बहाने घर को चिह्नित करते थे तथा शाम को मुजरिमों को पकड़ने के बहाने बंदूक एवं संगीनों के बल पर बहू-बेटियों की इज्जत लूटते थे। घरवाले चुपचाप आँसू बहाने को बाध्य थे। पुलिस, मिलिट्री गोरी फौज (टॉमी) तथा साम्राज्यवादियों के पिट्ठू जमींदार को तो मानो आंदोलन कुचलने के नाम पर खुली छूट मिली हुई है। भागलपुर के बाँका अनुमंडल में बलूची ब्रिटिश सिपाहियों ने अप्रैल 1943 में कुन्नथ गाँव में

डकैती केस के अभियुक्तों को पकड़ने का बहाना बनाते हुए बलात्कार किया तथा ये सिलसिला आगे बढ़ता गया।

अमरपुर थाना के ही बेलदाहा गाँव में पुलिस के साथ बलूचों का बर्बर हमला हुआ। पुरुषों को इकट्ठा कर गाँव में एक किनारे खड़ा कर हथियारों के बल पर गाँव में लूट एवं बलात्कार की जघन्य घटना को अंजाम दिया था।

'अगस्त क्रांति' की बलिवेदी पर जिन नारी-शक्ति ने अकथनीय पीड़ा एवं अपमान के घूँट पीकर भी अपनी मन:शक्ति से उन दानवी अत्याचारों के कृत्य को उजागर किया, इस प्रकार की अमूमन सभी घटनाओं का प्रामाणिक उल्लेख 'श्री बलदेव नारायणजी की 'अगस्त क्रांति' में' उपलब्ध है। बलात्कार की अनगिनत घटनाएँ हुईं। ऐसा कोई क्षेत्र नहीं था संपूर्ण प्रांत में, जहाँ आंदोलन को कुचलने के नाम पर मिले काररवाई करने के अधिकार को तत्कालीन प्रशासनिक एवं पुलिस पदाधिकारियों ने बड़ी बेशर्मी से ऐसे कृत्यों में शामिल लोगों एवं अपराधियों के प्रति न तो कोई भी न्यायिक प्रक्रिया अपनाई और न ही उन लोगों पर आपराधिक मुकदमे दायर किए जाते थे। ऊपर से नीचे तक लाल बीबी का प्रबंध टॉमियों के लिए करने का जुगाड़ कर रही पुलिस स्वयं अत्यंत क्रूरतापूर्वक ऐसी घटनाओं को अंजाम देती रही।

बेलडीहा के लोगों ने जब अपनी पीड़ा के विरुद्ध आवाज उठाई तो अगले ही दिन दंड कर वसूलने के नाम पर स्थानीय जमींदार की मिलीभगत से जाँच अधिकारियों को गाँववालों के दंड कर नहीं चुकाने का झूठ मँढ़कर जख्मों पर नमक छिड़का था। प्रो. बलदेव नारायण के शब्दों में, 'बलात्कार की जितनी भी घटनाएँ हुईं, उनमें कुछ का ही उल्लेख हो पाया। बलात्कार के प्रयत्न तो अनगिनत हुए और जहाँ परिस्थिति का लाभ मिला, स्त्रियों का भागना, चिल्लाना और सामना करने के लिए अड़ जाना उन्हें बचाने में कारगर सिद्ध हुआ।

यदि नारी-शक्ति आभूषण की जगह कटार धारण करती तो शायद अधिक श्रेयस्कर होता, कारण, कामांधता आत्मबल के अतिरिक्त कटार से भी भय खाती है; कटार आम बहनें भी प्रयोग कर सकती हैं, क्या आत्म रक्षा का अधिकार नारी-शक्ति को नहीं मिलना चाहिए ? जिस दिन नारी-शक्ति कटार से सशक्त होकर कामुकों की कामांधता को ललकारेगी, सभी गीदड़ की तरह गायब हो जाएँगे।

पुपरीबाग, मुजफ्फरपुर में गोरी फौज (टॉमियों) की मदद से स्थानीय दारोगा, लालचंद ने मदन गोपालजी के घर में घुसकर आबरू लूटने की चेष्टा की तो श्री निरंजन बाबू की पत्नी कटार ताने दारोगा के सामने रणचंडी रूप में खड़ी हुई। दारोगा लज्जित होकर भाग गया।

कोरान, सरैया, डुमराँव शाहाबाद के श्री रामशंकर तिवारी ने अपने घर में घुसने को उतारू टॉमियों को भाले के नोक पर रोका। आँगन में गोलियों की बौछार चल रही थी, लेकिन इनके मरने-मारने पर उतारू हुआ देख टॉमी ठिठक गए तथा पीछे हट गए। एक ने आगे बढ़ने की कोशिश की तो सीधा भाला उसके पेट में भोंक दिया गया। टॉमी अपने घायल साथी को सहारा देते हुए भाग निकले। दुबारा जब तक टॉमियों की फौज पहुँचती, उससे पहले ही तिवारीजी सपरिवार गृह त्याग कर चुके थे। अंग्रेजों ने उनके खाली घर और दलान को जला डाला। प्रो. बुधदेव नारायण का एक यथेष्ट उद्बोधन है, जबकि मानव-मानवी संबंध के आयामों में भारतीय समाज स्त्रीत्व को सतीत्व का पर्याय समझा गया—

'यदि समाज समझ ले कि सतीत्व मन का धर्म है और जबरदस्ती उसका अपहरण नहीं किया जा सकता है। स्त्री शरीर पर अगर कोई कामांध हमला करता है तो जनसाधारण अचेतन तौर से मान लेता है कि पीड़ित अपना सतीत्व सदा के लिए खो बैठी है। उन्हें कुंठित एवं पीड़ित होकर अभिशप्त जीवन जीने के लिए बाध्य कर दिया जाता है।'

समाज हमें मौन रहने को बाध्य करता है। सतीत्व को स्त्री शरीर का धर्म माना जा चुका है। शरीर पर चोट खाए तो सेवा मिलेगी, सन्मार्ग पर, राष्ट्र निर्माण के मार्ग में गोली खाने पर पूज्यनीय मानी जाएगी, लेकिन किसी कामुक ने नजर डाल दी तो सतीत्व सदा के लिए समाप्त हो गया! समाज एक अजीब प्रश्नवाचक दृष्टि से घूरता है अथवा सहानुभूति एवं सेवा-भाव प्रकट करता है, परंतु बलात्कारी तथा कामुकों का सामाजिक बहिष्कार नहीं किया जाता। कामुक पकड़ा जाए, दंड का भागी बने तथा उसका भंडाफोड़ हो, ऐसा आज भी नहीं के बराबर होता है।

समाज का रवैया दोषपूर्ण है, क्योंकि पीड़ित को न्याय मिला, तभी माना जाएगा, जबकि उन्हें पूर्णरूप से दोषमुक्त मानकर उनके प्रति किसी भी प्रकार का भेदभावपूर्ण व्यवहार समाप्त हो जाए।

कामांधों तथा बलात्कारियों के प्रति समाज को कठोरता से जुटे एवं डटे रहने की आवश्यकता है तथा प्रत्येक दोषी को आवश्यक एवं अपरिहार्य दंड मिले, जिससे वो संपूर्ण राष्ट्र में उदाहरणस्वरूप अपराधियों पर लगाम लगाने में कारगर हो। 'भारत छोड़ो आंदोलन' की अवधि में बलात्कार की अनगिनत घटनाएँ हुईं। सभी वर्ग एवं समाज की महिलाएँ, यहाँ तक कि मजदूर, कृषक वर्ग, स्वाधीनता आंदोलन के सेनानियों का परिवार, आमजन क्रांतिकारियों का परिवार इसका शिकार बना।

सभी चुप रहे, नहीं समझ पाए कि चुप्पी बलात्कार को बढ़ावा देती है। इससे कामुकों को प्रोत्साहन मिलता है। पीड़ितों के अपने घर-परिवार के सदस्य भी चुप्पी नहीं तोड़ते हैं, क्योंकि उन्हें डर है कि आगे अपमानजनक जीवन झेलना पड़ेगा तथा इस प्रकार लोगों ने मानवता के सबसे घृणित अपराधों में से एक बलात्कार के प्रति भारतीय समाज ने अपनी बहू-बेटी की इज्जत को कामांधों के हाथ सौंप रखा है।

वह भारतीय समाज के मानस पटल पर एक स्पष्ट पूर्वग्रह से प्रेरित विचारधारा है, जिसका उत्परिवर्तन अपरिहार्य है। पीड़ित निर्दोष है तो अपराधी की तरह का बरताव झेलने के लिए वे क्यों अभिशप्त हो? यह एक व्यापक विमर्श का मुद्दा अवश्य ही बनना चाहिए।

सिंहिया बलात्कार कांड के ठीक एक महीने बाद 22 फरवरी, 1943 को कमिश्नर घटना प्रभावित गाँव का दौरा करने को विवश हुए तो एक फरियादी ने गुहार लगाई थी—

"घर में घुसकर ऐसा जघन्य अपराध किया गया है, हम गरीब जरूर हैं, लेकिन मर्यादा की रक्षा के कारण इसकी चर्चा नहीं करेंगे। आप एक बड़े अधिकारी या अपराध अनुसंधान विभाग के पदाधिकारी को जाँच हेतु नियुक्त कीजिए तो घूसखोरी, बदइंतजामी, उत्पीड़न, मारपीट तथा बलात्कार, व्यभिचार आदि पापों की जानकारी मिले।" पर अंग्रेजी राज का ताज पहने सभी अधिकारी तथा पदाधिकारी कान मूँदे रहे, उनके लिए अंग्रेजी शासन के प्रति वफादारी अधिक महत्त्वपूर्ण थी, बनिस्पत अपने लोगों को उत्पीड़न एवं अत्याचार से रक्षा करने तथा समुचित न्याय दिलाने की बजाय बेरोक-टोक, बेखटक, निष्कंटक पापाचार में लीन रहे। ऐसे कृत्य मानव जाति को कलंकित करते हैं, समाज दग्ध होता है, लेकिन ऐसे अपराधियों के विरुद्ध जितने व्यापक एवं प्रबल आंदोलन की आवश्यकता आज भी है, की शुरुआत 'भारत छोड़ो आंदोलन' से हुई थी। सैकड़ों पीड़ित महिलाओं ने अस्पतालों, थानों, कैंपों तथा आयोग के सामने अपने साथ घटित हुए अन्याय एवं अपराध का बयान दिया था, लेकिन दुर्भाग्य से पुलिस द्वारा ऐसा भय एवं यातना का वातावरण तैयार किया गया कि लोग आगे बढ़कर न्यायालय जाने से पहले ही लड़ाई हार गए।

राय बहादुर एवं तहसीलदार साहब अकसर ही गाँववालों को पीड़ा पहुँचाने में विशेष आनंद प्राप्त करते थे। राय बहादुर सिंहेश्वर सिंह अपने क्रूरतापूर्ण कृत्य के लिए अपने क्षेत्र बनैली में कुख्यात थे। ये अपने लठैतों के बल पर गाँववालों को डाँट-डराकर धमकाकर झूठा केस दर्ज कर, आंदोलकारियों, क्रांतिकारियों की

तलाशी के नाम पर बहुधा टॉमी, पुलिस या मिलिट्री के जवानों के साथ घरों में घुस जाते थे तथा अपनी पाशविकता की आसूरी प्रवृत्ति का परिचय देते रहते थे, लेकिन कभी कोई भी न्यायोचित काररवाई इन लोगों के विरुद्ध नहीं हुई।

मोकामा स्टेशन तिजोरी केस के आरोपियों की खोज में टॉमियों की टुकड़ी ने बाढ़ थाना, पटना के एक गाँव को घेरकर सभी मर्दों को एक मैदान में इकट्ठा कर घर-घर की तलाशी का अभियान शुरू किया। बहरा नौजवान प्रदीप सिंह एक ओर चलने को उद्दत हुआ तो उसको गोली मार दी गई। मैदान में उपस्थित पुरुष आतंकित हो उठे। संपूर्ण गाँव में टॉमियों द्वारा सामूहिक बलात्कार किया गया।

14 अगस्त, 1942 को ख्वाइच गाँव, बख्तियारपुर थाना को टॉमियो ने रेड मारकर अभियुक्तों को पकड़ने के बहाने घेर लिया तथा रात भर धरपकड़ के बहाने स्त्रियों की इज्जत लूटी। सिलाव थाने की पुलिस ने राजगीर में, इसलामपुर थाने की हाजत में बंद महिलाओं से वहाँ की पुलिस ने शाहाबाद के नोखा थाने में, डिहरी थाने की पुलिस ने गोरे टॉमियों के साथ मिलकर कई बलात्कार की घटनाओं को अंजाम दिया था।

मुजफ्फरपुर के सकरा थाने, मीनापुर थाने के गंज बाजार में पुलिसियों ने धड़ल्ले से आंदोलन को दबाने के नाम पर महिलाओं पर घृणित एवं पाशविक अत्याचार किए।

बेला थाने की पुलिस को बलात्कार करने की आदत लग गई थी। बेला मछपकौनी में कई लोगों ने घर में घुसकर जघन्य कुकर्म किए गए थे। बेलसंड थाने के बसंतपुर पुल के पूरब में स्थित हरिजनों की टोली में अनेक स्त्रियों का बलात्कार किया गया। दरभंगा जिले के समस्तीपुर सरकारी अस्पताल में एक पीड़िता ने बयान दिया था कि लज्जावश वह अपना नाम नहीं बताएँगी। हमारे घर चार गोरे पुलिस के सिपाही घुस आए तथा बारी-बारी से हम पर जुल्म किया। हम अचेत हो गए तथा लोगों ने अस्पताल में भरती कराया।

झंझारपुर थाने से सटी सड़कें वीरान हो गईं। पुलिस सवारियों को उतारकर औरतों के गहने-जेवर छीन लेती थी तथा बलात्कार करती थी।

मुंगेर के चौथम थाने के अंतर्गत टॉमियों ने बलात्कार का रोंगटे खड़े करनेवाला कुत्सित कारनामा किया था। नरसंहार करते हुए गोलीकांड की घटना को अंजाम देते हुए महिलाओं को जबरन अपनी हवस का शिकार बनाते हुए टॉमियों ने अपना मुँह काला किया था।

सिर्फ सात महिलाओं ने इस बर्बर जुल्म के विरुद्ध मुँह खोला तथा सिर्फ तीन नारियों ने नैतिक साहस के बल पर अपना नाम पीड़ितों की सूची में दर्ज कराया था।

फिरंगियों की कामांधता की पिशाच लीला ने महिलाओं को विद्रोही तथा दुस्साहसी बनने को बाध्य कर दिया था, लेकिन आमजनों का मनोबल टूट जाने के कारण भयावह रात को उमरती हुई नदी को पार कर गाँव खाली करने के समय वे महिलाएँ अपने बच्चों को छाती से चिपकाए डूब गईं। हजारों पिशाचलीला की काली करतूतें लज्जावश छिपाकर मौन अभिशप्त नारी-शक्ति का यह बलिदान राष्ट्र की स्वतंत्रता हेतु सर्वस्व न्योछावर करने के भावना की पराकाष्ठा है।

भाइयों ने लाठी, गोली खाई, जेल गए, शहीद हुए, भीषण यातनाएँ झेलीं, लेकिन कामांधता की दारुण यातना तो सिर्फ नारी-शक्ति के हिस्से आई। ये अवर्णित आहुति है राष्ट्र निर्माण की बलिवेदी पर, मातृभूमि पर, जिसकी रक्तरंजित वेदना भी स्वतंत्रता-प्राप्ति का महत्त्वपूर्ण कारक थी। क्रांतिकारियों के रक्त में उबाल लाने हेतु नारी-शक्ति अपनी लाज की आहुति समर्पित कर चुकी थी।

□

स्वाधीनता आंदोलन में नारी-शक्ति का साहित्य सृजन

आज बिहार में बड़ी तेज गति से स्त्री शिक्षा का प्रचार बढ़ रहा है। अनेक महिलाएँ छात्रावस्था से ही किसी-न-किसी रूप में हिंदी सेवा कर रही हैं तथा विभिन्न विद्यालयों एवं महाविद्यालयों से प्रकाशित पत्रिकाओं एवं स्मारिकाओं में अपनी उपस्थिति दर्ज करा रही हैं, जिसके द्वारा नई प्रतिभाओं के साहित्यिक उत्कर्ष का मार्ग प्रशस्त हो रहा है, जो हिंदी साहित्य में नारी-शक्ति के उज्ज्वल भविष्य का द्योतक है।

परंतु 16वीं से 18वीं सदी में बिहार के साहित्यिक परिदृश्य में तथा साहित्यिक इतिहास के पटल पर एक भी महिला श्रेय नहीं पा सकी तथा ऐसा इसलिए नहीं हुआ कि बिहार की महिलाओं ने साहित्य-सृजन त्याग दिया था, वरन् इस दिशा में कोई भी अभीष्ट साहित्यानुसंधान अथवा शोध का अभाव रहा है, जिसे आरंभ करने की आवश्यकता है।

बिहार के संदर्भ में हिंदी साहित्य की समृद्धि में नारी-शक्ति का बड़ा ही महत्त्वपूर्ण योगदान रहा है। हालाँकि, यह भी प्रमाणित है कि इस दिशा में पुरुषों की तुलना में उनकी संख्या नगण्य अथवा अत्यल्प रही है, तथापि समग्र परिस्थितियों का अवलोकन करने के पश्चात् बिहारी महिलाओं की साहित्य-सेवा प्रशंसनीय एवं स्तुत्य है।

वज्रयानी सिद्धांतों की रचनाओं से हिंदी साहित्य का इतिहास प्रारंभ होता है तथा इस काल में मणिभद्रा नाम की एक योगिनी, जिसका निवासस्थान महापंडित राहुल सांस्कृत्यायन ने मगध बताया था, को बिहार की प्रथम साहित्य सेविका होने का गौरव प्रदान किया जा सकता है, यद्यपि इनकी रचनाएँ कालचक्र में लुप्त हो चुकी हैं।

'मैथिली कोकिल' महाकवि विद्यापति के द्वितीय पुत्र की धर्मपत्नी चंद्रकला, जो परम् विदुषी एवं संस्कृत की प्रकांड पंडिता थीं, की रचना लोचन की 'राजतरंगिणी' में संग्रहित है, को आरंभिक हिंदी की द्वितीय संविका के रूप में स्वीकार किया माना चाहिए। लोककंद में 'चंद्रकला' के एक और पद का उल्लेख है। अत: प्रामाणिक तौर पर चंद्रकला ही हिंदी साहित्य के इतिहास की प्रथम बिहारी महिला हैं, जिसकी प्रामाणिक एवं ललित हिंदी रचना उपलब्ध है।

इनकी समकालीन में मिथिला निवासिनी माधवी नाम की कवियित्री का उल्लेख डॉ. सावित्री सिन्हा ने किया है तथा उनकी अनुपलब्ध सी रही रचनाओं को प्रकाशित कर हिंदी साहित्य को समृद्ध करने का पुनीत काम किया है।

सोलहवीं से अठारहवीं सदी को हिंदी साहित्य के इतिहास को 'बिहारी महिला साहित्य का अंधकाल' कहा जा सकता है, क्योंकि इस काल में बिहारी महिला साहित्यकारों की रचनाओं की खोज का कोई भी सम्यक् प्रयास अब तक नहीं किया जा सका, लेकिन लोकगीतों की अनाम लेखिकाओं/रचनाकारों का कोई लिखित विवरण प्राप्त नहीं हो सका है।

19वीं सदी के आरंभिक वर्षों में साहित्य सृजन करनेवाली कतिपय महिलाओं का विवरण अवश्य प्राप्त हो सका है, जिसमें सर्वप्रथम पद्मकेर (चंपारण) निवासिनी श्रीमती सुवासिन दाय ने अनेक हिंदी पदों की रचना की थी, जो कालजयी सिद्ध नहीं हो पाईं। अन्य साहित्यिक महिलाओं में अंबालिका देवी, जनेश्वरी बहुआसिन तथा मैअनी देवी उल्लेखनीय हैं, जिनका परिचय एवं लघु विवरण समीचीन होगा।

अंबालिका देवी रामनगर राज्य (चंपारण) के प्रबंधक अंबिका प्रसाद उपाध्याय की धर्मपत्नी थीं, जिन्होंने 'राजपूत' नामक बंगला उपन्यास का हिंदी अनुवाद किया था। अत: हिंदी की गद्य लेखिकाओं में इनका नाम सर्वप्रथम आता है।

जनेश्वरी बहुआसिन दरभंगा महराज श्री नेत्रेश्वर सिंह की द्वितीय पुत्रवधू हैं, जिन्होंने मैथिली में बहुत से गीतों की रचना की थी। इन दोनों साहित्य सेविकाओं का विशेष महत्त्व है, क्योंकि इनकी रचनाएँ कमोबेश उपलब्ध हैं।

उन्नीसवीं सदी का उत्तरार्द्ध आते-आते साहित्य सेवी नारियों की संख्या में अप्रत्याशित वृद्धि देखी जा सकती है। इस कालावधि में सोलह महत्त्वपूर्ण साहित्य सेविकाओं का नाम उल्लेखनीय है। जागेश्वरी देवी, जिनका जन्म 1860 में रसुलपुर चैनवा (सारण) में हुआ था, के लिखित दोहों में चर्चित 'नारद उपदेश' नामक पुस्तक का प्रकाशन सर्चलाइट प्रेस, पटना द्वारा किया गया था। चंद्रावती देवी

आरा शहर के महादेवा मोहल्ले के प्रसिद्ध आर्यसमाजी वकील शमनवाज लाल की पुत्री थीं तथा उन्हें हिंदी के अलावा संस्कृत का सम्यक् ज्ञान था। वे नारी सुधार आंदोलन की सक्रिय कार्यकर्ता थीं एवं बिहार प्रांतीय महिला संघ की उपाध्यक्ष भी रहीं। इनकी हिंदी कविता की एक पुस्तक 'उद्‍गार' समस्तीपुर के आजाद प्रेस से प्रकाशित हुई थी। इन्होंने 'शिव-शिवा' नामक एक पद्य की भी रचना की थी। शारदा कुमारी देवी का जन्म 1898 में मुजफ्फरपुर के घिरनीपोखर मोहल्ले में हुआ था। छपरा से निकलनेवाली 'महिला दर्पण' नामक पत्रिका की संपादक होने के साथ-साथ 'मर्यादा', 'चाँद', 'गृहलक्ष्मी' आदि पत्रिकाओं में इनकी रचनाएँ यथा लेख, कहानियाँ एवं कविताएँ प्रकाशित होती रहती थीं, इनकी कहानियों के एक संग्रह 'गल्प विनोद' का प्रकाशन हो चुका है।

ज्ञान कला, जिनको साहित्यिक इतिहास में 'गोप्पअली' के नाम से उल्लेखित किया जाता है, धर्मगुरु राम रसरंग मणिजी की शिष्या एवं सीता-राम की परमभक्त थीं। ये अपहर (सारण) में रहती थी, जबकि इनका जन्म बिरनामा-गया में हुआ था। इन्होंने भक्ति साहित्य की अनेक काव्य रचना की थी। कुल मिलाकर, इन्होंने अठारह हिंदी पुस्तकों की रचना की थी, जिसमें आठ प्रकाशित हो चुकी हैं। ब्रजभाषा की 'साहित्यमाला' में प्रकाशित 'समस्यापुर्तियाँ' की रचयिता गया की प्यारीजी या प्यारी देवी नई गोदाम मोहल्ले में रहती थीं। इन्होंने हिंदी में भक्ति रचनात्मक काव्य रचनाएँ की थीं।

गया के ही प्रसिद्ध जमींदार श्री दुर्गा प्रसादजी की धर्मपत्नी श्रीमती भवानी देवी ने हिंदी में पाँच पुस्तकों की रचना की थी। गोगरी (मुंगेर) की भोगवती देवी ने भक्ति प्रधान स्फूर्त कविताओं की रचना की थी तथा उनकी 'संतमत प्रकाशिका' नाम की पुस्तक प्रकाशित हुई थी।

'साहित्यमाला' में 'विदुषी' उपनाम से सम्मानित मालती बाई भी गया निवासिनी थीं तथा समस्यापूर्ति में उन्होंने अपनी रचनाओं से योगदान कर प्रसिद्धि पाई। छपरा के पं. शमावतार शर्मा की धर्मपत्नी एवं आचार्य नलिन विलोचन शर्मा की माताश्री रत्नावली शर्मा के लेख लखनऊ से प्रकाशित 'माधुरी' एवं 'सुधा' के अंकों में छपते थे।

पटना कवि समाज में अपनी स्फूर्त कविताओं की रचना प्रकाशित करनेवाली राजदेवी कुँवरी ठकुराइन गया की ही थीं। महेंद्र पटना की रामदुलारी देवी की अनेक कविताएँ, 'रसिक मित्र' कानपुर से प्रकाशित होती थीं। ये 'सती' उपनाम से अपनी कविताओं का प्रकाशन करती थीं।

सिया सहेलीजी दरौली (सारण) के कालिका प्रसादजी की धर्मपत्नी तथा महात्मा श्री जानकीशरण स्नेहलता की शिष्या थीं। हिंदी में इनकी तीन रचना प्रकाशित हुईं। इनकी साहित्यिक कृतियों में इनका नाम कांतिलता था।

काको गया की श्यामबाला देवी, जिनके पति गया प्रसादजी भी कवि थे, की हिंदी रचनाएँ 'श्याम' नाम से प्रकाशित की जाती थीं।

बिरादरी छपरा की सिताबवाई तत्कालीन पत्र-पत्रिकाओं में प्रकाशित अपने आलेखों के लिए जानी जाती हैं।

पंडिता चंदाबाई जैन, आरा में स्त्री शिक्षा प्रचार के लिए 'जैनवाला विश्राम' संस्था स्थापित कर नारी-समाज में ज्ञान-विज्ञान का प्रसार करती रहीं। 1901 से ही तपस्विनी जीवन व्यतीत कर 'जैन महिला दर्शन' नामक पत्रिका का संपादन 22 वर्षों तक किया। स्वर्गीय श्री देवेंद्र प्रसाद जैन ने प्रेम मंदिर प्रकाशन, आरा से इनकी अनेक पुस्तकें प्रकाशित कीं। 'ऐतिहासिक स्त्रियों', 'महिलाओं का चक्रवर्तित्व', 'आदर्श कहानियाँ' इेनकी प्रसिद्ध पुस्तकें रही हैं। एक सर्वाजगसुंदर विशाल अभिनंदन ग्रंथ इन्हें समर्पित किया गया। श्रीमती चंदाबाई जैन का अध्ययन एवं विविध विषयों पर पकड़ एवं परिज्ञान विशद एवं गंभीर है।

19वीं सदी तक उपलब्ध स्त्रोतों के आधार पर बिहारी साहित्य सेविकाओं के और अधिक विवरण अप्राप्त हैं, लेकिन इस दिशा में अधिक एवं गहन शोधों की महती आवश्यकता है, ताकि इन साहित्यिक अनुसंधानों से आंदोलनकालीन बिहार की अन्य एवं अनाम साहित्य सर्जन करनेवाली महिलाओं का नाम उजागर हो सके।

बिहार के संदर्भ में नारी-शक्ति जागरण का प्रमुख काल बीसवीं सदी को माना जाना चाहिए, क्योंकि इस कालखंड में महिलाओं के बीच शिक्षा का प्रचार-प्रसार तीव्र गति से हुआ, जिसके परिणामस्वरूप राजनीति, साहित्य एवं समाज सेवा आदि के विभिन्न क्षेत्रों में बड़ी संख्या में महिलाओं का सफल पदार्पण हुआ। इसके फलस्वरूप बिहार के हिंदी साहित्य के सृजन में महिलाओं ने साहित्य रचना, संपादन अहिंदी क्षेत्रों में हिंदी का प्रचार-प्रसार, पत्र-पत्रिकाओं का संपादन कर प्रशंसनीय साहित्य सेवा में योगदान किया।

साहित्य सृजन करनेवाली बिहारी महिलाओं की सूची काफी लंबी है, जिनमें से कुछ प्रमुख नाम उल्लेखनीय हैं—

आशा सहाय (सारण), कौशल्या देवी विद्यालंकार (पटना) तारा रानी श्रीवास्तव (सारण), द्रौपदी देवी (मुजफ्फरपुर) प्रकाशवती नारायण (सारण)

मणिदेवी (पटना) मिथिलेश कुमारी (गया) राधा प्रसाद (सहरसा) ललिता देवी चौहान (गया), विंध्यवासिनी देवी (सारण), विमला देवी 'रमा' (शाहाबाद), सुशीला सिन्हा (सारण), स्व. शकुंतला देवी (सारण), शकुंतला श्रीवास्तव (पटना), शांति रमण (मुजफ्फरपुर), शारदा देवी वेदालंकार (भागलपुर), शिव कुमारी देवी (पलामू)। इनमें सुंदरवती महिला महाविद्यालय भागलपुर की प्राचार्या शारदा देवी विद्यालंकार ने हिंदी साहित्यानुसंधान में महत्त्वपूर्ण योगदान दिया। ये ब्रिटेन भी गई थीं, जहाँ इन्होंने उन्नीसवीं सदी के हिंदी गद्य पर गहन अनुसंधान किया था, जो शोधपूर्ण ग्रंथ अब प्रकाशित हो चुका है तथा हिंदी साहित्य में अनुसंधान के अभाव की पूर्ति हो पाई।

श्रीमती गीतालाल ने पटना विश्वविद्यालय से प्रेमचंद के 'नारीपात्र' विषय पर शोध प्राप्त करके पी-एच.डी. की उपाधि प्राप्त की। इनके अतिरिक्त अनेक महिलाओं ने बिहार के विभिन्न विश्वविद्यालयों के माध्यम से शोध पत्र प्रकाशित कर हिंदी साहित्य को अपृद्ध करने का महत्त्वपूर्ण कार्य किया है। अनेक महाविद्यालय के विभिन्न शोध विषयक विमर्शों में हिंदी साहित्य में बिहार की नारी-शक्ति के योगदान का मूल्यांकन अनवरत जारी है।

स्नेहलता देवी, आयशा अहमद, गीता देवी, निशा रानी सिन्हा, चंपा वर्मा, अक्षयवती मेहरा, कल्याणेश्वरी देवी, रुक्मणि तिवारी, शशिप्रभा करपतने एवं समपति आर्याणी आदि ने हिंदी साहित्य में गहन शोध कर प्रशंसनीय साहित्य सेवा की है।

इंदु सिन्हा; लक्ष्मीनिधि सिंह, राजेश्वरी सिंह, सुशीला देवी और उमा सिंह के अतिरिक्त पंद्रह अन्य उच्च शिक्षित नारियों ने पटना विश्वविद्यालय से हिंदी के विभिन्न पक्षों पर उल्लेखनीय शोध प्रबंध प्रस्तुत किए हैं। यह क्रम निरंतर जारी है तथा भविष्य में नारी-शक्ति बिहार की हिंदी साहित्य सेवा की परंपरा को गौरवान्वित करेगी, यह अपेक्षित है।

स्फुट साहित्य की रचना कर वर्तमान सदी में जिन बिहारी महिलाओं ने हिंदी साहित्य को समृद्ध किया है, उनका भी उल्लेख किया जाना आवश्यक प्रतीत होता है। उनमें से प्रमुख हैं—

आशा माथुर (पटना), कमला आर्य (पटना), कलावती त्रिपाठी (पटना), आशा किशोर (मुजफ्फरपुर), कुमुदनी शर्मा (मुजफ्फरपुर), रत्ना कुमारी शर्मा (मुजफ्फरपुर), रामदुलारी देवी (मुजफ्फरपुर), बासंती गुप्ता (मुजफ्फरपुर), विनोदनी शर्मा (मुजफ्फरपुर), आशा सहाय (सारण), इंदिरा नारायण प्रियदर्शनी

(सारण), विमला किशोरी (सारण), चंपारण वर्मा (सारण), इंदुबाला वर्मा (सारण), राम किशोर देवी (सारण), कमलेश्वरी देवी (सारण), इंदुबाला देवी (पूर्णिया), सत्यवती (पूर्णिया), इंदिरा देवी (मुंगेर), कमला सिन्हा (मुंगेर), कांति कुमारी सिंह सखी (मुंगेर), कांति करवाल (मुंगेर), रामप्यारी देवी (मुंगेर), रामेश्वरी देवी (मुंगेर), विद्या प्रकाश 'बिजली' (मुंगेर), गीता देवी श्रीवास्तव (शाहाबाद), राधिका देवी श्रीवास्तव (शाहाबाद), राजदेवी कुँवरि 'विशारदा' (शाहाबाद), चंद्रा कुमारी (सहरसा), जहाँआरा बेगम (चाईबासा) प्रफुल्ल कुमारी 'सुषमा' (बेगूसराय) पार्वती कुमारी 'बिंद' (राँची), पुष्पलता अग्रवाल (भागलपुर), विभा (भागलपुर), मालती बाई विदुषी (गया), लक्ष्मीपति देवी (गया), राम स्नेही देवी (दरभंगा), लक्ष्मीपति देवी 'लीला' (दरभंगा), सत्यवती आर्या एवं सरोजनी बाला (शाहाबाद), सावित्री शुभा (पटना), सुदर्शना देवी (पटना), सुधा वर्मा (भागलपुर), सुधा सिंह (मुजफ्फरपुर), सुशीला दत्त (पटना), सुशीला देवी (मुंगेर), सुरबाला 'सुरोचना' (मुंगेर), शकुंतला देवी अग्रवाल (चंपारण), शकुंतला सिंह 'करुणा' (सारण) शकुंतला शर्मा शशि (मुजफ्फरपुर), शांता कुमारी 'लली' (गया), शांति कुमार सुमन (सहरसा), शांता सिन्हा (पटना), शांति पांडेय (सारण), शारदा लाल (दरभंगा), शैलजा कुमारी श्रीवास्तव (सारण)।

अहिंदी भाषी जहाँआरा बेगम एवं आयशा अहमद हिंदी सेवा की ओर प्रवृत्त साहित्य सेविकाएँ भी उल्लेखनीय योगदान के कारण प्रसिद्ध हैं।

इन सबके अतिरिक्त, एक मलयाली महिला भी भारतीय अम्मा, भारती विद्यार्थी के उपनाम से चुनौती 'हार या जीत', 'दो सेर', 'मलयानिल' आदि उल्लेखनीय पुस्तकों की रचना के साथ कई मलयाली साहित्य का हिंदी अनुवाद कर प्रसिद्ध हुई हैं।

इस काल में उर्मिला सहाय (सारण) ने रूस की राजधानी मास्को में तीन वर्षों तक हिंदी का प्रचार-प्रसार किया। 'सोवियत नारी' का संपादन तथा रेडियो मास्को में हिंदी उद्घोषिका के साथ-साथ उन्होंने कई रूसी पुस्तकों का हिंदी अनुवाद भी किया।

विद्यादेवी (मुंगेर) दक्षिण भारत में हिंदी प्रचार-प्रसार हेतु अनेक वर्षों तक प्रयासरत रही।

इस दिशा में अभी अनेक शोध एवं अनुसंधान किए जाने बाकी हैं, जिससे बिहार के हिंदी साहित्य में नारी-शक्ति की बहुमूल्य गाथाओं का समावेश हो सके। नई प्रतिभाएँ इस क्षेत्र में शानदार अवसर तलाश सकती हैं।

श्रीमती विमला देवी 'रमा' साहित्यचंद्रिका

श्री पांडेय जगन्नाथ प्रसाद सिंह, हिंदी-मंदिर, शीतलपुर (सारन) इनका जन्म आरा के महादेवा मोहल्ले में, सन् 1602 ई. में हुआ था। इनके पिता श्री भगवत सहाय आरा में आर्यसमाज के एक नेता थे। वे एक नामी वकील, सितारवादक और संगीत-मर्मज्ञ भी थे। उनका घर इस युग के प्रसिद्ध उस्तादों का अड्डा था। स्त्री-शिक्षा के हिमायती होने के कारण उन्होंने इनकी शिक्षा-दीक्षा पर विशेष ध्यान दिया। सन् 1616 ई. में इनका विवाह डुमराँव-राज के मुंतजिम मुंशी लक्ष्मीप्रसाद के कनिष्ठ पुत्र श्री मदनमुकुंद प्रसाद से हुआ। इनके ज्येष्ठ पुत्र श्री सुधांशुकांत रंजन (शिवाजी) का विवाह हिंदी-साहित्यसेवी श्री शिवपूजन सहाय की कनिष्ठा कन्या से हुआ है। इनकी बड़ी बहन श्रीमती कमलादेवी 'कमल' आपके पति के अग्रज श्री देवेंद्र प्रसाद (स्व.) से ब्याही गई थीं। दोनों बहनें द्विवेदी-युग में साहित्य-सेवा करती रहीं। कमलाजी तो गृहस्थी की व्यवस्था में व्यस्त हो गईं, पर इन्होंने हिंदी-पत्र-पत्रिकाओं में लेख-कवितादि लिखना जारी रखा। इनकी दो पुस्तकें प्रकाशित हैं—'शिक्षा-सौरभ' और 'विमलपुष्पाञ्जलि'। पहली तो बिहार में पाठ्य-पुस्तक के रूप में भी स्वीकृत थी। दूसरी पुस्तक कविता-संग्रह है। 'शिशुजननी' आदि कई पुस्तकें प्रकाशित हैं। बिहार-हिंदी-साहित्य सम्मेलन के तीसरे महाधिवेशन (सीतामढ़ी) में इनको 'साहित्य पर राष्ट्र का प्रभाव' शीर्षक निबंध के लिए रजत पदक मिला था। इनकी बड़ी लड़की श्रीमती महाविद्या बी.ए.,बी.टी. अनेक वर्षों तक प्रयाग के एक महिला विद्यालय में अध्यापिका रहकर इस वर्ष (सन् 1662 ई. में) आगरा में ब्याही गई हैं, वे भी संगीत-वाद्य में बहुत निपुण हैं। इनके घर में खासी अच्छी जमींदारी थी, पर अब समय के फेर से अपने पति के साथ प्रयाग में कुछ जीविका व्यवसाय करके त्रिवेणी-सेवन करती हैं। इन दोनों बहनों ने विवाह के बाद परदा-प्रथा तोड़कर नारी-समाज में साक्षरता और शिक्षा का प्रचार किया था। इन्होंने कई भद्र परिवारों की महिलाओं से परदा-बंधन की झिझक छुड़वाई थी। इनकी सास सदा ठाकुरजी की पूजा-सेवा में लगी रहती थीं और बड़े आचार-विचार से घर में ही विरक्ति के साथ रहकर हर साल

तीर्थयात्रा करती थीं। वे हर महीने लगभग दो-तीन सौ रुपए दान-पुण्य में खर्च करती थीं। 'रमाजी' के देवर श्री गुप्तेश्वरनाथ भी हिंदी के पुराने कहानी-लेखक हैं और कमलाजी के बड़े पुत्र प्रोफेसर राणाजी ने दर्जनों एकांकी नाटक लिखे हैं तथा रंगमंच-निर्देशन में भी बड़े दक्ष हैं।

श्रीमती कुमुद शर्मा

इनका जन्म सन् 1915 ईस्वी में 24 मार्च को पटना में हुआ था। यह स्वनामधन्य विद्वान् महामहोपाध्याय पं. रामअवतार शर्मा की पुत्रवधू और पटना विश्वविद्यालय के भूतपूर्व विभागाध्यक्ष आचार्य नलिन विलोचन शर्मा की धर्मपत्नी हैं। इनका विवाह 1941 ईस्वी में 19 जून को हुआ था, इनके पिता पं. अमरनाथ शर्मा सास्वत श्रीमती एनी बेसेंट के साथ रहते थे और आद्यार (मद्रास) में उनकी शिक्षा-दीक्षा हुई थी।

इनके वृद्ध पितामह गया (बिहार) बिहार के ही निवासी थे, जो कपूरथला (पंजाब) के पास एक गाँव में जा बसे थे। यह अपने घर में ही रत्नावती विद्या मंदिर नामक शिशु पाठशाला चला रही है, जिसकी स्थापना इनके पति द्वारा इनके सास के नाम पर सन् 1961 ईस्वी में 19 जनवरी (सोमवार) को हुई थी और जिसमें 3 से 10 वर्ष के बालक-बालिकाओं को हिंदी के माध्यम से शिक्षा दी जाती है। उन्हें शुद्ध बोलना, लिखना, पढ़ना सिखाया जाता है। भाषा की शुद्धता पर ध्यान रखते हुए उनकी चारित्रिक शिक्षा पर विशेष बल दिया जाता है, जिससे उनमें आत्मविश्वास और आत्मनिर्भरता पैदा हो। आर्थिक सुविधा होते ही संस्कृत शिक्षण की व्यवस्था करने का भी संकल्प है। इन्होंने वैज्ञानिक ढंग से 'शिशु वर्ग परिचय' लिखा है, जो अभी अप्रकाशित है। इस समय अपने स्वर्गीय पति की समस्त रचनाओं का संग्रह करके उनके प्रकाशन के प्रबंध में प्रयत्नशील हैं। इनके एकमात्र पुत्र श्री राजीव शर्मा पटना कॉलेज में बी.ए. के छात्र हैं। अपनी कुल परंपरा के अनुसार ही ये अत्यंत प्रभावशालिनी विदुषी हैं। विद्वान पति के संसर्ग से इनकी साहित्यिक चेतना का खूब विकास हुआ है। इनकी उक्त पाठशाला की लोकप्रियता दिन-प्रतिदिन बढ़ रही है। एकांत भाव से मौन शिक्षा सेवा करनेवाली ऐसी देवियों की आज बड़ी जरूरत है

आशा सहाय

श्रीमती आशा सहाय पूर्णिया के मुंसिफ तथा जज रहे श्री ब्रजविलास प्रसाद की पुत्री थीं तथा उनका जन्म 1925 ई. में सासाराम शाहाबाद जिले के गढ़ चिरौली में हुआ था। इन्होंने सिर्फ प्रवेशिका (मैट्रिक) तक की ही शिक्षा प्राप्त की थी, लेकिन स्वाध्याय के नियमित अभ्यास से इन्होंने अपनी योग्यता को बहुत बड़ा आयाम दिया था।

सन् 1943 ई. में भगवान नगर, छपरा के एक संभ्रांत परिवार के श्री बज्रनाथ सहाय से इनका विवाह संपन्न हुआ था। इनके पति डॉक्टर थे।

इनकी कहानियों का प्रकाशन तत्कालीन सभी पत्र-पत्रिकाओं में होता रहता था। विश्वामित्र, विश्वबंधु (कलकत्ता); हुंकार, योगी, ज्योत्सना (पटना); आज (वाराणसी); प्रभात (मुंगेर) आदि में इनकी कई कहानियाँ प्रकाशित हो चुकी हैं। इनका मौलिक उपन्यास 'एकांकिनी' अंतरराष्ट्रीय प्रकाशन मंडल, पटना से प्रकाशित हो चुका है। इनके तीन अन्य उपन्यास जो अब तक अप्रकाशित भी यथा आवरण, प्रश्न और बिंदु तथा समर्पिता अब प्रकाशित हो चुके हैं। इनके द्वारा रचित नाटक 'पद्मबुद्ध' (अंबापाली) तो अप्रकाशित ही है, परंतु इसका मंचन हो चुका है।

एक सफल कथाकार तथा अद्वितीय प्रतिभा की धनी श्रीमती आशा सहाय की साहित्य साधना प्रशंसनीय है।

□

शिक्षा क्षेत्र एवं नारी-शक्ति

प्राचीनकाल में प्राय: बिहारी स्त्रियों को धार्मिक शिक्षा तो दी ही जाती थी, गृहशिल्प संबंधी व्यावहारिक शिक्षा भी दी जाती थी, जिसका बहुधा उल्लेख प्राचीन साहित्य में पाया जाता है।

प्राचीन साहित्य के विहंगम अवलोकन से सिद्ध होता है कि उस काल में महिलाएँ उच्च शास्त्रीय शिक्षा भी पाती थीं। उनको शिक्षा प्रदान करने में किसी प्रकार का भेदभाव नहीं किया जाता था, क्योंकि वे शक्ति स्वरूपा प्रकृति का ईश्वरीय आकार मानी जाती थीं।

बौद्धों एवं जैनों के उत्कर्ष काल में भी अनेक विदुषियाँ बिहार के साहित्यिक एवं धार्मिक क्षेत्रों का सबल प्रतिनिधित्व करती रहीं, पर स्त्री शिक्षा का क्षेत्र क्रमश: संकुचित होता गया।

मुसलमानों के शासनकाल में तो सामाजिक कठिनाई इतनी अधिक बढ़ गई कि स्त्री शिक्षा स्वयमेव ही मृतप्राय हो गई। भारत के सभी शिक्षा केंद्र यथा विश्व प्रसिद्ध नालंदा, विक्रमशिला तथा तक्षशिला के साथ-साथ वल्लभी, उज्जैन के विश्वविद्यालय का विध्वंस कर दिया गया। समस्त गुरुकुलों एवं विद्यालयों को समाप्त कर दिया गया था, तथा वे सारे घृणित एवं जघन्य अपराध किए गए कि भारतीय सनातन ज्ञान एवं विज्ञान के साथ भारतीय संस्कृति एवं शिक्षा पद्धति व्यक्तिगत विषय बनकर रह गई। सल्तनतकालीन विदेशी आक्रांताओं एवं मुगलकालीन शासन-प्रशासन अपने सभी संसाधनों द्वारा अरबी-तुर्की संस्कृति एवं शिक्षा पद्धति जबरन एवं बलपूर्वक थोपती रही, जिसके फलस्वरूप नारी-शिक्षा तो दूर, समाज का बहुत बड़ा तबका शिक्षा प्राप्ति से वंचित रह गया।

मध्यकालीन सामाजिक व्यवस्था स्त्रियों के लिए नारकीय त्रासदी से कम नहीं थी तथा स्त्री शिक्षा की ओर नगण्य ध्यान दिया जा सका। संपन्न एवं समृद्ध

वर्ग अपनी बालिकाओं के शिक्षा की व्यवस्था अपने घर पर ही किया करते थे। सार्वजनिक महिला विद्यालयों का अभाव रहने के कारण जनसाधारण अपनी कन्याओं एवं बालिकाओं को शिक्षा देने में असमर्थ था तथा इसके अतिरिक्त आर्थिक स्थिति, सामाजिक कुरीतियों एवं व्यापक अंधविश्वासों के कारण जनता अपनी बालिकाओं की शिक्षा के प्रति अमूनन उदासीन हो गई।

स्त्री-शिक्षा की मंद प्रगति अंग्रेजी राज्य में 1854 से प्रारंभ हुई, परंतु बिहार की महिलाओं के लिए विद्यालय एवं महाविद्यालय की शिक्षा दुर्लभ ही रही। बालिकाओं के लिए विद्यालय का अभाव तो था ही, लोग स्त्रियों को शिक्षा के लिए योग्य ही नहीं मानते थे, क्योंकि वाल-विवाह एवं परदा प्रथा इस दिशा में सबसे बड़ा बाधक तत्त्व बना रहा।

बीसवीं शताब्दी के शुरुआत में बिहार में महिलाओं की नारी शिक्षा पर भी ध्यान देना आरंभ हुआ। राष्ट्र के महान् समाज सुधारकों ने सदियों से व्याप्त कुरीतियों एवं अंधविश्वासों पर आघात कर स्त्री शिक्षा के पक्ष में वातावरण निर्माण का पुनीत कार्य किया। राष्ट्रीय अखबार अब देशी भाषा में भी प्रकाशित होने लगे तथा जनसाधारण की सोच एवं दृष्टिकोण में क्रांतिकारी परिवर्तन होने लगे तो बालिकाएँ भी विद्यालय पहुँचने लगीं, परंतु आरंभिक स्त्री शिक्षा की अवधि में यह प्रयास नगण्य एवं अत्यंत गौण महत्त्व के माने जाते हैं। सिर्फ दो प्रतिशत बालिकाएँ ही प्राथमिक शिक्षा केंद्रों पर पहुँच सकीं तथा बालिका विद्यालयों का अभाव सर्वत्र था।

ई. सन् 1919 के असहयोग आंदोलन के उपरांत बिहार राज्य के नारी समाज में नवजागरण की चेतना व्याप्त होने लगी। अभिभावक एवं संरक्षक नारी-शिक्षा के महत्त्व से उत्पेरित होने लगे। इस अवधि में ब्रिटिश शिक्षा नीति के प्रतिपालक श्री हार्तग ने अपने शिक्षा संबंधी विवरण में स्वीकार किया था कि शिक्षा पाने एवं इस माध्यम से प्रगति का अधिकार नारी एवं पुरुष दोनों को है। समग्र प्रगति एवं विकास दोनों वर्गों के साथ-साथ ही बढ़ेगा। सिर्फ पुरुष वर्ग के शिक्षित होने से समाज एवं राष्ट्र का समुचित उत्थान असंभव है तथा नारी शिक्षा क्षेत्र में यथेष्ट प्रगति के बिना यह सदैव अपूर्ण है। सीमित शिक्षा या शिक्षित नारी विहीन समाज से राष्ट्रीय हित कुंठित होंगे एवं उन्हें आघात पहुँचेगा। अतः नारी एवं पुरुष दोनों वर्गों की शिक्षा को संतुलित करने एवं समुचित उपाय द्वारा संसाधन उपलब्ध कराने की वकालत की गई।

राष्ट्रपिता महात्मा गांधी एवं अन्य बिहारी राष्ट्रवादी नेताओं यथा डॉ. राजेंद्र प्रसाद, अनुग्रह नारायण सिंह, श्री जयप्रकाश नारायण आदि नेताओं की प्रेरणा से

1920 के दशक के उपरांत बिहार की महिलाओं की व्यक्तिगत एवं सामाजिक स्थिति में प्रगति एवं सुधार दृष्टिगत होने लगे।

लेकिन सही मायनों में बिहार राज्य में स्त्री शिक्षा की अपेक्षित प्रगति सन् 1937-1947 के कालखंड में परिलक्षित होने लगी। यह प्रगति उच्च शिक्षा के क्षेत्र में भी देखी जा सकती है।

कतिपय विद्वानों के अनुसार, महिलाओं में उच्च शिक्षा प्राप्त करने की प्रेरणा द्वितीय महायुद्ध से उत्पन्न परिस्थितियों की देन कही जा सकती है, क्योंकि युद्धकालीन परिस्थितियों में यकायक विभिन्न व्यवसायों एवं जीवन की बढ़ती आवश्यकताओं के कारण उच्च शिक्षित एवं व्यावसायिक शिक्षा संपन्न महिलाओं की जरूरत राष्ट्र एवं समाज की अनेक विद्याओं में अनुभव की जाने लगी। बिहार की अनेक महिलाओं ने इस अवधि में कई प्रतिष्ठित पदों पर काम किया था। संपूर्ण अंग्रेजी शासन कालखंड (लगभग 1757 से 1947 ई.) में बिहार की स्त्री शिक्षा के किसी भी योजनाबद्ध कार्यक्रम का संपूर्ण अभाव रहा। शासक वर्ग अपनी निजी रुचि एवं विचारधारा के अनुसार शिक्षा का निर्देशन करता रहा। मैकाले द्वारा प्रतिपादित भारतीय शिक्षा नीति का मूल ऐसे भारतीयों का निर्माण था, जो निम्न स्तरीय प्रशासकीय कार्यों में अल्प वेतन पर अंग्रेजी साम्राज्यवाद के लिए कार्यरत हों तथा इसके लिए लिए स्त्री शिक्षा पर व्यय करना उनके लिए न तो आवश्यक था और न ही अपरिहार्य।

21वीं सदी के आरंभिक वर्षों तक प्रचलित शिक्षा प्रणाली भारतीय शैली की जीवन पद्धति, संस्कृति एवं स्वदेशी वातावरण के अनुकूल न होकर विदेशी एवं विजयी मदांध शासकों के द्वारा विजित भारतीय जनमानस के मस्तिष्क को विकृत तथा पराधीन करने तथा जारी रखने के उद्देश्य से ग्रसित थी। दुर्भाग्य से स्वतंत्रता-प्राप्ति के पश्चात् भी तत्कालीन भारतीय सरकार संसाधनों के अभाव का प्रश्रय लेकर भारतीयों के हितार्थ कोई उत्कृष्ट शिक्षा पद्धति एवं प्रणाली का अनुसंधान एवं प्रयोग करने में सर्वथा असमर्थ रही।

स्वाधीनता आंदोलन की दीर्घावधि के अंतिम दशक 1937-47 ई. के बीच बिहार में स्त्री शिक्षा का वास्तविक विकास अंशतः ही सही, सिर्फ शहरी क्षेत्रों तक ही सीमित रहा, जबकि ग्रामीण क्षेत्रों में नारी-शिक्षा की स्थिति अत्यंत कारुणिक बनी रही।

1946-47 के वार्षिक सर्वेक्षण के अनुसार बिहार में नारी-शिक्षा के निमित्तार्थ कुल तीन महाविद्यालय 23 उच्च माध्यमिक विद्यालय, 95 माध्यमिक (Middle) तथा अपर माध्यमिक विद्यालय तथा 1954 प्राथमिक तथा जूनियर बेसिक विद्यालय

विद्यमान थे, जिसमें कुल मिलाकर 83,829 बालिकाएँ एवं महिलाएँ शिक्षा प्राप्त कर रही थीं।

इस समय स्त्री शिक्षा की स्वीकृत संस्थाओं की संख्या कुल 2,119 थी, जबकि आगामी पाँच वर्ष की अवधि में, अर्थात् 1951 से 1952 तक ऐसी संस्थाओं की संख्या 2443 हो पाई, जिसमें 1,14,966 बालिकाएँ एवं युवतियाँ शिक्षित हो पा रही थी।

1951-52 में स्त्री शिक्षा के लिए स्वीकृत संस्थाओं में 6 महाविद्यालय, 36 हाई स्कूल, 131 मिडिल तथा सीनियर स्कूल के साथ 2,187 प्राथमिक तथा जूनियर बेसिक स्कूल मौजूद थे। कुल महिला शिक्षिकाओं की संख्या 2,811 थी।

इस क्रम से अगले पाँच वर्षों यथा 1956-57 में बालिका शिक्षा हेतु 2,727 प्राथमिक विद्यालयों, 159 मध्य विद्यालयों में 1,12,668 छात्राएँ तथा 24,360 छात्राएँ क्रमशः शिक्षा प्राप्त कर रही थी, जबकि इन विद्यालयों में शिक्षिकाओं की कुल संख्या 4,468 थीं। इस अवधि में उच्च विद्यालयों एवं महाविद्यालयों में अध्ययन करनेवाली छात्राओं की संख्या में भी काफी प्रगति दृष्टिगत होते हैं।

महिला शिक्षा क्षेत्र में हुए प्रारंभिक प्रगति के कारण बिहार की नारियाँ घरों एवं पर्दों से निकलकर राष्ट्रीय विकास, सेवा क्षेत्र एवं शासन प्रशासन के कार्यों में अपनी उपस्थिति प्रमुखता से दर्ज कराने लगी। सरकारी कार्यालयों में नियुक्त होने के साथ-साथ वे विद्यालयों, महाविद्यालयों एवं विश्वविद्यालयों के अध्यापन कार्यों में भी नियुक्त होने लगी।

बिहार की प्रांतीय विधायिका हेतु द्वितीय आम चुनाव में जिन महिलाओं ने सफलता पाई अथवा विधायिका का सदस्य बनी, वे सभी स्वाधीनता आंदोलन के अंतिम चरण में ही शिक्षित हो पाई थीं। उनके नामों का उल्लेख इसलिए आवश्यक है कि महिलाओं का राजनीतिक जीवन में प्रवेश एवं उनकी राजनीतिक योग्यता का परिचय प्राप्त हो सके—

श्रीमती केतकी देवी (चनपटिया), शकुंतला देवी अग्रवाल (मोतिहारी), प्रभावती गुप्ता (केसरिया), पार्वती देवी (हरसिद्धि), अनसूया देवी (महाराजगंज), उमा पांडेय (बनियापुर), बनारसी देवी (महनार), सुदामा चौधरी (पुपरी उत्तर), रामदुलारी शास्त्री (लौकाहा), कृष्णा देवी (बहेरा दक्षिणी), शांति देवी (मोहिउद्दीनगर), राम सुकुमारी देवी (वारिसनगर), श्याम कुमारी (सिंघिया), विश्वेश्वरी देवी (सहरसा), शांति देवी (पलासी), रानी ज्योतिर्मयी देवी (पाकुर), लीला देवी (शेखपुरा), शैलबाला राय (देवघर), सरस्वती देवी (सुल्तानगंज),

विंध्यवासिनी देवी (बांका), लक्ष्मी देवी (परबत्ता) सरस्वती चौधरी (मसौढ़ी), जोहरा अहमद (पटना पूर्वी), मनोरमा देवी (विक्रम), मनोरमा पांडे (विक्रमगंज), सुमित्रा देवी (पीरो), शांति देवी (बोध गया), राजकुमारी देवी (इसुआ), शशांक मंजरी देवी (बड़कागाँव), मनोरमा सिंह (तोपचांची), राजेश्वरी सरोजदास (गढ़वाटा) ये सभी चुनाव लड़कर विधानसभा की सदस्या बनीं।

नदी की एक पतली धारा दूर संकीर्ण पहाड़ों से निकलकर विशाल जलधारा में परिणति हो जाती है। असहयोग आंदोलन की जागृति से नारी-शक्ति की जो आरंभिक धारा प्रस्फुटित हुई थी, महज 30-40 वर्षों में शिक्षा का प्रकाश प्राप्त कर अपनी बहुमुखी प्रतिभा चारों दिशाओं में व्याप्त करने लगी। शिक्षा के विकास के साथ ही बिहार की महिलाओं से अंधविश्वास, संकुचित विचार और पराबलंबन की भावना तथा अबला कहलाने का भाव जाता रहा तथा उनमें अब राष्ट्र, समाज संस्कृति तथा साहित्य की सेवा करने की मधुर संकल्पनाएँ जाग्रत् होने लगी तथा कालांतर में तृतीय पंचवर्षीय योजना से ग्रामीण बालिका शिक्षा का प्रचार एवं प्रसार अत्यंत ही तीव्र गति से होने लगा। विद्यालयों एवं महाविद्यालयों में ग्रामीण छात्राएँ बड़े पैमाने पर प्रवेश कर रही हैं तथा दिनोदिन इनकी संख्या में वृद्धि हो रही है।

1931 की जनगणना के अनुसार बिहार की आबादी (संयुक्त बिहार) लगभग 3.25 करोड़ थी तथा उसमें कुल पढ़े-लिखे लोगों की संख्या साढ़े तेरह लाख थी, अर्थात् चार प्रतिशत के लगभग थी, जिसमें पढ़े-लिखे महिलाओं की संख्या एक लाख पाँच हजार पाँच सौ ही थी, यानी कुल आबादी का सिर्फ एक प्रतिशत की एक तिहाई के लगभग आँकी जा सकती है। जबकि संपूर्ण आबादी में लगभग 1 लाख चौतीस हजार लोग ही अंग्रेजी पढ़े-लिखे थे एवं इनमें कुल ग्यारह हजार महिलाएँ अंग्रेजी पढ़ी-लिखी थीं। औसत के हिसाब से उस समय एक हजार में आठ ही महिलाएँ पढ़ी-लिखी थीं तथा हजार में लगभग 2 महिलाएँ उच्च विद्यालय या अधिक की योग्यता धारण करती थीं। अधिकांश महिलाएँ (पढ़ी-लिखी वर्ग में) किसी तरह पढ़-लिख सकती थी, अर्थात् साक्षर थीं, क्योंकि उस समय महिला महाविद्यालय का नितांत ही अभाव तथा उच्च विद्यालयों की संख्या सिर्फ नौ (09) ही थी। पटना तथा भागलपुर में दो-दो तथा मुजफ्फरपुर, गया, संथाल परगना, हजारीबाग एवं राँची में एक-एक उच्च (हाई) विद्यालय विद्यमान थे। इंगलिश मिडिल स्कूलों की संख्या सत्ताईस तथा देशी (वर्नाकुलर) मिडिल स्कूलों की संख्या सिर्फ 09 थी। मुजफ्फरपुर, दरभंगा तथा भागलपुर सरीखे जिलों में मिडिल स्कूल थे ही नहीं।

राँची में छह, हजारीबाग तथा संथाल परगना में चार-चार, शाहाबाद, चंपारण तथा मानभूम जिले में तीन-तीन एवं पटना, गया, मुंगेर, पूर्णिया, पलामू एवं सिंहभूम जिले में दो-दो स्कूल थे, जिसमें से लगभग आधे स्कूल क्रिश्चियन मिशनरीज द्वारा संचालित एवं प्रबंधित किए जाते थे।

इसाई मिशनरियों द्वारा ही नारी-शिक्षा का प्रचार-प्रसार शुरू किया गया, जिसके कारण भी बालिका शिक्षा के प्रति जनसाधारण का रवैया उदासीन रहा।

1930 से 1940 तक के दशक में बिहार में कुल दो हजार के लगभग प्राथमिक विद्यालय थे, जिसमें सह-शिक्षा प्रदान की जाती थी या सह-शिक्षा का ही प्रचलन था। सिर्फ बालिकाओं या छात्राओं के निमित्त स्थापित विद्यालयों का कोई भी आँकड़ा उपलब्ध नहीं होता है।

1935-36 में राज्य भर में सिर्फ चालीस छात्राएँ महाविद्यालयों में नामांकित थी, जबकि उच्च विद्यालयों में एक सौ चालीस तथा मध्य विद्यालयों में पंद्रह सौ अस्सी तथा प्राथमिक विद्यालयों में नामांकित छात्राओं की संख्या लगभग सत्तर हजार थी। बाँकीपुर बालिका उच्च विद्यालय की स्थापना 1892 ई. में हो चुकी थी, परंतु 1945 ई. तक सिर्फ एक महाविद्यालय पटना वीमेंस कॉलेज की स्थापना ही महिलाओं के उच्चतर शिक्षा के लिए स्थापित किया जा सका। तत्पश्चात् 1946 ई. में मगध महिला महाविद्यालय की स्थापना की गई, जो स्वतंत्रापूर्व बिहार का दूसरा महिला उच्च शिक्षा का केंद्र बना; हालाँकि बाद के वर्षों, अर्थात् 1960 के दशक तक सभी जिलों में एक-एक महिला महाविद्यालय की स्थापना का संकल्प पूर्ण कर लिया गया था। सन् 1945-46 तक राज्य भर में कुल मिलाकर एक लाख साठ हजार सात सौ तीन छात्राएँ शिक्षा ग्रहण कर रही थीं, जबकि 1946-47 तक सिर्फ 354 छात्राएँ ही मैट्रिक उत्तीर्ण थीं।

इससे पूर्व के आँकड़े नारी शिक्षा की दशा एवं दिशा में प्रगति के स्तर का समुचित आकलन करने में मददगार हो सकता है, क्योंकि 1922 में बिहार तथा उड़ीसा (तब संयुक्त प्रांत) मिलाकर केवल 92 छात्राएँ ही महाविद्यालय से शिक्षित हो रही थीं, जिसके दस वर्षों के बाद, अर्थात् 1932 तक महाविद्यालयी छात्राओं की संख्या 94 हो पाई, अर्थात् एक दशक के कालखंड में फकत दो ही अधिक छात्राओं ने महाविद्यालय में प्रवेश किया था, लेकिन 1939-40 तक इनकी संख्या एक सौ सत्ताईस तथा 1950-51 तक लगभग एक हजार बिहार छात्राओं ने महाविद्यालय में प्रवेश किया। अगर इन आँकड़ों की तुलना वर्तमान की शिक्षा व्यवस्था एवं नारी-शिक्षा से करें तो आरंभिक काल के पिछड़ेपन का भान स्वत: ही हो जाता है।

राष्ट्रीय पद्धति के आधार पर महिला शिक्षा हेतु 1947 में ही लखीसराय (तत्कालीन मुंगेर जिले) में एक बालिका विद्यापीठ की स्थापना की गई थी, जिसमें उच्च माध्यमिक स्तर की शिक्षा प्रदान की जाती है।

शिक्षा संबंधी अन्य एवं विशेष महत्त्वपूर्ण आँकड़ों का समुचित विश्लेषण एवं अनुसंधान अपेक्षित है। आजादी के अमृत महोत्सव की मंगलवेला में एक अन्य, परंतु अत्यधिक महत्त्वपूर्ण प्रश्न है कि शिक्षा का प्रचुर-प्रचार एवं प्रसार होने के बावजूद भी आज के पारिवारिक, सामाजिक, राजनीतिक, आर्थिक एवं सांस्कृतिक क्षेत्र में बिहार के नारी-शक्ति की जो दशा एवं दिशा है तथा आधुनिक शिक्षा प्रणाली के परिप्रेक्ष्य में क्या समुचित शारीरिक, मानसिक वैदिक एवं सांस्कृतिक विकास उसे यथेष्ट एवं सर्वांगीण आत्मबल तथा आत्मनिर्भरता की ओर उन्मुख करती है ?

आज लाखों की संख्या में बहनें पारिवारिक दायित्व के वृहद् बोझ के तले दबी रहने के बावजूद सामाजिक, आर्थिक, सांस्कृतिक एवं राजनीतिक क्षेत्र में तत्परता से कर्तव्यों का समुचित निर्वहन कर रही हैं, जो सेवा क्षेत्र पहले पुरुषों के लिए स्वतः संरक्षित माने जाते थे, उनमें भी नारी-शक्ति के पदार्पण एवं उपलब्धि से मानव समुदाय आश्चर्यचकित हो रहा है तो क्या यह सह शिक्षा का प्राकृतिक परिणाम है अथवा वर्तमान समाज वास्तव में लैंगिक संवेदनशीलता के प्रति निरपेक्ष है ? प्रश्न यह भी है कि क्या कोई भी समाज पूर्णरूपेण लैंगिक उदासीनता या प्रवृत्ति प्रदत्त शारीरिक संरचनाओं एवं जीवन की आवश्यकताओं के अनुरूप पूर्णतया एक समान शिक्षा प्रणाली को नैतिक एवं वैधानिक स्वीकृति प्रदान कर सकता है ? लेकिन सर्वाधिक महत्त्वपूर्ण प्रश्न है कि क्या नारी-शक्ति के विचार एवं स्वयं उनके द्वारा सहर्ष स्वीकृत शिक्षा पद्धति की नीति का समावेश वर्तमान शिक्षा प्रणाली में होना चाहिए अथवा नहीं ? क्या कभी कोई पाठ्यक्रम नारी के वास्तविक सर्वांगीण विकास को सुनिश्चित करने के उद्देश्य से शिक्षा व्यवस्था में समाहित की गई है ? राष्ट्र निर्माताओं के समक्ष ये सभी यक्ष प्रश्न हमेशा से सुरक्षा की तरह मुँह बाए खड़ी रहते हैं।

महिलाओं के लिए सर्वश्रेष्ठ शिक्षा पद्धति एवं प्रणाली कौन सी है, इस पर सभी शिक्षाविद् कभी भी एकमत नहीं हो पाए। महात्मा गांधी ने भी सह शिक्षा पर कोई राय कायम करने में अपनी असमर्थता दरशाई थी।

स्त्री अपना सर्वांगीण विकास करते हुए हर क्षेत्र में अपने दायित्वों का भलीभाँति निर्वहन कर सके, इसके लिए उसकी शिक्षा पद्धति में कुछ परिवर्तन एवं परिवर्द्धन

होना आवश्यक होना चाहिए। स्त्रियों के विकास एवं समाजहित दोनों का उचित समन्वय अत्यंत ही आवश्यक है।

स्त्री उच्चतम से उच्चतम शिक्षा ग्रहण करे यथा भले ही डॉक्टर, इंजीनियर, प्राध्यापक, नौकरशाह, प्रबंधक एवं अन्य कोई भी कौशल एवं हुनर प्राप्त कर वैश्विक परिपेक्ष्य में मानव समाज की सेवा पथ पर प्रगतिशील रहे, लेकिन उनकी शिक्षा व्यवस्था में स्वास्थ्य रक्षा, बौद्धिक एवं आध्यात्मिक ज्ञान, मानसिक ज्ञान, सह प्रबंध आदि बुनियादी तौर पर सम्मिलित किए जाने चाहिए। यह सामान्य पाठ्यक्रम में होना चाहिए तथा इसके साथ ही विषिष्ट प्रतिभावाली महिलाओं/छात्राओं को उनकी प्रतिभा के अनुकूल विकास के अवसरों की भी व्यवस्था होनी चाहिए। सांस्कृतिक गुणों का विकास, शरीर, वाणी एवं चित्त की विविध शक्तियों का विकास, शक्ति निष्ठा, दृढ़ इच्छाशक्ति, साहस, निर्भयता, प्रेम, करुणा, सहानुभूति, परस्पर सहयोग की भावना का विकास, आभूषण एवं श्रृंगारप्रियता से मुक्ति, रीति-रिवाज, पर्व त्योहार एवं संस्कारों की सादगी तथा शिक्षा के ऐसी मानवीय संस्कारों का विकास हो, ताकि सभ्यता समृद्ध हो सके। आज की स्त्री को अपना महान् उत्तरदायित्व समझते हुए अपने स्नेह, सद्गुण एवं वात्सल्य भाव को उदात्त एवं उदार बनाने तथा अपनी अर्जित शक्तियों द्वारा सर्वांगीण विकसित, वर्गविहीन, शोषणविहीन, अहिंसक समाज एवं राष्ट्र की रचना हेतु नए आदर्शों को स्थापित करना होगा। स्वयं नारी-शक्ति को ही अपने शील एवं चरित्र का नवनिर्माण करना होगा।

श्रीमती ए. अब्राहम

इन्होंने मद्रास विश्वविद्यालय से फिजिक्स एम.एस.सी. पास किया था। इन का कार्यक्षेत्र बिहार राज्य का छोटानागपुर प्रदेश रहा। पहले-पहल हजारीबाग में एक विमेंस कॉलेज खोला, पर वहाँ से इनके चले जाने पर वह नहीं चला। जमशेदपुर (तातानगर) आकर एक नाइट कॉलेज खोला, जो आज को-ऑपरेटिव कॉलेज के रूप में विख्यात है। पुनः इन्होंने वर्कर्स कॉलेज में प्राचार्य का पदभार ग्रहण किया। संप्रति ये करीम सिटी कॉलेज की प्राचार्य हैं। 11 साल पहले जमशेदपुर में कोई कॉलेज नहीं था, आज यह चतुर्थ कॉलेज का संचालन कर रही हैं। लड़कियों के लिए एक हाई स्कूल भी चलाती हैं। यह एक सफल प्रशिसिका और कुशल समाजसेवी एवं विदुषी हैं। बिहार के भूतपूर्व सहकारिता मंत्री श्री जगतनारायण लाल ने इनके विषय में कहा था, 'इनमें एकसाथ गर्गी से कस्तूरबा तक के गुण आ गए

हैं। नाटे कद, गौर वर्ण, हँसमुख और अधेड़ यह महिला भारतीय साड़ी पहने देवी तुल्य जान पड़ती हैं।

श्रीमती कम्रुनिशा बेगम

इनका जन्म छपरा नगर में हुआ था। यह बिहार के राष्ट्रीय विद्यापीठ की स्नातिका है। इन्होंने प्रयाग के क्रान्थवेस्ट कॉलेज में शिक्षिका का प्रशिक्षण पाया है। पहले बाँकीपुर गर्ल्स हाई स्कूल में उर्दू की शिक्षिका हुईं, फिर मुजफ्फरपुर में प्रशिक्षण कार्य किया, पुनः उक्त स्कूल में शिक्षिका हुईं। तब आरा के गर्ल्स हाई स्कूल में बदली हो गई। वहाँ प्रधानाध्यापिका होकर गईं। सन् 1956 ईस्वी में फिर पहले वाले उक्त स्कूल में प्रधानाध्यापिका होकर पटना आईं और 1962 ईस्वी में अवकाश ग्रहण कर सेवा निवृत्त हुईं। बच्चे-बच्चियों को घरेलू प्यार से पढ़ाने के कारण यह आदर्श शिक्षिका मानी जाती रहीं। विशेषतः बालिकाओं को समाज सेवा की प्रेरणा देती रहती हैं।

रमोला नंदी

पेशे से इंजीनियर श्री श्यामा चरण के तथा उनकी पत्नी श्रीमती लवंगलता के घर 20 फरवरी, 1917 को रमोला नंदी का जन्म हुआ था। उन्होंने स्वाधीनता आंदोलन से प्रभावित होकर अपने विद्यालय बाँकीपुर बालिका उच्च विद्यालय में 'महात्मा गांधी की जय' का नारा लगाया था, जिसके कारण विद्यालय प्रशासन ने उन्हें उस वर्ष प्राप्त होनेवाले पारितोषिक से वंचित कर दिया था। इसी विद्यालय से उन्होंने 1941 में प्रवेशिका की परीक्षा उत्तीर्ण की थी। 1942 में कलकत्ता से अंतरस्नातक, 1945 में स्नातक तथा 1947 में अर्थशास्त्र विषय से स्नातकोत्तर की योग्यता प्राप्त कर 1947 में ही मगध महिला महाविद्यालय की प्राचार्या नियुक्त की गईं, जहाँ दिसंबर 1972 तक इन्होंने संस्थापक प्राचार्य होने के नाते इस महाविद्यालय की सर्वांगीण उन्नति में योगदान किया। सरकारी छात्रवृत्ति पर 1952-54 के दौरान इन्होंने लंदन विश्वविद्यालय से एम.एस.सी. (अर्थशास्त्र) की शिक्षा ग्रहण की।

मगध महिला कॉलेज का वर्तमान विशाल भवन तथा छात्रावास इन्हीं की पहल से निर्मित हो पाया तथा 1951 से 1968 तक मगध महिला कॉलेज पत्रिका का प्रकाशन कराने में इन्होंने महती भूमिका निभाई। श्रीमती रमोला नंदी बिहार की प्रथम महिला थीं, जिन्होंने 1972-75 की अवधि में उच्च शिक्षा निदेशक, बिहार

सरकार का पदभार सँभाला तथा तत्पश्चात् 24 नवंबर, 1975 से 30 अप्रैल, 1977 तक ललित नारायण मिश्र आर्थिक विकास एवं सामाजिक परिवर्तन संस्थान, पटना में निदेशक का पद सँभाला। कुछ समय के लिए इन्होंने पटना विश्वविद्यालय के कुलपति (कार्यकारी) का पदभार भी सँभाला। बिहार की वो ऐसी सर्वप्रथम महिला थीं, जिन्हें इस पद पर सुशोभित होने का गौरव प्राप्त हुआ।

1975–77 की अवधि में ये पंजाब नेशनल बैंक की निदेशक रहीं तथा इसके अतिरिक्त महिला इमदाद समिति की उपाध्यक्षा तथा अंतरराष्ट्रीय महिला वर्ष समारोह आयोजन समिति, पटना, बिहार की संयोजिका भी बनीं। राँची में बिरला इंस्टीट्यूट ऑफ टेक्नोलॉजी मेसरा के निदेशक का भी पदभार ग्रहण किया तथा कई शैक्षणिक संस्थाओं की सदस्य बनीं। इंडियन इकोनॉमिक एसोसिएशन, रॉयल इकोनॉमिक सोसाइटी लंदन, इंडियन इंस्टीट्यूट ऑफ एडमिनिस्ट्रेशन आदि संस्थाओं के सदस्य के रूप में भी इन्होंने अपने कर्तव्यों का निष्ठापूर्वक निर्वहन किया। रमोला नंदी कर्तव्यनिष्ठ, समय की पाबंद, सादा जीवन–उच्च विचार को चरितार्थ करते हुए भारतीय संस्कृति–रक्षण की ध्वजावाहक थीं।

जीवन में भगवद्गीता के सार—दुष्टों का दमन एवं शिष्ट का पालन के साथ शांति, प्रेम, हर्ष, उल्लास एवं भारतीय तथा पाश्चात्य उच्च संस्कारों के उत्तम आचरण की पक्षधर थीं। इनका जीवन बिहार की नारी–शक्ति के लिए अवश्य ही प्रेरणा योग्य है।

□

स्वदेशी एवं नारी-शक्ति

मिलों के आगमन से पूर्व वस्त्रों की आवश्यकताओं की पूर्ति चरखे एवं करघों द्वारा ही होती थी। चरखा प्राय: स्त्रियाँ ही चलाती थीं। अहिंसक स्वाधीनता आंदोलन के दौरान स्वदेशी के प्रयोग द्वारा अंग्रेजी हुकूमत के आर्थिक साम्राज्यवादी शोषण के विरुद्ध चरखा एक ऐसा शस्त्र साबित हुआ कि यह सत्याग्रह का अमोघ अस्त्र बना कि ब्रिटिश व्यापारियों एवं उद्योगपतियों के साथ-साथ विदेशी वस्त्र व्यापारियों तक को पंगु कर दिया तथा राष्ट्रीय स्वाभिमान का प्रतीक बन गया। यह अस्त्र लाखों बिहारी महिलाओं को अहिंसात्मक युद्ध के मैदान में खींच लाया और अपने-अपने घरों से चरखा चलाकर उन्हें आंदोलन को आजादी की परिणीति तक पहुँचाने में समर्थ बनाया।

स्वतंत्र भारत में वे नारियाँ, जो लाखों की संख्या में ग्राम निर्माण के साथ ग्राम स्वराज के निर्माण की दहलीज पर कदम रखी हैं, इसे संभव बनाने का कार्य बिहार खादी ग्रामोद्योग संघ का है, जिसमें पचास के दशक तक लगभग 2 लाख महिलाएँ सूत कातती थीं। अन्य खादी संस्थानों में चरखा अपनाकर कताई-बुनाई करनेवाली महिलाओं की संख्या हजारों में है। इनकी संपूर्ण शक्तियों का संयोजन यदि समुचित प्रकार से किया जाए तो यह आज भी ग्रामीण महिलाओं के जीवन में क्रांतिकारी परिवर्तन सुनिश्चित कर ग्राम स्वराज की सच्ची अवधारणा को साकार कर सकती हैं।

खादी में काम करनेवाली बहनें अधिकांश पढ़ी-लिखी नहीं होतीं, लेकिन उच्च संस्कारों एवं लक्षणों को आत्मसात् कर स्वावलंबी जीवन व्यतीत करती हैं। कई ऐसी महिलाओं ने अपने जीवन की जमा-पूँजी को समाज उपयोगी कार्यों में लगाया है, जो उनकी सामाजिक प्रगतिशीलता का परिचायक है। ऐसे भी उदाहरण हैं कि अनपढ़ होते हुए सार्वजनिक कार्यों में अवसर प्राप्त होने पर अपनी बहादुरी एवं कार्यकुशलता का परिचय दिया है।

1942 के 'करो या मरो' (Do on Die) आंदोलन के क्रम में इन बहनों ने जिस वीरता का परिचय दिया था, वो खादी उद्योग के जगत् में अमिट छाप छोड़ चुका है।

यहाँ तक कि सांप्रदायिक हिंसा के दौरान तथा पाकिस्तान द्वारा कश्मीर पर आक्रमण के दौरान व्याप्त खून-खराबे की स्थिति में बिहार की इन्हीं खादी से जुड़ी महिलाओं ने निर्भीकतापूर्वक सेवा कार्य संपादित किया था। अत: ऐसी अनेक अनाम बहनों ने राष्ट्रीय स्वाधीनता एवं समृद्धि के लिए अपना जीवन न्योछावर किया है, जिनके योगदान को नगण्य नहीं कहा जा सकता है।

स्त्रियों की क्रियाशीलता एवं प्रगति के सबसे बड़े अवरोधक के रूप में व्याप्त परदा प्रथा अनेक अंधविश्वास, संकुचित विचार एवं पराबलंबन की भावना को दूर करने में भी चरखे का महत्त्वपूर्ण स्थान है।

जब से गांधीजी का चरखा चालू हुआ, इससे जुड़ी बहनों का आत्मविश्वास बढ़ा तथा परिवार में उनका सम्मान बढ़ा। कई विधवा नारियाँ, जिन्हें उपेक्षा की दृष्टि से देखा जाता था तथा यहाँ तक कि पेट पालने के लिए मायके एवं ससुराल का चक्कर लगाना पड़ता था तथा कभी-कभी अनैतिक काम भी करना पड़ता था, जब वे चरखा चलाने लगीं तथा आर्थिक उपार्जन करने लगीं तो पारिवारिक आय बढ़ने के कारण तथा जीवन-यापन में सहूलियत के कारण उन्हें पारिवारिक एवं सामाजिक सम्मान भी मिलने लगा।

शुरू में तो चरखे द्वारा चार-पाँच रुपए से अधिक की आमदनी नहीं हो पाती थी, लेकिन यह भी मासिक खर्च चलाने के लिए उन दिनों पर्याप्त नहीं तो कामचलाऊ आय मानी जाती थी। इतना ही नहीं, कुछ पैसे बचाकर ऐसी महिलाएँ पुण्य कार्य यथा कथा श्रवण आयोजन तथा भोज खिलाना तथा इससे भी आगे गाँव में कुआँ खुदवाने जैसे समाजोपयोगी कार्य अपने बलबूते कर पाती थीं। यहाँ तक कि ऐसी महिलाओं द्वारा हरिजन टोले में भी पानी की व्यवस्था हेतु कुआँ खुदवाया गया है एवं इसके अनेक प्रमाण अभी भी मौजूद हैं।

चरखे चलाने से महिलाओं में आत्मविश्वास पैदा हुआ तथा अब वे अपने उन्नति एवं प्रगति के बारे में सोचने में समर्थ हुईं।

अंबर चरखा के आविष्कार तथा उपयोग में आने के पश्चात् स्त्रियों की स्थिति में क्रांतिकारी परिवर्तन दृष्टिगोचर होते हैं। पहले जिन महिलाओं को अपने आवश्यक वस्त्रों के लिए घर के अभिभावक पर निर्भर रहना पड़ता था, वे अब पूरे परिवार की वस्त्र प्रदात्री में परिवर्तित हो गईं साथ ही आजीविका योग्य उपार्जन में भी आत्मनिर्भर बन पाईं।

कई बहनों ने इस माध्यम से आय उपार्जन कर अपने घर के सदस्यों का शैक्षिक खर्च वहन किया है तथा परिवार को गौरवान्वित करने हेतु आर्थिक योगदान भी सुनिश्चित किया। इन्हीं सभी प्रक्रियाओं एवं संस्थानों की महती भूमिका के कारण कालांतर में बिहार की नारी-शक्ति स्वयं आत्मनिर्भर होने की दिशा में शिक्षा एवं कौशल उन्नयन कर राज्य तथा राष्ट्र की सेवा वृहत्तर आयाम एवं बड़ी संख्या में कर पाने में समर्थ हुई है।

आजादी के अमृत महोत्सव की अवधि में सभी बहनों से विनम्र निवेदन है कि निवर्तमान तथा वर्तमान से प्रेरणा लेकर कठिनतम परिस्थितियों में भी धैर्य एवं आत्मविश्वास से वे अपना स्वयं तथा परिवार का जीवन सुखी एवं गौरवपूर्ण बना सकती हैं एवं इस दिशा में तीव्र प्रयत्न एवं सच्ची नीयत की अभी और भी आवश्यकता है।

बिहार की महिला हितैषी संस्थाएँ

आधुनिक एवं वर्तमान भारत में सरकार के अनेक विभागों के साथ-साथ कई अंतरराष्ट्रीय एवं राष्ट्रीय संस्थाओं ने नारी सम्मान एवं उनके गरिमामय जीवन को वास्तविक रूप में साकार एवं जीवंत करने हेतु सार्थक एवं महत्त्वपूर्ण कार्यों को क्रियान्वित किया है। कई संगठन एवं संस्थान राष्ट्र के विभिन्न क्षेत्रों एवं वर्गों की महिलाओं के शिक्षा, स्वास्थ्य, आर्थिक उन्नयन एवं सर्वांविधि उत्थान हेतु कृतसंकल्पित होकर प्रयत्न करते रहे हैं और भविष्य में यह पुनीत एवं अपरिहार्य कार्य जारी रहेंगे, परंतु स्वाधीनता आंदोलन के काल में जब अंग्रेजी सरकार सर्वप्रकारेण भारत के शोषण में लिप्त थी, इस दिशा में बहुत कम ही प्रयास कर पाई।

सामाजिक एवं पारिवारिक संस्कृति के प्रति तटस्थता की नीति अपनाने का बहाना बनाकर स्वाधीनता पूर्व के नीति-नियंता इस दिशा में पहल करने से बचते रहे। यद्यपि राजा राम मोहन राय, ईश्वरचंद्र विद्यासागर, ज्योतिबा फूले तथा सावित्रीबाई फूले सरीखे समाज सुधारक व्यक्तियों ने सदियों से जारी कुप्रथा यथा सती प्रथा, विधवा विवाह निषेध द्वारा भारतीय समाज में व्याप्त अशिक्षामूलक एवं अनैतिक विचारों के प्रभाव से मुक्ति सामाजिक जागरण का आधार बनी। शिक्षा के अल्प आयामों के मध्य एक नई शिक्षा-दीक्षा प्रणाली चलन में आई, लेकिन बिहारी महिलाओं में सामूहिक उत्थान एवं संगठित होने की मूर्त चेतना का जागरण एवं उत्थान 1917-18 के चंपारण सत्याग्रह आंदोलन की प्रेरणा एवं उत्साह से हुआ, जब महात्मा गांधी के साथ उनकी धर्मपत्नी श्रीमती कस्तूरबा का भी आगमन हुआ था।

बिहार की नारी-शक्ति सार्वजनिक कार्यों में इस आंदोलन की अवधि में ही जाग्रत् एवं क्रियमाण हुई। आधुनिक बिहार की नारी-शक्ति का प्रकट स्वरूप प्रदर्शन करनेवाले संस्थानों अथवा संस्थाओं के तत्वावधान एवं प्रगतिशील आचार-व्यवहार को प्रभावित करनेवाले कारकों के प्रशंसार्थ तत्कालीन महिला हितैषी संस्थाओं का यथेष्ट स्परण करना समीचीन होगा।

बिहार की महिला हितैषी संस्थाओं यथा महिला चरखा समिति, कदमकुआँ, बाँकीपुर बालिका उच्च विद्यालय, श्रीराम सुमिरन शिल्पशाला, अलाव (मुंगेर) बिहार महिला विद्यापीठ, मऔलिया (दरभंगा), कस्तूरबा गांधी स्मारक निधि, बैनी (पूसा दरभंगा), अघोर कामिनी शिल्प पटना, श्री नागरमल मोदी सेवा-सदन, राँची आदि संक्षिप्त विवरण के साथ उल्लेख अपरिहार्य है, क्योंकि नींव के बिना भवन निर्माण अधूरा है।

महिला चरखा समिति, कदमकुआँ, पटना

समिति के गृहोद्योग विभाग की एक झाँकी

चंपारण सत्याग्रह से शुरू होकर असहयोग, सविनय अवज्ञा एवं भारत छोड़ो आंदोलन में बिहार की नारी-शक्ति का पराक्रम, कर्मठता, मनोबल एवं साहस की प्रशंसा सभी तत्कालीन महान् राष्ट्रीय नेताओं ने की थी। प्रमुख राष्ट्रीय नेताओं के मार्गदर्शन में 1940 ई. की 26 जून को 'तीन चरखों एवं पाँच बहनों' की कल्पना को

साकार करते हुए सर्वप्रथम 'महिला चरखा समिति' का श्रीगणेश हुआ था। रामगढ़ के 1940 में कांग्रेस के राष्ट्रीय अधिवेशन के उपरांत महात्मा गांधी का विचार था कि अधिवेशन में भाग लेनेवाली सभी महिलाओं के साथ राष्ट्रीय आंदोलनकारियों एवं स्वतंत्रता सेनानियों का सदैव धनिष्ठ संपर्क स्थापित रहे, ताकि इनकी राष्ट्रीय चेतना द्वारा देशसेवा, समाज निर्माण एवं समृद्धि की ओर अग्रसर हुआ जाए। सामाजिक कुरीतियों को तोड़ने एवं समाज को जोड़ने की एक कड़ी के रूप में एक सुव्यवस्थित महिला संस्था का आरंभ पटना में किया गया।

आदरणीया श्रीमती प्रभावती देवी, जो लोकनायक जयप्रकाश नारायण की धर्मपत्नी हैं, ने बापू के इस विचार को आत्मसात् करते हुए एक कठिन एवं अभिनव प्रयास के रूप में इस संस्था की नींव रखी। श्रीमती प्रभावती देवी अनेक वर्षों तक कस्तूरबा के संपर्क में रही थीं तथा साबरमती आश्रम की प्रेरणा से बिहार में एक प्रकाश स्तंभ स्थापित करने का संकल्प लिया था, परंतु तत्कालीन बिहार में सामाजिक चेतना का अभाव सर्वत्र देखा जा सकता था।

समिति का सिलाई-बुनाई विभाग

फिर भी अदम्य उत्साह से उन्होंने श्रीमती सावित्री देवी, श्रीमती पार्वती देवी तथा श्रीमती सुमित्रा देवी को प्रोत्साहित कर हिंदी-साहित्य सम्मेलन भवन, कदमकुआँ, पटना में तीन चरखे और सप्ताह में दो दिन के वर्ग के साथ महिला चरखा क्लास शुरू की। इस प्रकार 'महिला चरखा समिति' का श्रीगणेश हुआ था।

महात्मा गांधी का विचार था कि राजनीतिक आजादी के पश्चात् राष्ट्र निर्माण में स्वदेशी रचनात्मक कार्यों का महत्त्व सर्वाधिक होगा, जिसके लिए महिला संगठन को ही आगे बढ़कर सामाजिक कुरीतियों का उन्मूलन, असहाय एवं अनपढ़ महिलाओं को सबल एवं स्वावलंबी बनाने हेतु गृह उद्योग, शिक्षण आदि कार्यक्रम के बिना इन उद्देश्यों की प्राप्ति संभव नहीं हो सकती थी।

बिहार में इस दिशा में 'भारत रत्न' डॉ. राजेंद्र प्रसादजी का सहयोग तथा उनकी प्रेरणा फलदायी सिद्ध हुई। सर्वोदयी नेता श्रीमान जयप्रकाश नारायण एवं श्री अनुग्रह नारायण सिंह के नेतृत्व में 'महिला चरखा समिति' पल्लवित एवं पुष्पित हुई।

समिति के प्रांगण में सम्मिलित ईश्वर प्रार्थना

पटना में कदमकुआँ से प्रारंभ होकर, बाकरगंज, भिखना पहाड़ी, लोहानीपुर, पटना सिटी आदि अठारह स्थानों पर चरखा वर्ग के केंद्र स्थापित किए गए। धीरे-धीरे ग्रामीण क्षेत्रों में इसका प्रचार-प्रसार होने लगा। तत्पश्चात् बिहार खादी ग्रामोद्योग संघ का सहयोग भी इस संस्था को मिला। मुजफ्फरपुर जिला खादी ग्रामोद्योग संघ के अध्यक्ष श्री लक्ष्मी नारायणजी ने प्रशिक्षित महिलाओं को चरखा क्लास में कताई, बुनाई, धुनाई आदि सिखाने के लिए अलग-अलग केंद्रों पर भेजना शुरू किया तथा उनके वेतन आदि की समुचित व्यवस्था का सहयोग दिया। चरखा केंद्रों को संचालित करने हेतु आवश्यक संसाधनों की व्यवस्था अब तक इसमें योगदान करनेवाली महिलाओं के मासिक चंदे से होती थी और शुरुआत में तो स्वयं प्रभावती

देवीजी एवं उनकी धनिष्ठ सहयोगी सावित्री देवी स्वयं महिलाओं को चरखा चलाने की कला का प्रशिक्षण देती थीं। अतः इन लोगों का प्रयत्न निस्संदेह अभिनंदन के योग्य है।

राष्ट्रीय पर्व, त्योहारों पर चरखा कार्यक्रम का 24 घंटे, 16 घंटे, 12 घंटे का अखंड सूत्र यज्ञ चलाया जाता था, जिसका उद्देश्य अनपढ़ ग्रामीण महिलाओं को आत्मनिर्भर बनाना था।

1947 तक स्थापित सभी चरखा शिक्षा एवं उत्पादन केंद्र किराए के मकानों में चलते थे, लेकिन दिनोदिन इनकी बढ़ती संख्या के मद्देनजर प्रौढ़ महिलाएँ का छात्रावास सह-विद्यालय केंद्र की स्थापना की आवश्यकता अनुभव की जाने लगी।

अभी तक चल रहे केंद्रों में दो मूल असुविधाएँ थीं, पहली, छात्रों एवं महिलाओं का प्रवेश स्थानाभाव के कारण निश्चित संख्या से अधिक नहीं हो पाता था तथा दूसरा, कि इन केंद्रों तक जाने-आने के मार्ग व्यय में पर्याप्त पैसे व्यय हो जाते थे।

इसके निदान के तौर पर कदमकुआँ में ही 29 कट्ठे (1 बीघा—9 कट्ठे) जमीन खरीदकर पक्के चाहरदीवारी के अंदर छात्रावास, उद्योग और शिक्षण के लिए पक्के मकान का निर्माण हुआ, जो आज भी विद्यमान है। अनेक उदारमना लोगों ने इस पुनीत कार्य में सहयोग किया था। इस नए भवन केंद्र का उद्घाटन स्वयं श्री राजेंद्र बाबू ने किया था।

इस संस्था का उद्देश्य बिहार प्रांत के अन्य जिलों की महिलाओं में क्रांतिकारी जागरण लाकर उन्हें भी स्वावलंबन की दिशा में अग्रसर करना था। हजारीबाग में श्रीमती भुवनेश्वरी देवी, बेतिया में पार्वती बहन, गया में प्रियंवदा बहन आदि ने उत्साहपूर्वक इस कार्यक्रम को आगे बढ़ाया। अब यह महिला चरखा समिति के माध्यम से ग्राम सेविका प्रशिक्षण, बालिका विद्यालय, नारी सहयोग विभाग, शिशु मंदिर (बालवाड़ी) व गृह-उद्योग विभाग जैसे सामाजिक सेवा कार्यों का कुशलतापूर्वक संपादन करती हुई, बिहार की महिलाओं को आत्मनिर्भर एवं सशक्त बनाने हेतु नींव के पत्थर जैसा अनुकरणीय अभ्यर्थना की पात्र है।

स्वतंत्रता-प्राप्ति कालीन सांप्रदायिक दंगों से पीड़ित, आहत एवं विपत्तिग्रस्त लोगों की सेवा-शुश्रूषा में इस समिति ने श्रीमती प्रभावती देवीजी के मार्गदर्शन में सराहनीय कार्य का उदाहरण प्रस्तुत किया। समिति यद्यपि कोई व्यापक क्रांतिकारी उपलब्धि हासिल नहीं कर पाई, फिर भी अब यह एक तटस्थ संस्था के रूप में नारी उत्थान कार्य में यथाशक्ति संलग्न है।

'महिला चरखा समिति' की संचालिका, बालवाड़ी की संचालिका तथा अन्य अध्यापिकाएँ और कार्यकर्त्रियाँ

घर की चाहरदीवारी में सदियों से बंद बिहारी स्त्रियों को शिक्षा के प्रकाश द्वारा मार्ग प्रशस्त कर उनके सर्वांगीण उत्थान के पवित्र उद्देश्य से 1892 को पटना की श्रीमती अघोरकामिनी देवीजी द्वारा बाँकीपुर बालिका उच्च विद्यालय की स्थापना की गई थी, जो आज भी पटना में बालिका शिक्षा का उच्च स्तरीय अध्ययन केंद्र है।

मुंगेर के उलाव नामक स्थान पर श्री रामसुमिरन शिल्पशाला की स्थापना वहाँ के सुप्रतिष्ठित जमींदार श्री रामसुमिरन प्रसादजी एवं उनकी धर्मपत्नी श्रीमती सावित्री देवीजी द्वारा स्त्रियों-बच्चों के कौशल उन्नयन हेतु शिल्प शिक्षा की सुव्यवस्था की गई थी। श्रीमती सावित्री देवी ने वहाँ सावित्री हाई स्कूल भी स्थापित किया एवं दातव्य आयुर्वेदिक औषद्यालय के द्वारा गरीब रोगियों की सेवा जारी है। उनका आदर्श समृद्ध नारी-शक्ति के लिए अनुकरणीय है।

नारी सामर्थ्य को स्वावलंबी, आत्मनिर्भर एवं आर्थिक रूप से सशक्त करने हेतु उनमें कुटीर-शिल्प एवं दस्तकारी का कौशल विकसित करने हेतु राष्ट्रभक्तों एवं शिक्षकों के पुनीत प्रयत्न से 1938 में 'अघोरकामिनी शिल्पालय' की स्थापना की गई थी। इसमें चरखा चलाना, स्वेटर, गंजी, मौजे बुनना, नक्काशी एवं कशीदा काढ़ना, कपड़े की सिलाई जैसी अन्य अर्थोपार्जक हुनर एवं कौशल विकसित करने के साथ-साथ हिंदी-अंग्रेजी एवं गणित की शिक्षा दी जाती है। इसके सहारे कई महिलाएँ स्वावलंबी हो पाई हैं।

श्री नागरमल मोदी सेवासदन

(मातृ चिकित्सा सह) राँची माताओं एवं बाल चिकित्सा की सेवा का एक प्रतिष्ठित केंद्र है, जिसकी स्थापना समाजसेवी नागरमल मोदी की स्मृति में की गई थी।

ग्रामीण नारियों को ग्राम सेवा के उद्‌देश्य से तैयार करने के लिए 1944 ई. 'कस्तूरबा गांधी स्मारक निधि' की स्थापना, वैनी (दरभंगा) में की गई थी। इस निधि द्वारा संचित धन को बिहार की पिछड़ी ग्रामीण महिलाओं के विकास हेतु व्यय कर उन्हें जीवन-कौशल, पढ़ाई-लिखाई, कटाई-सिलाई, वस्त्र-उद्योग आदि की शिक्षा दी जाती रही है। यहाँ से शिक्षित अनेक महिलाएँ ग्रामसेविका के दायित्व का कुशलतापूर्वक निर्वहन कर रही हैं तथा अपनी मौन साधना द्वारा समृद्ध समाज-निर्माण में संलग्न हैं।

श्रीमती रामरति देवी

इनका जन्म खुसरूपुर ग्राम (पटना) में हुआ था। यह साधारणतया तो शिक्षिका थीं, पर इनका संबंध कार्य समाज से रहा। अतः इसमें समाज सुधार की भावना जाग्रत् हुई। इन्होंने अपने क्षेत्र में नारी जागरण का अच्छा काम किया। सन् 1949 ईस्वी में श्री 'कस्तूरबा गांधी स्मारक निधि' के कार्य करने लगीं। ग्रामीण स्त्रियों के विकास के लिए निधि के अंतर्गत जो कार्यक्रम चलते रहे, इसमें उनकी अमूल्य सेवाएँ उल्लेखनीय थीं। बहुत दूर-दूर के गाँवों में ठेठ देहात के कोने-कोने में, जहाँ किसी सवारी की कोई सुविधा नहीं है, तीस-चालीस मील तक पैदल चलकर, इन्होंने बड़े उत्साह से देहाती स्त्रियों के बीच काम किया। यह बड़ी ही निर्भीक, स्पष्टवादी, कर्मशीला और निष्ठावादी महिला थीं। इन्हें जाननेवालों के हृदय में इनके प्रति स्वाभाविक श्रद्धा थी।

श्रीमती पार्वती वर्मा

श्रीमती पार्वती वर्मा आरा जिले के डॉ. वी.पी. वर्मा की धर्मसंगिनी थीं। समाज सेवा इनके जीवन का मुख्य उद्‌देश्य था, लेकिन स्वाधीनता आंदोलन में जुड़ने के पश्चात् इन्होंने स्वदेशी के प्रचार-प्रसार हेतु अमूल्य सेवाएँ दीं।

महात्मा गांधी के असहयोग आंदोलन से प्रभावित होकर ये स्वाधीनता आंदोलन में सम्मिलित हुई थीं तथा मद्यनिषेध, धरना, प्रदर्शन, अछूतोद्धार, परदा प्रथा उन्मूलन अभियान में इन्होंने सक्रियता से भाग लिया था। विदेशी वस्त्र बहिष्कार तथा स्वदेशी

के प्रचार हेतु इन्होंने चरखा के माध्यम से नारी सशक्तिकरण का कार्य किया। 1925 ई. में इन्हें अखिल भारतीय वीमेंस कॉन्फ्रेंस का सदस्य चुना गया तथा लगातार वह इस पद पर बनी रहीं। 1959 में इन्हें इस संस्था का उपाध्यक्ष भी बनाया गया था।

1927 से 1929 तक ये बंगाल की पुरुलिया जिले की महिला समिति की सदस्य के रूप में सिलाई-कढ़ाई, बुनाई, कशीदा एवं अनेक हस्तशिल्पों का प्रशिक्षण महिला वर्ग को प्रदान करने लगीं तथा इनकी सेवा पूर्णतः अवैतनिक थी। चरखे तथा करघे का निःशुल्क प्रशिक्षण कार्यक्रम और शिविरों का आयोजन कर श्रीमती पार्वती वर्मा ने अनेक महिलाओं को आत्मनिर्भर बनाते हुए स्वदेशी के माध्यम से उन्हें स्वाधीनता आंदोलन से जोड़ा।

1934 ई. के प्रलयंकारी भूकंप की विभीषक त्रासदी में इन्होंने पीड़ितों की यथासाध्य सेवा की थी तथा बाल कल्याण कार्यक्रम चलाकर अनाथ बच्चों को आश्रय दिया था। ये राष्ट्रीय बचत अभियान से भी जुड़ीं तथा 1958-60 में इस अभियान हेतु 2 लाख रुपए इकट्ठे किए। जनकल्याण तथा महिला विकास के क्षेत्र में इनका कार्य सराहनीय है।

□

स्वाधीनता आंदोलन में प्रत्यक्ष रूप से शामिल होनेवाली बिहार की वीरांगनाएँ

यादव छत्राणि जिरियावती देवी

अंग्रेजों को नाकों चने चबवा देनेवाली गोविंदपुर गाँव की जिरियावती देवी कृष्णोत शाखा के चंद्रवंशी यदुवंशी क्षत्रिय परिवार, भागलपुर, बिहार की ऐसी वीरांगना है, जिनका नाम रानी लक्ष्मीबाई, दुर्गावती, अहिरानी नवल कँवर, ठकुराइन दुलहया यादव एवं माँ जीजाबाई यादव के समान ही उल्लेखनीय है। अपनी पारिवारिक पृष्ठभूमि एवं वातावरण के अनुरूप ही इनके पिता ने इन्हें शस्त्रविद्या एवं घुड़सवारी की शिक्षा बाल्यकाल में ही प्रदान की थी।

इनका विवाह गाँव के ही एक कृष्णोत शाखा के यदुवंशी क्षत्रिय मुखिया नरसिंह गोप से संपन्न हुआ था। इनके पति श्री नरसिंह गोपजी ने इन्हें बंदूक चलाने की विद्या में भी प्रशिक्षित किया था। 'अगस्त क्रांति' की समर बेला में 1942 के अगस्त महीने से बिहार सहित संपूर्ण भारत में अंग्रेजों के खिलाफ आजादी का बिगुल बज चुका था। श्री नरसिंह गोपजी ने 500 वीर यादव युवकों की सेना का निर्माण कर अंग्रेजी ठिकानों पर आक्रमण करना प्रारंभ कर दिया था।

भागलपुर में अंग्रेजी सत्ता हिल गई। परेशान अंग्रेजी अधिकारियों ने संधि व समझौता करने के बहाने नरसिंह गोप को आमंत्रण दिया एवं भरोसा दिलाया कि गोविंदपुर गाँव को उनके हवाले कर अंग्रेज वापस चले जाएँगे।

शाम के वक्त नरसिंहजी जब अपने कुछ विश्वस्त सहयोगियों के साथ अंग्रेजी अफसरों से मिलने पहुँचे तो धूर्त फिरंगियों ने धोखे से उन्हें घेरकर गोलियों की बौछार कर दी। घायल नरसिंहजी स्थिति भाँपते हुए शीघ्रता से घोड़े पर चढ़कर वहाँ से निकले और अपनी हवेली पहुँचे। पति के खून से लथपथ शरीर को देखकर

जिरियावती देवीजी दौड़कर उनके शरीर को अपनी गोद में लेकर बैठीं तो नरसिंह गोपजी ने कहा कि मुझे छल से मारा गया है, फिरंगियों ने मेरे साथ धोखा किया है।

'मेरे पास अब समय नहीं है, प्रिय, तुम अपने पति की मौत का बदला अवश्य लेना। तुम यदुवंशी क्षत्राणी हो, जिसने दादा कृष्ण को जन्म दिया था। तुम ही योगमाया हो,' कहते हुए गोपजी ने प्राण त्याग दिए।

वीरांगना जिरियावती देवी ने नरसिंहजी के रक्त का तिलक अपने ललाट पर सजाया और प्रतिज्ञा की कि भारतमाता को फिरंगियों से मुक्त करेंगी। अगले दिन 24 अगस्त, 1942 को 16 अंग्रेजी सिपाही जिरियावतीजी एवं उनके पुत्रों को गिरफ्तार करने पहुँचे। जिरियावतीजी ने माँ कालिकाजी का जय उद्घोष करते हुए सभी 16 टॉमियों को बंदूक की गोलियों से भून डाला।

16 गोरे सिपाहियों को गोली मारकर मौत के घाट उतारनेवाली जिरियावतीजी की वीरता की गाथा पूरे इलाके में सनसनी की तरह फैल गई। एक महिला की हिम्मत एवं बहादुरी ने लोगों में आत्मबल का संचार किया। लगभग एक महीने तक गोविंदपुर गाँव के लोगों ने जिरियावती देवी के नेतृत्व में फिरंगियों के विरुद्ध छापामार युद्ध लड़कर उनकी नाक में दम कर दिया था।

21 सितंबर, 1942 को रात्रि के समय एक गोलीबारी में उनके सिर में गोली लगी तथा वो शहीद हो गईं। काल कवलित होने से पहले उन्होंने सैकड़ों फिरंगियों को मार गिराया था। गोविंदपुर में जिरियावती देवीजी अमर हैं। ऐसी वीरांगना क्षत्राणी क्रांतिकारी नारी-शक्ति की प्रमुख प्रेरणास्रोत तथा अनुकरणीय उदाहरण की अनुपम एवं आदर्श मूर्ति के रूप में प्रतिष्ठित हैं। ये बिहार की गौरव थीं, जिनका स्मरण त्याग एवं बलिदान की भावना जगाने का साधन है। वीरता एवं बलिदान की साक्षात प्रतिमूर्ति जिरियावती देवीजी की गाथा अमर रहे।

सरस्वती देवी

भागलपुर जिले के बिहपुर प्रखंड के तेलघी गाँव के संपन्न एवं समृद्ध किसान श्री इलघर की पुत्री सरस्वती देवी उर्फ नुनवती का जन्म 9 फरवरी, 1914 ई. को हुआ था। परिवार सादगीपसंद, सदाचारी एवं अनुशासनप्रिय होने के कारण क्षेत्र में प्रतिष्ठित था। सरस्वती देवी, बिहार के प्रतिष्ठित एवं प्रख्यात स्वतंत्रता सेनानी श्री सियाराम सिंह के साथ बाल्यकाल में ही विवाह सूत्र में बँध गईं। सियाराम बाबू अपने जीवन के आरंभिक काल से ही राष्ट्रभक्ति, जनकल्याण एवं ईश्वर भक्ति से प्रेरित थे तथा विवेकानंद, चैतन्य महाप्रभु राम तथा कृष्ण को अपने आदर्श मानते थे।

उस समय परदा प्रथा तथा स्त्री शिक्षा निषेध निकालना प्रतिबंधित था, लेकिन सियाराम बाबू ने इन सभी मान्यताओं एवं बाध्यताओं से ऊपर उठकर अपनी धर्मपत्नी के आत्मविश्वास को प्रबल करते हुए सामाजिक दीवार तथा प्रथा का विरोध करते हुए उन्हें सामाजिक एवं राजनीतिक कार्यों द्वारा सार्वजनिक जीवन में भाग लेकर शुभ अवसर प्रदान किया। स्वयं सरस्वतीजी प्राकृतिक निकटता, वाणी में गंभीरता तथा लक्ष्य-प्राप्ति हेतु अदम्य उत्साह से कार्य संपन्न करने जैसे सदगुणों से आवृत्त थीं। भागलपुर जिले में चंपकलता देवी के साथ ये स्वाधीनता आंदोलन में सक्रिय भूमिका निभाने लगीं तथा नेतृत्व प्रदान करती रहीं। इनके पति श्री सियाराम बाबू सविनय अवज्ञा आंदोलन के दौरान महात्मा गांधी के आह्वान पर आजादी की लड़ाई में शामिल हो गए तो सरस्वती देवीजी ने आगे बढ़कर न सिर्फ उनका साथ एवं सहयोग प्रदान किया, वरन स्वयं स्वाधीनता आंदोलन में कूद पड़ीं। 1930-1931 के दौरान उन्हें सदाकत आश्रम से गिरफ्तार कर लिया गया। श्रीमती प्रभावती देवीजी लोकनायक जयप्रकाश नारायण की धर्मपत्नी थीं, इन्होंने भागलपुर जिले में परदा प्रथा उन्मूलन, नारी सशक्तिकरण तथा स्त्री शिक्षा के क्षेत्र में अग्रणी भूमिका निभाई थी। बिहपुर के स्वराज्य आश्रम में इन्होंने डॉ. राजेंद्र प्रसाद, अब्दुल बारी, लोकनायक जयप्रकाश आदि के कार्यक्रम को सफल बनाने हेतु महिलाओं की टोलियाँ बनाकर, गाँव-गाँव घूम-घूमकर महिलाओं को स्वाधीनता आंदोलन से जोड़ती थीं तथा योगदान देती थीं। 1930-1931 में भागलपुर जिला कांग्रेस की प्रथम महिला अध्यक्ष के रूप में इन्होंने कुशलतापूर्वक अपने कर्तव्यों एवं दायित्वों का निर्वहन किया था। सविनय अवज्ञा आंदोलन के नमक सत्यग्रह में ये कई बार गिरफ्तार की गईं, परंतु रिहा होने के पश्चात् और अधिक साहस एवं उत्साह से पुन: आंदोलन को प्रज्वलित करती थीं। भारत शासन अधिनियम 1935 के अंतर्गत संपन्न कराए गए चुनाव द्वारा अंतरिम सरकार के गठन के क्रम में इन्हें भागलपुर क्षेत्र से बिहार विधानसभा के सदस्य के रूप में निर्वाचित किया गया था। इस चुनाव में सिर्फ चार महिलाएँ निर्वाचित हुई थीं तथा पटना से श्रीमती अनीस इमाम, मुसलिम महिला क्षेत्र तथा श्रीमती शारदा कुमारी देवी, मुजफ्फरपुर, शिक्षिका सरस्वती देवीजी

ने बिहार विधानसभा में महिला शिक्षा हेतु पुरजोर आवाज बुलंद की तथा 1938-39 में बाँकीपुर गर्ल्स हाई स्कूल में आई.ए. की पढ़ाई की शुरुआत कराने में महत्त्वपूर्ण भूमिका निभाई। बाद में 1946 ई. में यही पाठ्यक्रम मगध महिला कॉलेज के रूप में परिणत होकर स्थापित हुआ। इन्होंने तिलकपुर मध्य एवं उच्च विद्यालय की स्थापना के साथ सुल्तानगंज के मुरारका कॉलेज की स्थापना में भी महत्त्वपूर्ण योगदान किया। अत: शिक्षा के प्रचार-प्रसार के लिए इन्होंने अद्‌भुत साहस एवं उत्साह से कार्य किया। स्वाधीनता आंदोलन में सक्रिय रूप से सम्मिलित रहने के कारण इस दंपती पर हमेशा गिरफ्तारी की साया मँडराता रहता था, जबकि परिवार क भरण-पोषण एवं लालन-पालन की जिम्मेदारी इन्हीं दोनों की थी, परंतु ऐसी स्थिति में भी धैर्यपूर्वक तथा शांति से इन्होंने आजादी के क्रांति की मशाल को जलाए रखा तथा स्वतंत्रता-प्राप्ति तक अनवरत प्रयत्नशील रहे। खादी पहनावा, चरखा चलाना, अंबर चरखे का प्रचार, नारी शिक्षा का प्रचार, छुआछूत विरोध, भेदभाव अवमूलन आदि के कार्यक्रमों को अंतिम समय तक बढ़ावा करती रहीं। 1946 से 1974 तक ये राज्य विधायिका की सदस्या रहीं तथा समितियों की सदस्या रहीं। 1985 ई. के 8 अप्रैल को कैंसर की बीमारी से इनका देहांत हुआ। इनका जीवन चरित्र अनुकरणीय तथा नारी के लिए प्रेरणा का स्रोत है।

कुंती देवी

कुंती देवी अपने क्षेत्र में एक जानी-मानी सशक्त विदुषी, समाजसेवी महिला के नाम से जानी जाती हैं। भले ही उनकी जन्मस्थली चंपारण नहीं थी, लेकिन उनकी कर्मस्थली चंपारण में उनकी कर्मठता व साहसिकता के लिए आमजन में एक आदर सम्मान का नाम है।

कुंती देवी का जन्म सिवान जिले के दरौली थाना के बरदाहाँ ग्राम में 1 सितंबर, 1929 ई. को अपने क्षेत्र के मणी कहे जानेवाले यशस्वी पिता पं. रामायण शुक्ल की पुत्री के रूप में हुआ था। जन्म के पहले से ही पिता स्वतंत्रता आंदोलन में अपनी महती भूमिका निभा रहे थे। मात्र 12 वर्ष की अवस्था में ही इनमें पिता को देखकर स्वतंत्रता

आंदोलन का जज्बा पैदा हो गया। इन्होंने अपने उम्र के साथियों के साथ मिलकर एक टोली बनाई थी, जिसमें उनके भाई मदन शुक्ल भी थे। 1942 ई. के आंदोलन में इनकी महती भूमिका रही। स्वतंत्रता आंदोलन के दौरान अंग्रेजी सरकार द्वारा तीन बार इनके घर को जलाया भी गया। उस वक्त दोनों भाई-बहन ने 20-20 दिनों तक मकई एवं ईख के खेत में गुड़ एवं पानी के सहारे अपना समय बिताया। अंग्रेज इनसे काफी आतंकित रहा करते थे। यही कारण था कि इनके घर को तीन बार जलाया भी गया, फिर भी उन्होंने हिम्मत नहीं हारी और आंदोलन जारी रखा। अंग्रेजी सरकार इन्हें गिरफ्तार करने में हमेशा विफल रहती। ईख के खेत से एक बार उनकी गिरफ्तारी भी हुई, लेकिन कुछ ही समय बाद इन्हें रिहा कर दिया गया।

स्वतंत्रता आंदोलन के दौरान ही पूर्वी चंपारण के ममरखा ग्राम निवासी जमींदार पृथ्वी दत्त त्रिवेदी के ज्येष्ठ पुत्र रामऋषिदेव, जो स्वतंत्रता आंदोलन के अप्रतिम योद्धा थे, से इनके पिताजी का संपर्क हुआ। रामर्षिदेव ऋषिजी से ये इतने प्रभावित हुए कि अपनी पुत्री, जो आजादी के आंदोलन में अग्रणी भूमिका निभा रही थी, शादी करने का फैसला लिया। उस वक्त उनकी उम्र मात्र 16 वर्ष थी। स्वतंत्रता आंदोलन की वीरांगना की शादी स्वंत्रता आंदोलन के अप्रतिम वीर योद्धा से सन् 1946 में संपन्न हुई। तब से वे अपने पति के साथ कंधे से कंधा मिलाकर हमेशा साथ खड़ी रहीं और अपने ससुराल के क्षेत्र को आपना कर्म क्षेत्र बनाया।

स्वतंत्रता के पश्चात् दोनों पति-पत्नी ने राजनीति को छोड़ समाज सेवा का संकल्प लिया। स्वतंत्रता के बाद कुंती देवी ने देखा कि देश पीड़ित, गरीब है, जनता को सेवा की अत्यंत आवश्यकता है, अतः अपने पति के सहयोग से अन्य साथियों की भाँति सत्ता में न जाकर सत्ता से निर्लिप्त रही और इन लोगों की सोच रही कि अमीरी में जाकर सुख के साधनों के बीच गरीब जनता की गरीबी को समझना असंभव है।

इन्होंने देश सेवा का व्रत लेकर (आजीवन) जीवनपर्यंत अपनी सुख-सुविधा को छोड़कर जनता जनार्दन की सेवा की। अपने ग्राम ममारखा से समग्र सेवा क्षेत्र की स्थापना कर समाज सेवा में जुट गई, जहाँ सूत कताई से लेकर कपड़ा बुनाई तक का कार्य होता था, जिसमें उस वक्त हजारों लोगों को रोजगार मिला।

शादी के बाद इन्होंने अपना स्वाध्याय जारी रखा और स्नातक की डिग्री पाई। संस्कृत, हिंदी पर इन्हें अपना एकाधिकार प्राप्त था। महिलाओं के लिए शिक्षा के क्षेत्र में अपना अहम योगदान दिया। इन्होंने अपने ग्राम ममरखा में कन्या पाठशाला की स्थापना की, जो आज भी विद्यमान है।

विनोबा भावे के भूदान आंदोलन में भी इन्होंने अपनी अग्रणी भूमिका निभाई। अपने पति के साथ मिलकर स्वतंत्रता आंदोलन के दौरान आंदोलन को गति देने हेतु स्थानीय लोगों द्वारा आश्रम के लिए दान में मिली सारी भूमि का भूदान कर दिया, ताकि भूमिहीनों को जमीन हो सके। चंपारण में सर्वस्य दानी के नाम से जाना जाता है।

सन् 1976 ई. में इनके पति का निधन हो गया, उस वक्त इन्हें अपने बच्चों की परवरिश की काफी चिंता थी, लेकिन अपनी कर्मठता से इसे झेला और अपनी मंजिल की तरफ अग्रसर रहीं। यह पूर्वी जिला खादी ग्रामोद्योग संघ की संस्थापक कार्यकारिणी सदस्य रहीं एवं जिला खादी ग्रामोद्योग संघ की अध्यक्ष भी रहीं। बिहार भूदान यज्ञ कमिटी पटना की सदस्य थीं। इसके अलावा भी कई संगठन से जुड़ी रहीं। यह अपने ग्राम पंचायत राज ममरखा की आजीवन मुखिया भी रहीं और आजीवन समाज सेवा करती रहीं। इन्हें आजीवन स्वतंत्रता सेनानी सम्मान पेंशन भी मिली।

इसी प्रकार समाज सेवा कार्य करते हुए 11 जनवरी, 2002 को इनका निधन हुआ। ये समाज में किसी पहचान की मोहताज नहीं रहीं। अपने क्षेत्र में इनका नाम अमर है और अमर रहेगा।

चंद्रकला देवी

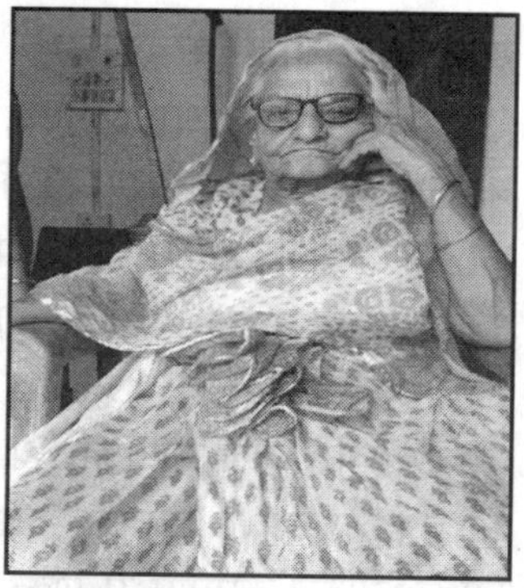

उम्र 95 वर्ष पति स्व. त्रिवेणी कुमार (स्वतंत्रता सेनानी व प्रथम विधायक, परबत्ता विधानसभा, जिला—खगड़िया, सोशलिस्ट पार्टी, प्रथम जिलाध्यक्ष, भाजपा, खगड़िया) हैं। पति के साथ भारतीय स्वतंत्रता संग्राम में कंधे-से-कंधा मिलाकर साथ रहीं। जिस समय गाँव के लोगों को आजादी के महत्त्व का पता नहीं था, उस समय चंद्रकला देवी कहती है कि मेरे पति मुझे कहते थे कि आप गाँव में घूम-घूमकर महिलाओं को जाग्रत् करें और यह अहसास कराएँ कि आप गुलाम हैं। जब तक हम आजाद नहीं हो पाएँगे, तब तक हमारी आर्थिक-सामाजिक स्थिति मजबूत नहीं हो पाएगी। गुलामी की हकीकत को गाँव-गाँव घूम-घूमकर महिलाओं को आजादी का अहसास कराती थीं और जिससे क्रांतिकारियों को, जो जंगलों व नदियों के किनारे में छुपे रहते थे, उनके लिए भोजन इकट्ठा कर जंगलों और नदी किनारे भोजन पहुँचाने का भी काम किया करती थीं; क्योंकि हमारा गाँव गंगा नदी के किनारे बसा हुआ है। गंगा नदी के किनारे स्वतंत्रता संग्राम के योद्धा अंग्रेजों से टक्कर लेकर छिपने के लिए और आगे की रणनीति बनाने के लिए रहते थे। उन लोगों का भोजन छुप-छुपा के गाँव से इकट्ठा कर पहुँचाने का काम किया करती थी। मैं अपने पति के साथ कदम-से-कदम मिलाकर भारत को आजाद कराने के लिए संघर्ष करती रही। चंद्रकला देवी कहती हैं पटना में जो विधानसभा गेट के सामने 7 शहीद हुए हैं, उस कार्यक्रम के संयोजक के रूप में हमारे पति त्रिवेणी कुमार ने इस कार्य को निभाया था, उस कार्य को मेरे पति ने मुझसे छुपाया था, लेकिन उनके मित्र से मुझे सूचना मिली। उस समय जाने-आने के लिए गाड़ी-घोड़े का अभाव था और जाने के लिए सिर्फ ट्रेनें थीं। ट्रेन नहीं पकड़ पाने के कारण मैं समय पर नहीं पहुँच पाई और मेरे पति, जो उस आंदोलन में अपनी पूर्ण भूमिका निभा रहे थे, लेकिन किस्मत से जान बच गई। विलंब से पहुँचने के कारण मेरी भी जान बच गई थी। मेरे तीन पुत्र में बड़े पुत्र तत्सत कुमार सामाजिक कार्यकर्ता है और दो जुड़वाँ पुत्र डॉ. अखिलेश कुमार व डॉ. कृष्ण कुमार स्वास्थ्य विभाग में योगदान दिए हुए हैं। एक पौत्र आदित्य कुमार शौर्य उर्फ बाबूलाल शौर्य अपने दादा के कदम पर आगे बढ़ रहा है। मेरी शुभकामनाएँ पौत्र बाबूलाल शौर्य पर की समाज में अपने दादा-दादी के सामाजिक सपनों को पूरा करें।

श्रीमती भवानी मेहरोत्रा

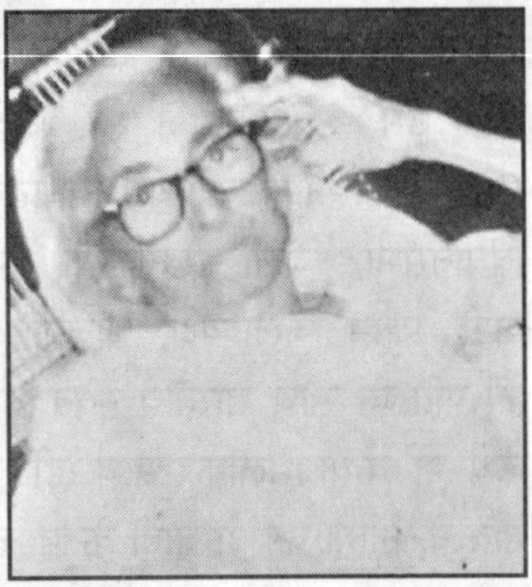

डॉ. पुरुषोत्तम नारायण शिंदे, जो पुरानी बाजार मोहल्ले, मुजफ्फरपुर के निवासी थे, की पुत्री भवानी मेहरोत्रा का जन्म 1912 में हुआ था तथा 1925 ई. में ये बनवारी लाल मेहरोत्रा से परिणय सूत्र में बँधी।

बनवारी लाल क्रांतिकारी थे तथा महज 15 वर्ष की उम्र में गिरफ्तार कर जेल भेजे गए थे, लेकिन कारागार से मुक्ति के पश्चात् इन्होंने गांधीजी के आदर्शों एवं विचारों को अपनाया। 1934 ई. के भूकंप में श्री बनवारी लालजी का देहांत हो गया तो गांधीजी स्वयं इनके घर पधारे थे। गांधीजी से प्रभावित होकर भवानीजी ने राष्ट्र सेवा को बड़ी श्रद्धा से अपनाया तथा मुजफ्फरपुर में नारी-जागरण अभियान में जुट गई। यहाँ से स्वाधीनता आंदोलन में उनका सक्रिय पदार्पण हुआ तथा अदम्य साहस एवं उत्साह से ये राष्ट्रीय आंदोलन में भागीदारी देती रही। इन्होंने लगभग 10 वर्षों तक बिहार कस्तूरबा निधि में अपनी सेवा प्रदान की।

भवानी मेहरोत्रा अत्यंत कोमल हृदय की महिला थीं तथा दीन-दुखियों के प्रति सहानुभूति की भावना से हमेशा कार्य करती रहती थीं। मुजफ्फरपुर में ये बहुत ही लोकप्रिय तथा आदर्श महिला के रूप में विख्यात थीं।

सुमित्रा देवी

पटना जिला के बख्तियारपुर के रवाइच गाँव की वाचस्पति मिश्र की पत्नी

महिला स्वतंत्रता संग्राम सेनानी श्रीमती सुमित्रा देवी ने अंग्रेजों के खिलाफ चल रहे आंदोलन में भी भाग लिया, अंग्रेजों के खिलाफ आंदोलन में जब इनके पति सहित कुछ लोगों को जेल ले जाया गया तो अंग्रेजी हुकूमत को डराने-धमकाने के लिए जब वे बख्तियारपुर स्टेशन पर कुछ महिलाओं के साथ उग्र प्रदर्शन कर रही थीं, उसी समय इनके साथी सहित इन्हें जेल ले जाया गया और जेल का ताला तोड़कर

ये अपने पति एवं अन्य लोगों को बाहर निकालने में सफल रहीं। जिस कारण से इन्हें स्वतंत्रता सेनानी भी कहा गया।

चंदौली जागरण

नहीं रहीं स्वतंत्रता सेनानी सुमित्रा देवी

* राजकीय सम्मान के साथ हुई अंत्येष्टि

09 दिसम्बर, 2009, वाराणसी

स्वतंत्रता सेनानी सुमित्रा देवी का निध

स्वतंत्रता संग्राम सेनानी के शव को गार्ड आफ आनर देते प्रशासनिक अधिकारी

विश्वेश्वरी देवी

पटोरी गाँव, पंचगछिया थाना, जिला सहरसा के श्री राजेंद्र लाल दासजी की धर्मपत्नी श्रीमती विश्वेश्वरी देवीजी इस क्षेत्र में 'माताजी' के नाम से प्रसिद्ध थीं। सविनय अवज्ञा आंदोलन के दौरान अपने पति के साथ हीं 1930 में स्वाधीनता संग्राम में सक्रिय हुई थीं। उनका नाम 1916 में सहरसा में हुआ था। नमक सत्याग्रह में कानून तोड़ने के अपराध में इन्हें 6 माह के कैद की सजा हुई थी तथा साथ ही 1,000 रुपए का जुर्माना लगाया गया था। श्री राजेंद्र लाल दास स्वयं एक प्रखर राष्ट्रवादी तथा समर्पित स्वाधीनता सेनानी थे। उनकी प्रेरणा से श्रीमती विश्वेश्वरी देवीजी ने सहरसा के वभनगामा में एक सेवा आश्रम की स्थापना कर स्वाधीनता सेनानियों को प्रशिक्षित करती रहीं।

सेवा आश्रम द्वारा उन्होंने चरखे का प्रचार-प्रसार खादी वस्त्र निर्माण एवं विपणन गतिविधि द्वारा अनेक महिलाओं को स्वदेशी भाव जागरण कराते हुए स्वाधीनता आंदोलन से जोड़ा था। वे भंगी मुक्ति आंदोलन से भी जुड़ीं तथा सिर पर मैला ढोने की वृत्ति को समाप्त करने हेतु अपने पति के साथ एक सुलभ स्वच्छ शौचालय का आविष्कार किया तथा 'पूर्ण भंगी मुक्त सुलभ शौचालय' नामक पुस्तक का संकलन किया, जो बाद में सुलभ इंटरनेशनल के संस्थापक श्री बिंदेश्वर पाठक के लिए प्रेरणास्रोत बना। इस हेतु श्री पाठक आज तक एक छोटी रकम पेंशन के रूप में इनके परिवार को प्रदान करते हैं।

वे संत विनोबा भावे के भूदान आंदोलन से भी जुड़ीं तथा इनके महत्त्वपूर्ण योगदान के मद्देनजर उनका स्नेह एवं कृपाभाजन बनीं। उन्होंने मद्यनिषेध के लिए धरना प्रदर्शन का आयोजन भी किया। महिलाओं के शिक्षा, स्वास्थ्य तथा आर्थिक सशक्तिकरण हेतु उनका प्रयत्न क्षेत्र के लोगों के लिए प्रेरणास्पद है। 1934 ई. में वे जिला कांग्रेस समिति की सदस्य नामित हुई थीं तथा जिला परिषद् की भी सदस्य बनीं। उन्हें सहरसा की प्रथम महिला विधायक होने का श्रेय प्राप्त है।

सुमित्रा देवी

पूर्णिया जिले के बनमनखी अंचल की सुमित्रा देवी स्वतंत्रता संग्राम में अंग्रेजों के छक्के छुड़ानेवाली तथा गरीबों की हितैषी थीं।

आजादी की लड़ाई में जेल भरो आंदोलन के तहत उन्होंने कई बार अपनी गिरफ्तारियाँ दीं तथा लगातार स्वाधीनता आंदोलन में सक्रिय रहते हुए सहयोग प्रदान किया। वह गुप्त रूप से क्रांतिकारी आंदोलन से भी जुड़ी रहीं तथा अंग्रेजों की गोली का शिकार होकर भी बाल-बाल बच गईं।

सविनय अवज्ञा आंदोलन की अवधि में आप पूर्णिया जिले में महिलाओं को संगठित कर स्वदेशी का प्रचार-प्रसार, विदेशी वस्त्रों का बहिष्कार, शराबबंदी तथा छुआछूत विरोधी आंदोलन को प्रबल करती रहीं। 1942

की 'अगस्त क्रांति' के दौरान श्रीमती सुमित्रा देवी ने 'भारत छोड़ो आंदोलन' में महिलाओं का जुलूस निकालकर उसका नेतृत्व किया तथा लोकनायक जयप्रकाश नारायण के गुप्त क्रांतिकारी संगठन 'आजाद दस्ते' के लिए सक्रिय भूमिका निभाई। उन्हें गिरफ्तार कर पूर्णिया कैंप जेल में रखा गया था। 1952 ई. में वह खगड़िया जिले के चौथे विधानसभा से विधायक भी चुनी गई थी। उनका जीवन शौर्य, त्याग, साहस एवं समर्पण का मिसाल था, जिसकी प्रेरणा से न सिर्फ तत्कालीन महिलाएँ, वरन् वर्तमान की नारी-शक्ति भी सीख ले सकती है।

संध्या देवी

www.jagran.com

खगड़िया जागरण

संध्या देवी की जिह्वा पर बसती है आजादी की कहानी

अंग्रेजों से आंखों में आंख डाल करती थी बात, नौ वर्ष की उम्र में पहली बार मां-पिता के साथ गई जेल

आजादी के दीवाने

संध्या देवी का संदेश

जेल में तय हुई संध्या की शादी

20 बार अंग्रेजों ने की घर की कुर्की

शिक्षा का अलख भी जगाती रही

1942 में पटरी को उखाड़ फेंका

संध्या देवी 9 वर्ष की उम्र में आजादी के आंदोलन में कूद पड़ीं, वह भी जमालपुर की आजादी के दीवाने माता सरस्वती देवी और पिता बिरंचि प्रसाद जहाज की 9 वर्षीय पुत्री संध्या विषय में अवज्ञा आंदोलन में अपनी भूमिका निभाई, इसके बाद संख्या लगातार आजादी की लड़ाई में सक्रिय रहे संध्या में गोगरी थाने में दर्जनों बार अंग्रेजों के खिलाफ परचा चिपकाए। 98 वर्षीया संध्या देवी उस समय शॉल में छुपाकर, परचा लेकर चुपचाप थाने चली जाती थीं, रात के अँधेरे में परचा चिपकाकर भाग जाती थी, जिसके बाद सुबह अंग्रेजों में तहलका मच जाता था। 20 बार अंग्रेजों ने इनके घर की कुर्की की थी। संध्या के घर पर

स्वतंत्र सेनानियों का मेला लगता था। उस समय गोगरी जमालपुर स्टेशन का घर आंदोलनकारियों ठिकाना हुआ करता था। जिस कारण अंग्रेजों द्वारा 20 बार उनके घर की कुर्की-जब्ती की गई, स्वतंत्रता के दीवानों को वह अपने हाथ से खाना बनाकर खिलाया करती थीं। उनके पिता ने आजादी की लड़ाई में अपनी सारी जमीन दान कर दी थी। उनके अनुसार डॉ. श्रीकृष्ण सिंह उनके घर पर कई बार आए थे। संध्या एक निडर स्वतंत्रता सेनानी होने के साथ-साथ जीवन भर शिक्षा की अलख जगाती रही हैं। वह बताती हैं कि उस समय महिलाओं को पढ़ने-लिखने से दूर रखा जाता था, उस समय वहाँ एक ही विद्यालय हुआ करता था, जिसमें वह पढ़ने जाती थी तथा साथ ही आसपास की लड़कियों को भी जागरूक करने के लिए प्रेरित करती थीं। तत्कालीन गोगरी थानाध्यक्ष ने अपनी बेटी को स्कूल पढ़ने के लिए ले जाने के लिए कहा था। संध्या के अनुसार 1932 में पहली बार भागलपुर जेल अपने माता-पिता के साथ गई थी, जिसके बाद 1942 में 'भारत छोड़ो आंदोलन' में दोबारा जेल हुई, तब उनकी मुलाकात सदर प्रखंड के सबलपुर गाँव के रहनेवाले आजादी के दीवाने दिनेश मंडल से जेल में हुई। संध्या के पिता इस बात से चिंतित थे कि आजादी की लड़ाई में कूद पड़ी उनकी बेटी से विवाह कौन करेगा? जिसको लेकर जेल में चर्चा होती थी। एक दिन चर्चा के दौरान आजादी के दीवाने दिनेश मंडल ने इस बात को संध्या के पिता धीरज प्रसाद जहाजजी के मुँह से सुना, जिसके बाद वह संध्या से विवाह करने के लिए तैयार हो गए। जेल से निकलने के बाद इन दोनों की शादी हुई। उस समय बैलगाड़ी से सजी हुई 12 लोग उनके घर पहुँचे थे। 1942 में जब महात्मा गांधी ने 'अंग्रेजो भारत छोड़ो' आंदोलन का बिगुल फूँका तो संध्या के नेतृत्व में गोगरी थाने के महेश खुंट के समीप बड़ी संख्या में लोगों ने रेल की एक पटरी को उखाड़ के फेंका गया था। इसके बाद उन्हें गिरफ्तार कर भागलपुर जेल भेज दिया गया। देश की आजादी की लड़ाई में खगड़िया का नाम स्वर्ण अक्षरों में लिखा जाएगा, क्योंकि यहाँ पुरुषों से कंधे-से-कंधा मिलाकर महिलाएँ भी आजादी की लड़ाई में अग्रिम पंक्ति में लड़ीं 'अगस्त क्रांति' 1942 में तो यहाँ सबलपुर आजादी की लड़ाई का मुख्य केंद्रबिंदु रहा।

तारा रानी श्रीवास्तव

त्याग एवं बलिदान की साक्षात् प्रतिमूर्ति तारा रानी श्रीवास्तव ने सारण में थाने पर तिरंगा लहराया था, जबकि उसी समय पुलिस की नौवीं गोली से उनके पति

श्री फुलेना प्रसाद श्रीवास्तव का सिर छलनी हो चुका था तथा बिखर चुका था। दैवीय शक्ति से प्रेरित तारा रानी ने अपनी साड़ी के पल्ले को फाड़कर अपने पति के पार्थिव शरीर को बाँधा तथा स्वयं आगे बढ़कर फुलेना बाबू के कार्य को पूर्ण किया।

वास्तव में 16 अगस्त, 1942 के 'करो या मरो' आंदोलन के दौरान फुलेना बाबू एवं तारा रानी स्वाधीनता सेनानियों ने जुलूस का नेतृत्व करते हुए सर्वप्रथम डाकघर पर तिरंगा लहराया एवं आगे बढ़ते हुए रजिस्ट्री कार्यालय के कमरों में ताला जड़ते हुए थाने पहुँचे तथा थाना से यूनियन जैक उतारकर तिरंगा फहराने के क्रम में पुलिस की गोलियों से छलनी होकर शहीद हुए। आठ गोलियों को अडिगता से झेलने के बाद नौवीं गोली उनके सिर में मारी गई थी।

थाने पर तिरंगा लहराने के बाद शौर्यपूर्वक अपनी शक्तिपुंज के बल पर अपने पति के क्षत-विक्षत शरीर को गोद में लिये खून से लथपथ चेहरे पर स्वर्णिम आभा एवं दिव्य तेज का भाव जो सहज प्रदीप्त था, तारा रानी स्थितप्रज्ञ अवस्था में कुछ देर बैठने के बाद अपनी माता एवं दोनों बच्चों की सहायता से पति के पार्थिव शरीर को गंगाघाट में अर्थी सजाकर चिताग्नि प्रज्वलित किया। उपस्थित जनसमुदाय शोक संतप्त एवं दग्ध हृदय से एक अलौकिक सा दृश्य आँखों से देख रहे थे। 'वंदे मातरम्' का नारा गुँजायमान हो उठा। चिता की धधकती ज्वाला के बीच शोर उठा—'हम इसका बदला लेंगे', गंभीर एवं शांत वाणी से तारा रानी ने उद्घोष किया 'अहिंसक रीति से'।

नारी-शक्ति के साहस, शौर्य, उत्साह, तेजबल, आत्मशक्ति एवं मातृभूमि के प्रति समर्पण की असीम भावना, क्या नहीं था तारा रानी के जीवन चरित्र में? उनका बलिदान व्यर्थ नहीं गया। इन बलिदानों से तो पूर्ण ब्रह्म परमेश्वर की चैतन्य सत्ता भी द्रवित हो जाती है। भारत स्वतंत्र हुआ, लेकिन सांप्रदायिकता की विभीषिका से झुलसकर शनैः-शनैः प्रगति के पथ पर अग्रसर हुआ।

गांधीजी के आह्वान पर अपने पति संग स्वाधीनता आंदोलन के व्यक्तिगत सत्याग्रह के कारण जेल की कठोर यातना को धैर्यपूर्वक झेलकर, विपरीत परिस्थितियों में भी कभी विचलित नहीं होनेवाली तारा रानी सारण जिले के महाराजगंज थाने के बाल बगरा गाँव की बेटी थीं।

इनके पति श्री फुलेना प्रसाद श्रीवास्तव गांधीजी के आदर्शों के सत्याग्रही थे तथा उच्च कोटि के राष्ट्रभक्त थे। श्रीमती तारा रानी उनकी प्रतिपूरक थीं। लखनऊ तथा फतेहपुर सेंट्रल जेल में कारागार की अकथनीय यातना का दंश झेलकर भी अडिग एवं अचल रहते हुए स्मरणीय तारा रानी ने अपना सर्वोच्च राष्ट्र के लिए अर्पित किया था। बिहार की नारी-शक्ति ही नहीं, संपूर्ण भारतीय समाज इस वीरांगना को नमन करता है।

तारा रानी श्रीवास्तव की कहानी एक देशभक्त परिवार की करुण कहानी है। दादा देशभक्त विद्वान्, पिता स्वतंत्रता सेनानी, पति क्रांतिकारी, इसकी पूरी कीमत चुकानी पड़ी, इस परिवार को। बच्ची तारा डेढ़ वर्ष की थी कि एक ब्रिटिश गुप्तचर ने उसके पिता का दोस्त बनकर उन्हें खीर में जहर देकर मार डाला था। दादा ने बच्ची में साहित्य और देशभक्ति के संस्कार भरे, फिर एक देशभक्त वर खोज कर उसका विवाह कर दिया। उस समय के रिवाज में विवाह के समय तारा की उम्र केवल 12 वर्ष थी। ऐसी महिला स्वतंत्रता सेनानी, जिसने शादी की पहली रात पति के साथ प्रण किया कि देश आजाद होने पर ही बच्चे को जन्म देंगे, तब तक वह कुँवारी बनकर रहेगी। हम बात कर रहे हैं बिहार के तत्कालीन सारण और वर्तमान सिवान जिले के महान् स्वतंत्रता सेनानी शहीद फुलेना बाबू और उनकी पत्नी तारा देवी की। 1942 में जब महात्मा गांधी ने 'भारत छोड़ो आंदोलन' की घोषणा की थी, उस समय सिवान के महाराजगंज में इस आंदोलन का नेतृत्व इसी दंपती ने सँभाल रखा था। आजादी मिलती और इनका प्रण पूरा होता, दांपत्य जीवन की गाड़ी आगे बढ़ती, इससे पहले नियति को कुछ और ही मंजूर था। 16 अगस्त, 1942 को महाराजगंज थाने पर तिरंगा फहराने के दौरान अंग्रेजी हुकूमत की गोली से फुलेना बाबू शहीद हो गए। तब तारा देवी ने अपने पति के शव के साथ पूरी रात अकेले बिताई थी। उन्होंने कहा था कि आज ही हमारी शादी हुई है। भारतीय स्वतंत्रता संग्राम में महाराजगंज के शहीद फुलेना बाबू और तारा देवी का त्याग और बलिदान अविस्मरणीय है। कम उम्र में तारा देवी की शादी आजादी के दीवाने फुलेना बाबू से हो गई थी। दोनों महाराजगंज इलाके में आजादी की अलख जगाने में लगे।

बहुरिया रामस्वरूप देवी, बिहार की लक्ष्मीबाई

बहुरिया रामस्वरूप देवी, जिनको कभी बिहार की लक्ष्मीबाई भी कहा गया, वह नायिका हैं, जिनका संघर्ष भोजपुरी भाषा के सातवी दर्जे के स्कूली पुस्तक अंजोर में 'बहुरिया के ललकार' से दर्ज है। अफसोस स्वयं बिहार के लोग भी बहुरिया

रामस्वरूप देवी के बारे में नहीं जानते हैं, भोजपुरी भाषा को पढ़ने-समझनेवाले बच्चे जरूर जानते होंगे, परंतु लोकस्मृति में वो लगभग लुप्त हो चुकी हैं। बिहार के भागलपुर जिले के कहुल गाँव के जमीदार बाबू भूपनारायण सिंह के घर रामस्वरूप देवी का जन्म हुआ। जमींदारी ठाट-बाट में बचपन बीता, अंग्रेजी, उर्दू और हिंदी भाषाओं में प्रारंभिक पढ़ाई शुरू हुई और सामाजिक रीति-रिवाज के आगे जमींदारी ने घुटने टेकते हुए मात्र नौ साल की आयु में बाबू हरमाधव प्रसाद से उनका विवाह कर दिया। परंपरागत परदे को माननेवाले ससुराल में उदार विचार के देशभक्त पति हरमाधव प्रसाद ने बहुरियाजी के व्यक्तित्व के विकास की हर कोशिश की, जो रामस्वरूप देवी के लिए किसी वरदान से कम न था। वह पति के साथ हर सामाजिक गतिविधियों में भाग लेती और सीखती थीं। पति की गिरफ्तारी हुई, तब खुलकर उन्हें स्वतंत्रता आंदोलन में सक्रिय होना पड़ा। 1930 के 'नमक सत्याग्रह' में कानून भंग करने के आरोप में हरमाधव प्रसाद गिरफ्तार करके हजारीबाग जेल में बंद कर दिए गए। परदे में रहकर पति के साथ काम करनेवाली बहुरियाजी सिंहनी सी गरजती हुई परदे से बाहर आ गई। गाँव-गाँव जाकर तूफानी दौरा कर जनता में विद्रोह की ज्वाला को जलाना शुरू कर दिया। जाहिर था, बिहार के उस दौर के औपनिवेशिक माहौल में अंग्रेजी सरकार ने यह नहीं सोचा था। सविनय अवज्ञा आंदोलन में उन्हें गिरफ्तार कर भागलपुर सेंट्रल जेल ले जाया जाने लगा।

तभी एक घटना घटी, जिसकी उम्मीद बहुरिया को भी नहीं थी। जिस गाड़ी में बहुरिया को गिरफ्तार करके ले जाया जा रहा है, उसके आगे लोग लेट गए। अंग्रेजी अफसरों के लाख कोशिश करने के बाद भी लोग बहुरिया को रिहा करने की अपनी जिद पर अड़े हुए थे। अंत में चिढ़कर अंग्रेजी सरकार ने भीड़ को कुचलकर गाड़ी निकालने का आदेश दिया। अंत में बहुरिया को दखल देना पड़ा, तब लोग माने। 'गांधी-इरविन समझौते' के फलस्वरूप अन्य नेता के साथ बहुरियाजी को भी रिहा कर दिया गया।

19 अगस्त, 1942 को छपरा जिले के मढौरा थाना क्षेत्र में जब वे एक सभा को संबोधित कर रही थी, तभी अंग्रेजों ने अंधाधुंध गोलीबारी चालू की। भय से

भागकर लोग आसपास खेतों में जा छिपे। गांधी के विचारों में आस्था रखनेवाली बहुरिया मैदान में डटी रहीं। लोगों में भ्रम फैल गया कि बहुरिया को गोली लगी और देखते-ही-देखते खेत में छुपे हुए हजारों स्वतंत्रता सेनानी अंग्रेजी सिपाहियों पर टूट पड़े। कुछ अंग्रेज सिपाही मारे भी गए और बाकी भाग खड़े हुए। मृत अंग्रेज सिपाहियों को पत्थरों से बाँधकर नारायणी नदी में डुबो दिया गया था। सबूत नष्ट होने के कारण मुकदमा नहीं चल सका। बाद में कांग्रेस के कहने पर बहुरिया ने समर्पण कर दिया और उन्हें भागलपुर जेल भेज दिया गया। बहुरिया रामस्वरूप देवी ने पहले विधानसभा चुनाव में जीत हासिल की। तीन साल बाद देश आजाद हो गया, जिसके लिए बहुरियाजी ने कई बार अपनी जान की बाजी लगाई। बिहार के पहले विधानसभा चुनाव में उन्होंने जीत भी दर्ज की। आजादी के बाद वह अधिक दिन तक लोगों की सेवा नहीं कर सकीं। नवंबर 1953 में उनका देहांत हुआ। अपने दौर में महिलाओं और लड़कियों के लिए प्रेरणा रही बहुरियाजी और 'बिहार की लक्ष्मीबाई' के नाम से प्रसिद्ध बहुरिया रामस्वरूप देवी आज बिहार के लोगों के स्मृति में ही नहीं, बिहार के इतिहास से भी ओझल हो चुकी हैं।

शारदा और सरस्वती

बिहार के दिघवारा प्रखंड में एक शहीद स्तंभ है, जिस पर 20 स्वतंत्रता सेनानियों के नाम खुदे हैं, लेकिन इसी प्रखंड में पड़नेवाले मलखा चक गाँव से एक भी शहीद का नाम नहीं, जबकि मलखाचक गाँव ने स्वतंत्रता यज्ञ में अनेक आहुतियाँ दीं। आल्हा-ऊदल के समकालीन मलखा कुँवर राजस्थान से चलकर मुगलसराय होते हुए पटना आए थे। वहाँ से गंगा तैरकर दिघवारा आए। इस तरह मलखा चक गाँव के साथ शौर्यगाथाओं की एक ऐतिहासिक परंपरा जुड़ी हुई है। 1857 के स्वतंत्रता संग्राम में भी इस गाँव की बढ़-चढ़कर भागीदारी रही। गांधीजी के असहयोग आंदोलन के दिनों में मलखा चक गाँव में एक ओर गांधी का चरखा चलता था, दूसरी ओर क्रांतिकारियों की सहायता के लिए गाँव में घर-घर बम बनते थे। यहाँ आसपास के क्षेत्र के सभी गाँव से सर्वाधिक नौजवान गिरफ्तार हुए दर्जनों छोटे लड़के व लड़कियों ने भी आंदोलन में हिस्सा लिया, गांधीजी यहाँ भी आते थे। प्रसिद्ध क्रांतिकारी सरदार भगत सिंह, चंद्रशेखर आजाद, बटुकेश्वर दत्त भी इस गाँव को बिहार स्थित अपना एकमात्र केंद्र मानते थे।

इसी गाँव के स्व. रामविनोद सिंह सन् 1942 की क्रांति में 12 अगस्त को 'रेल तार काटो दल' की अगुवाई करते हुए गिरफ्तार हुए थे। 20 अगस्त की सुबह को

अंग्रेजों ने पूरे गाँव को घेर लिया था। रामविनोद बाबू का घर डायनामाइट लगाकर उड़ा दिया गया, सारे सामान को मिट्टी का तेल छिड़ककर जला दिया गया। परिवार के सदस्य फरार होकर दाने-दाने को मोहताज हो गए। सभी के लिए देखते ही गोली मारने के आदेश थे।

बाएँ से दाहिने—रामविनोद भाई, उनकी धर्मपत्नी तथा बेटियाँ; सरस्वती और शारदा

शारदा और सरस्वती रामविनोद बाबू की दोनों अल्पवयस्क कुँवारी लड़कियाँ थीं। 12 अगस्त को पिता की गिरफ्तारी के दिन 3 दिन बाद इन दोनों लड़कियों के नेतृत्व में गाँव का बच्चा-बच्चा शहादत के लिए बाहर निकल आया था। शारदा और सरस्वती के द्वारा थाने पर तिरंगा फहराने के आरोप में उन्हें गिरफ्तार कर लिया गया था और उन्हें केवल थाने पर झंडा फहराने के जुर्म में 14 और 11 वर्ष की लंबी जेल सजा सुनाई गई थी।

मलखा चक गाँव क्षेत्र के सर्वाधिक पीड़ितों और शहीदों का गाँव था, इसीलिए अंग्रेजों ने इसे रिकॉर्ड में शामिल करने में शर्म महसूस की होगी। बहुत दिनों बाद कुछ क्रांतिकारियों और लेखकों द्वारा प्रखंड की खोज-खबर लिये जाने की कहानियाँ सामने आईं और तभी शारदा और सरस्वती जैसे अनचीन्हे नाम भी चिह्नित किए गए।

अनुसूया जायसवाल

बिहार में महिला सशक्तिकरण, समाज और राष्ट्रहित के प्रति अनुसूया जायसवालजी का बहुत बड़ा योगदान है। इनका जन्म 25 फरवरी, 1926 को उत्तर प्रदेश के मिर्जापुर में हुआ। बचपन से ही माँ को स्वतंत्रता आंदोलन से जुड़ा देख, इनके मन में भी राष्ट्र के प्रति प्रेम की भावना विकसित होने लगी। इन्होंने पटना विश्वविद्यालय से स्नातक और एल.एल.बी. भी किया। 1942 में 'भारत छोड़ो आंदोलन' में भी अनुसूयाजी ने राष्ट्र के प्रति समर्पित होकर आंदोलन को सफल बनाने में योगदान दिया। इन्होंने महिलाओं के निम्न शिक्षा स्तर को सुधारने की प्रतिज्ञा की। इन्हें अपने पिता और बड़े पिताजी का साथ मिला। 1945 में इनकी शादी सिवान जिले के महाराजगंज के जमींदार चंद्रिकाजी से हुई। अनुसूयाजी 1957 से 1962 तक तथा 1972 से 1977 तक महराजगंज विधानसभा की विधायक बनीं। 1981 से 1985 तक बिहार समाज कल्याण बोर्ड की अध्यक्ष रहीं। इन्होंने दो स्कूल की स्थापना की। 1981 में बालिका उच्च विद्यालय और दूसरा 1980 में संस्कृत प्राथमिक उच्च विद्यालय। 1970 से लगातार वकालत करते हुए अनेक गरीबों के मामले को मुफ्त में सुलझाया, इन्होंने अपने पूरे जीवन में ईमानदारी और निष्ठा का पालन किया और आत्मनिर्भर बनने की सलाह दी।

सावित्री देवी

सावित्री देवी का जन्म एक संभ्रांत परिवार में हुआ। उनकी शिक्षा एनी बेसेंट स्कूल, बनारस में 1915 से प्रारंभ हुई। यह उस समय के लिए बड़ी उपलब्धि थी। होस्टल में पढ़ाई होने के कारण समय से पहले परिपक्वता आ गई थी।

उनकी शादी पटना के जाने-माने प्रख्यात अधिवक्ता श्री अवधेश नंदन सहाय से हुई। उनका परिचय भी शब्दों का मोहताज

नहीं। गांधीजी के आह्वान पर अपने मेडिकल की पढ़ाई त्याग दिया और असहयोग आंदोलन में सक्रिय हो गए। बाद में वकालत की पढ़ाई की और गोल्ड मेडल हासिल किया। कांग्रेस के जरनल सिक्रेटरी के पद पर आसीन रहे।

दादी, यानी सावित्री देवी ने भी पति का भर पूर सहयोग दिया। एक सच्ची देशभक्त और स्वतंत्रता सेनानी के रूप में एक अमित छाप छोड़ी। महत्मा गांधी के बेहद नजदीकी रहीं। परिवार को भी संभाला अपनी पूरी निष्ठा से वो साबरमती आश्रम में तन, मन और श्रद्धा से रही।

जगदंबा देवी

जगदंबा देवी का जन्म ग्राम धर्मपुरा पोस्ट चौथम जिला खगरिया में सन् 1916 में हुआ था। भारत के स्वतंत्रता आंदोलन में 14 वर्ष की उम्र में उन्हें जेल जाना पड़ा, लोहिया ग्राम में 3 अंग्रेजों को मारने के आरोप में सन् 1930 को अंग्रेजों द्वारा लड्डू वनदेवी को घर से गिरफ्तार कर लिया गया और उन्हें मुंगेर जेल भेज दिया गया, जहाँ ठाकुर इजलास द्वारा छह माह की कठोर सजा सुनाई गई। छह माह की सजा काटने के उपरांत उनका विवाह पसराहा ग्राम के हरदेव सिंह से हुआ। हरदेव सिंहजी स्वतंत्रता सेनानी थे। लड्डू देवी की मृत्यु 8 जनवरी, 2022 को पसराहा ग्राम में हो गई। लड्डू देवी का पी.पी.ओ. नंबर 17 719/1975 है।

रानी कुँवर

पश्चिम चंपारण के सत्याग्रह की धरती पर वैसे तो सैकड़ों सेनानियों का परिवार रहता है, जिन्होंने आजादी की लड़ाई में बढ़-चढ़कर भाग लिया था, लेकिन महिला स्वतंत्रता सेनानी रानी कुँवर की वीरगाथा ऐसी है, जिनका पूरा परिवार इस लड़ाई में शामिल था। इस कड़ी में पहला नाम आता हैं लौरिया प्रखंड क्षेत्र के साठी स्थित धमौरा गाँव निवासी रानी कुँवर का, जिन्होंने अपने पति जगतनारायाण झा के साथ मिलकर अंग्रेजों के खिलाफ आवाज बुलंद की थी, हालाँकि जगतनारायण झा तो अब इस दुनिया में नहीं रहें, लेकिन उनकी पत्नी रानी कुँवर आज भी जिंदा हैं और लगभग सौ साल की उम्र में भी आजादी के दिनों की बातें उनके जेहन में

आज भी जिंदा हैं, रानी कुँवर नम आँखों से आजादी के दिनों की बातें कहकर गोरों के खिलाफ बगावत की दास्तान बताते आज भी काँप उठती हैं तो वहीं अंग्रेजों की पीड़ा और जख्म के दास्ताँ भी नई पीढ़ी के बच्चों को सुनाती है।

रानी कुँवर बताती हैं कि कैसे अंग्रेजों से पति-पत्नी ने मिलकर लोहा लिया और अंग्रेजों की पिटाई के दौरान 'जेल भरो आंदोलन' के बीच पत्थर चुभने से उनकी मौत हो गई। आजादी के गीत गाकर, गांधीजी के साथ कदमताल करनेवाले जगतनारायण झा और उनकी पत्नी का परिवार आज सरकारी उपेक्षा का दंश झेल रहा है। आलम यह है कि न तो सरकार ने आज तक इस परिवार के लिए कुछ किया और न ही किसी भी सरकारी योजना का लाभ इस परिवार को मिला है। प्रख्यात स्वतंत्रता सेनानी झा परिवार की लाड़ली पोती सृष्टि भी दादा-दादी की कहानी से प्रभावित होकर देशसेवा का जज्बा पाल रखी है। शादी-शुदा होने के बावजूद वतन की रक्षा का राग अलाप रही हैं।

श्रीमती रामप्यारी देवी

भारतीय स्वाधीनता आंदोलन के इतिहास में श्री रामप्यारी देवीजी के अमूल्य त्याग, शौर्य एवं समर्पण की यथेष्ट विवेचना शायद ही की गई हो। जिहुली चंपारण जिला में 7 अक्तूबर, 1911 को जन्म लेनेवाली रामप्यारी देवीजी 12 मार्च, 1930 को राष्ट्रवादी तथा हिंदू महासभा के प्रधान मंत्री श्री जगत नारायण लालजी से परिणय सूत्र में बँधकर 30 मार्च, 1930 को सविनय अवज्ञा आंदोलन में सम्मिलित हुईं तथा 'नमक सत्याग्रह' को सफल बनाने हेतु प्रखरता से प्रयत्नशील हुईं। संपूर्ण प्रांत में घूम-घूमकर लोगों में स्वाधीनता की उग्र भावना जगाने का कार्य किया तथा कतरीसराय गया में उपस्थित जनसभा को संबोधित करते समय गिरफ्तार की गई। पटना तथा हजारीबाग के सेंट्रल जेल में इन्होंने कठोर कारावास की सजा काटी, लेकिन अब तक रामप्यारी देवीजी जनप्रिय स्वाधीनता नायिका बन चुकी थीं। जनविद्रोह प्रस्फुटित हो उठा, पुलिस के दो बड़े अफसरों के मारे जाने के साथ दो सौ स्वाधीनता संग्रामियों को पकड़ा गया।

हाजत में एक महीना तक कोर्ट की काररवाई चली थी तथा इन्हें 4 महीने की कैद के साथ 4 हजार का अर्थदंड मिला। अर्थदंड समर्पित नहीं करने की स्थिति में चार माह अतिरिक्त कारागार की सजा सुनाई गई थी। 5 मार्च, 1931 को संपादित हुए 'गांधी-इरविन समझौते' के तहत ये रिहा की गईं।

बाद पटना में सविनय अवज्ञा आंदोलन के दौरान जनसभा को संबोधित करने के कारण इन पर वारंट जारी किया गया, परंतु श्रीमती रामप्यारी देवीजी अब पाकिस्तान के डेरा इस्माइल खाँ तथा दिल्ली का दौरा कर आंदोलनकारियों को राष्ट्र हेतु बलिदान देने को प्रेरित कर रही थीं। इन्होंने लेडी अनीस इमाम के साथ घूम-घूमकर महिला सभा आयोजित कर परदा प्रथा के विरुद्ध अभियान चलाया था।

महिला विद्यापीठ, प्रयाग एवं साहित्य सम्मेलन, प्रयाग के माध्यम से मध्यमा (संस्कृत) में प्रथम स्थान तथा महिला विद्यापीठ से विदुषीरत्न प्रमाण-पत्र पानेवाली श्रीमती रामप्यारी देवी ने कराँची कांग्रेस के वार्षिक अधिवेशन में स्वामी सहजानंद को पराजित कर भारतीय कांग्रेस के केंद्रीय समिति की सदस्या चुनी गईं तथा पटना जिला कांग्रेस की द्वितीय सचेतक (Director) बनीं। तीन बार पटना जिला कांग्रेस की उपाध्यक्ष रहीं।

इन्होंने रामगढ़ कांग्रेस के अधिवेशन की अवधि में 'महिला संघ' की स्थापना की, जिनकी आद शाखाएँ नारी के समग्र विकास कार्यक्रम को साकार कर रही हैं। इस संघ का उद्घाटन श्रीमती विजय लक्ष्मी पंडित ने किया था। सामाजिक विकास कार्यों में इनकी गहरी निष्ठा थी तथा बर्मा, थाईलैंड एवं जापान की यात्रा के द्वारा समाज सेवा के संगठनों की कार्यशैली भारतीय उपयोगिता के संदर्भ में अध्ययन कर ग्रामीण क्षेत्र की उन्नति एवं विकास हेतु प्रतिज्ञारत रहीं।

ये समाज कल्याण बोर्ड की संस्थापक सदस्य थीं तथा बिहार में सामाजिक आंदोलन की दिशा तथा दशा को सुधारने में महत्त्वपूर्ण योगदान दिया। इनका उज्ज्वल यशस्वी कार्यवृत्त सभी के लिए प्रेरणास्पद है।

सरस्वती देवी

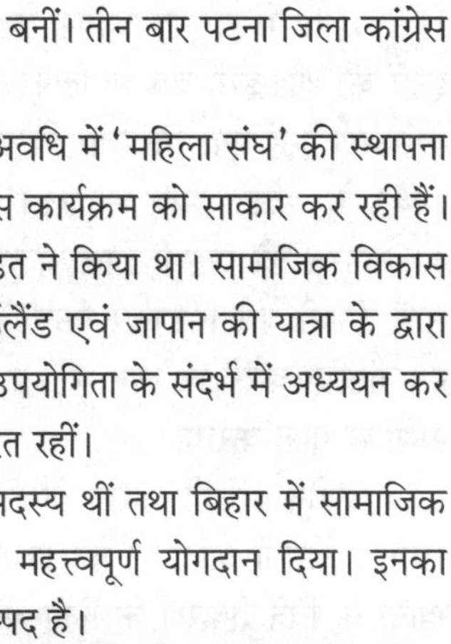

अविभाजित बिहार के हजारीबाग जिले में श्रीमती सरस्वती देवीजी का जन्म 5 फरवरी, 1901 को हुआ था। इनके पिता श्री राय चौधरी विष्णुदयाल सिन्हा वहीं संत कोलंबस कॉलेज में पूर्वी भाषा के प्राध्यापक थे। 1913 ई. में

इनका विवाह श्री केदारनाथ सहाय के साथ हुआ। संत अखौरी केशवदासजी से दीक्षित सरस्वतीजी 1922 ई. से उन्हीं की कुटिया में रहने लगीं। 1928 में परदा विरोधी आंदोलन का नेतृत्व कर उन्होंने सार्वजनिक जीवन में प्रवेश किया तथा संपूर्ण हजारीबाग जिले में परदा प्रथा उन्मूलन अभियान में हजारों महिलाओं को प्रेरित किया।

26 जनवरी, 1920 को भारतीय स्वतंत्रता दिवस आयोजित करने तथा झंडा फहराने के जुर्म में भारतीय दंड संहिता 143 के तहत इनको छह महीने के कारावास का दंड मिला। हजारीबाग जिले से जेल जानेवाली ये प्रथम महिला थी।

अस्पृश्यता निवारण अभियान के तहत इन्होंने 1932 में अंजुमन इस्लामिया हॉल में राजा राधिकारमण प्रसाद की अध्यक्षता में कार्यक्रम चलाया तथा समाज सुधार कार्यक्रम को आगे बढ़ाया। 1937 में वे भागलपुर विधानसभा से प्रांतीय असेंबली की सदस्य बनीं। 1938 में राजनीतिक बंदियों का आमरण अनशन इन्होंने ही तुड़वाया था।

1940 में रामगढ़ कांग्रेस के वार्षिक अधिवेशन के आयोजन की जिम्मेदारी इन्हीं की थी। इसी वर्ष भागलपुर में लाजपत पार्क में सरकार विरोधी भाषण देने के करण इन्हें पुनः गिरफ्तार किया गया तथा एक वर्ष के जेल की सजा मिली। 1942 के 'भारत छोड़ो आंदोलन' में उन्होंने हजारीबाग जिले में नेतृत्व करते हुए 11 अगस्त को एक विशाल जुलूस का आयोजन किया, जिसके परिणामस्वरूप उन्हें तीसरी बार गिरफ्तार किया गया। हजारीबाग से भागलपुर केंद्रीय कारागार स्थानांतरित करने के क्रम में उग्र छात्रों की भीड़ ने इन्हें नाथनगर में पुलिस के हाथों से मुक्त कराया।

उन्होंने अंग्रेजी शासन के खिलाफ संपूर्ण जीवन को न्योछावर किया तथा सरकार विरोधी आंदोलन को प्रबलता से जनसाधारण के बीच विस्तृत किया। ये खादी के विकेंद्रीकरण के लिए भी बड़े पैमाने पर कार्यरत रहीं तथा स्वदेशी का प्रचार-प्रसार किया। 1947 में जब देश सांप्रदायिकता की आग में जल रहा था तो श्रीमती सुशीला सामंत के साथ नोआखाली में सांप्रदायिक सद्भावना बहाल करने के लिए इन्होंने लगातार 21 दिनों तक अनशन किया। 1952 ई. से राजनीतिक जीवन से संन्यास लेकर इन्होंने भक्तिपथ पर अपने जीवन को आगे बढ़ाया। इनका निधन 10 दिसंबर, 1958 को हुआ था। राष्ट्रभक्त, त्याग, शौर्य एवं उत्साह की प्रतिमूर्ति श्रीमती सरस्वती देवीजी ने नारी-शक्ति के गौरव एवं अभिमान को राष्ट्र के पटल पर स्थापित किया। बिहार की वर्तमान नारी-शक्ति उनको नमन करती है।

अनीस इमाम

सैयद रजा करीम एवं कबीरा खातुन की पुत्री अनीस इमाम का जन्म 1900 ई. में पत्थर की मसजिद मोहल्ले, पटना में हुआ था तथा उनकी शादी अली हसन इमाम से हुई थी, जो एक बड़े बैरिस्टर थे तथा न्यायाधीश के पद पर भी नियुक्त किए गए थे। इनका परिवार स्वाधीनता आंदोलन से प्रेरित था तथा अनीस इमाम पर तत्कालीन राजनीतिक परिवेश का गहरा प्रभाव था। अनीस इमाम ने महिलाओं में जागृति लाकर उनका उत्थान करने के उद्देश्य से सामाजिक भलाई के कार्यों में अपने को संलग्न किया। अनीस इमाम ने तत्कालीन बिहार के गर्वनर की पत्नी श्रीमती व्हीलर तथा सुषमा सेन के संपर्क में आकर परदा प्रथा निषेध कार्यक्रम को व्यापक बनाने तथा महिलाओं को स्वावलंबी बनाने का बीड़ा उठाया। अधोरकामिनी शिल्पालय तथा बाँकीपुर गर्ल्स हाई स्कूल की स्थापना हेतु इन्होंने बढ़-चढ़कर सहयोग किया, जो बिहार में महिलाओं की शिक्षा एवं आत्मनिर्भरता की दिशा में नींव का पत्थर सिद्ध हुआ। अनीसाबाद में इन्होंने अपना एक मकान डाकघर चलाने के लिए भारत सरकार को दान में दे दिया तथा मौलाना आजाद इंजीनियरिंग कॉलेज चलाने के लिए 'मरियम मंजिल' नामक भवन भी दान कर दिया। व्यक्तिगत स्वार्थ तथा हित से ऊपर उठकर राष्ट्र सेवा तथा स्वाधीनता आंदोलन को प्रबल करने हेतु इन्होंने अपने को न्योछावर किया। हैदराबाद की यात्रा के दौरान इन्होंने एक अंग्रेज महिलाओं आमना (ऐलक शौगरा बेगम उपन्यासकार), हुमायूँ बेगम तथा बेगम मिर्जा के साथ नारी शिक्षा के प्रचार-प्रसार हेतु स्थानीय ललिकयात हुसैन से विमर्श किया, जिसके परिणामस्वरूप जज साहब ने अपनी समस्त संपत्ति विद्यालय की स्थापना एवं नारी शिक्षा उत्थान के लिए अर्पित कर दी। ये भाषण कला में भी प्रवीण थीं तथा अपनी मनमोहक वाणी से इन्होंने अनेक महिलाओं को स्वाधीनता आंदोलन से जोड़ा तथा पटना की स्थानीय महिलाओं को स्वदेशी एवं बहिष्कार आंदोलन से भी जोड़ा। मोंटेग्यू-चेम्सफोर्ड प्रतिवेदन के आधार पर पारित भारत शासन अधिनियम 1919 का विरोध कर ब्रिटिश हुकूमत पर दवाब बनाने के उद्देश्य से लंदन जानेवाले प्रतिनिधिमंडल में श्रीमती इमाम अपनी पुत्री शमी इमाम के साथ सम्मिलित हुई थीं। वो बिहार की प्रथम ऐसी महिला थीं, जिन्होंने इस प्रयोजन से विदेश यात्रा की थीं। इन्होंने महात्मा गांधी के असहयोग आंदोलन से प्रभावित होकर घर-घर घूमकर लगभग तीन हजार महिलाओं का जुलूस निकालकर रॉलेट ऐक्ट, जालियाँवाला बाग नरसंहार का विरोध किया था तथा खिलाफत आंदोलन में भी शिरकत की थी। जवाहरलाल नेहरू इन्हें आदर से 'चाची' कहते थे, जबकि ये उम्र में उनसे छोटी थीं।

ये हसन इमाम की तीसरी पत्नी थीं तथा निस्संतान थीं, लेकिन बच्चों से प्यार करती थीं तथा अपने यहाँ काम करनेवाले लोगों के बच्चों के शिक्षा का खयाल रखती थीं। उन्होंने भारतीय नारी जगत् के उत्थान हेतु सहयोग का आह्वान किया था। स्वतंत्रता-प्राप्ति के उपरांत इन्हें सोशल बेलाकेयर बोर्ड, बिहार का अध्यक्ष नियुक्त किया गया। खुदाव 2021 लाइब्रेरी की व्यवस्थापक समिति की महत्त्वपूर्ण सदस्य के रूप में इन्होंने इसे समृद्ध बनाने हेतु उत्कृष्ट योगदान किया गया था। 'लेडी इमाम' के नाम से प्रसिद्ध हो चुकी श्रीमती हसन इमाम ने महिलाओं को साक्षर बनाने एवं उनका सशक्तिकरण करने का महान् कार्य किया था तथा परदा प्रथा उन्मूलन अभियान में महती भूमिका निभाई थी।

अकली देवी

'भारत छोड़ो आंदोलन' संपूर्ण देश में चल रहा था। 09 अगस्त, 1942 को महात्मा गांधी ने भारतीयों को 'करो या मरो' का नारा देते हुए अंग्रेजी सत्ता को उखाड़ फेंकने का आह्वान किया था। संपूर्ण राष्ट्र आंदोलनरत था।

14 सितंबर, 1942 को भोजपुर के अगियावा थाना के अंतर्गत लहसरी गाँव में रामप्रीत यादव एवं देवीदयाल यादव के नेतृत्व में आंदोलनकारियों की भीड़ को पुलिस ने घेर लिया तथा गोलीबारी शुरू कर दी गई। भीड़ हिंसक हो उठी थी तथा 12 घंटे तक सशस्त्र हिंसा का तांडव चलता रहा। 12 आंदोलनकारी शहीद हो गए, जबकि 2 अंग्रेजी सिपाही मार डाले गए।

महिला जत्था का नेतृत्व अकली देवी कर रही थीं। महिलाएँ लाल मिर्च का चूर्ण लेकर अंग्रेजी सिपाहियों (टॉमी) की आँख में झोंकने लगी थीं। अगले दिन 15 सितंबर, 1942 को पुलिस लहसरी में गोपाल दुसाध (अकली देवी के पति) के घर दोनों को गिरफ्तार करने पहुँची। गोपाल दुसाध घर पर नहीं था। पुलिस घर के अंदर घुसना चाहती थी। अकली देवी ने लाल मिर्च चूर्ण उनकी आँखों में फेंका तथा

हंसिया हाथ में लेकर दरवाजे पर खड़ी हो गईं। उन्हें गोली मारकर शहीद कर दिया गया। इस घटना में चार अन्य लोग भी शहीद हो गए।

मथवलिया भोजपुर के भगवान् पासवान की पुत्री अकली देवी का जन्म 12 मई, 1918 को हुआ था तथा इसके भाई कुशहर दुसाध मुफ्फसिल थाना आरा में चौकीदार थे। इनकी शादी गोपाल दुसाध, लहसरी, भोजपुर निवासी थे। अकली देवी का बलिदान अविस्मरणीय है। लहसरी में उनकी हाथ में हंसिया लिये हुए प्रतिमा स्थापित की गई। 15 सितंबर को उनके 'शहीदी दिवस' पर उनकी पुण्यतिथि मनाई जाती है।

श्रीमती सावित्री देवी

मधुर, विनम्र प्रकृति की तथा अहर्निश समाज सेवा की अटूट लगन को आत्मसात् कर वर्तमान युग की नारी-शक्ति के लिए अनुकरणीय श्रीमती सावित्री देवीजी का जन्म अक्तूबर 1904 में गया के प्रतिष्ठित जमींदार श्री नंदकिशोर लालजी के घर हुआ था। इनके पिता एक प्रतिष्ठित वकील, दबंग तथा निडर व्यक्ति थे, छुआछूत नहीं मानते थे तथा सादा जीवन-उच्च विचार की साक्षात् मूर्ति थे।

बिहार को बंगाल से अलग प्रांत का दर्जा दिलाने तथा बिहार नेशनल कॉलेज, पटना की स्थापना में उनका महत्त्वपूर्ण योगदान था। ऐसे पिता की स्वनामधन्य पुत्री तथा उच्च आदर्श वातावरण में पलने-बढ़ने के कारण श्रीमती सावित्री देवीजी जन्मजात समाज सेविका के रूप में खादी एवं चरखे का प्रचार-प्रसार, परदा प्रथा उन्मूलन तथा महिला आत्मनिर्भरता कार्यक्रम में बड़ी शिद्दत से जुड़ीं तथा निष्ठा से अपने कर्तव्यों का पालन किया। 1920 ई. में इनका विवाह एक प्रसिद्ध वकील अवधेश नंदन सहाय से हुआ था।

1920 में गांधीजी के आह्वान पर ये अपने पति के साथ असहयोग आंदोलन में सम्मिलित हुईं तथा विदेशी वस्त्रों के बहिष्कार तथा शराबबंदी कार्यक्रमों को सफल बनाने हेतु धरना एवं प्रदर्शनों का आयोजन किया। कठिनाइयों एवं संघर्षों में, बिना घबराए हुए सत्यप्रियता एवं निर्भीकता के साथ इन्होंने स्वाधीनता आंदोलन की मशाल को प्रज्वलित रखा तथा अनेक मानवतावादी संगठनों में अपनी सेवा प्रदान की। हरिजन सेवा संघ, लघु गृहउद्योगशाला, अघोर कामिनी शिल्पालय, गांधी स्मारक निधि में भी इन्होंने कार्य किया था। 1946 ई. में इन्हें विधान परिषद् का सदस्य चुना गया था। ये महिला चरखा समिति की मंत्रिणी भी रही थीं।

फूलो-झानो

1832 को भोगना डीह गाँव, बरहैत प्रखंड, साहेबगंज में फूलो-झानो जुड़वाँ बहन का जन्म हुआ था। इनके चार भाई सिद्धो, कानो, चाँदो एवं भैरव ने अंग्रेजों के विरुद्ध भयंकर लड़ाई लड़ी थी। इतिहास में 'संथाल विद्रोह' का वर्णन स्वतंत्रता संग्राम का अविश्वसनीय अध्याय है।

संथाल विद्रोह में जब चारों भाई सिद्धो, कानो, चाँद तथा भैरव फिरंगी फौज से लड़ते हुए घायल हुए थे तो फूलो-झानो दोनों वीरांगना बहनों ने पाकुड़ जिले के संग्रामपुर में संथाल हूल का नेतृत्व किया था। कुल्हाड़ी से दोनों बहनों ने 21 अंग्रेजी फौज के लोगों को मार डाला था।

फूलो-झानो भारत की प्रथम नारी-शक्ति वीरांगना थीं, जिन्होंने अंग्रेजों के विरुद्ध सशस्त्र विद्रोह कर वीरगति प्राप्त की थी। इनके पिता का नाम चुन्नी मुर्मू था। आरंभिक दिनों में ये दोनों बहनें साल की डाली लेकर गाँव-गाँव घूमती थीं तथा अंग्रेजी शोषण एवं अत्याचार के कारण संथालों की बदहाली एवं दयनीयता के लिए जिम्मेदार अंग्रेजी हुकूमत का विरोध करने हेतु जनजागरण अभियान की अगुआ थीं।

आदिवासी एवं वनवासी क्षेत्र संथाल परगना में इनके द्वारा ब्रिटिशों के विरुद्ध संघर्ष करते हुए शहीद हो जाने के सम्मान में दुमका के हंसडीहा में 'फूलो-झानो डेरी तकनीक महाविद्यालय' की स्थापना की गई है। दुमका चिकित्सा महाविद्यालय का नाम 'फूलो-झानो मेडिकल कॉलेज एंड हॉस्पिटल' रखा गया है। इनके सम्मान व स्मरण हेतु झारखंड सरकार ने 'फूलो-झानो आशीर्वाद योजना' भी चलाई है, जिसके द्वारा ताड़ी एवं शराब बेचनेवाली महिलाओं को चिह्नित कर उन्हें सम्मानपूर्ण रोजगार से जोड़ा जाता है।

जब शहर एवं ग्रामीण क्षेत्र के लोगों में स्वाधीनता-प्राप्ति की भावना प्रबल नहीं हुई थी, वैसे कालखंड में भी जनजाति की इन बहनों ने साहस, शौर्य एवं बलिदान का अलख जगाया था तथा आजादी के संघर्ष में नींव का पत्थर स्थापित किया था। सिद्धों की पत्नी सुमी मुर्मू ने भी संथाल आंदोलन में इन बहनों के साथ महत्त्वपूर्ण योगदान किया था। इसके अतिरिक्त 'मुंडा उलगुलान' अथवा 'मुंडा क्रांति' में भी संथाल-बहनों ने बढ़-चढ़कर हिस्सा लिया था। बिरसा मुंडा के सेनापति गया मुंडा की पत्नी मांकी मुंडा पर क्रांतिकारी होने के अपराध में मुकदमा चलाकर दो साल के सश्रम कारावास की सजा सुनाई गई थी।

नेगी मुंडा, लिंबु मुंडा, साली मुंडा, चंपी मुंडा, थीगी मुंडा, ये सभी वीरांगनाएँ

ऐसी थीं, जिन्होंने अंग्रेजों के विरुद्ध सशस्त्र विद्रोह में भाग लिया था, परंतु इनकी विस्तृत जानकारी अप्राप्त है।

बिरजी मिर्धा

बिरजी मिर्धा संथाल परगना जिले के प्रसिद्ध स्वतंत्रता सेनानी हरिहर मिर्धा की धर्मपत्नी थी, जिन्होंने अगस्त महाक्रांति के दौरान स्वाधीनता संग्राम में महत्त्वपूर्ण सक्रिय भूमिका निभाई थी।

संथाल परगना जिले में 'अगस्त महाक्रांति' की मशाल थामे बिरजी मिर्धा ब्रिटिश प्रशासन को नाको चने चबा देनेवाली नायिका थीं, जिन्हें पुलिस के गश्ती दल ने 6 अप्रैल, 1930 को जब महात्मा गांधी ने 'नमक आंदोलन' का श्रीगणेश किया था तो इस आंदोलन का प्रभाव संथाल परगना जिले में तीव्रता से फैला। श्री हरिहर मिर्धा ने अपनी पत्नी बिरजी मिर्धा के साथ 'नमक आंदोलन' भंग किया था।

अपने पति की प्रेरणा से बिरजी मिर्धा स्वयं 'भारत छोड़ो आंदोलन' का हिस्सा बनीं तथा 28 अगस्त, 1942 को दुमका में उग्र प्रदर्शन के क्रम में पुलिस की गोली से शहीद हुई थी।

रानी सर्वेश्वरी

झारखंड की महिला स्वतंत्रता सेनानी में एक महत्त्वपूर्ण नाम रानी सर्वेश्वरी का भी है, जो सुल्तानाबाद राज्य की रानी थीं, जो वर्तमान पाकुड़ जिले के महेशपुर प्रखंड के आसपास का इलाका है। रानी सर्वेश्वरीजी ने पहाड़िया विद्रोह के अंतिम चरण (17-18-82) में अंग्रेजों के विरुद्ध सशस्त्र संग्राम का नेतृत्व किया था।

गोरखपुरवासी बाबू सिंह तथा आबु सिंह ने सड़गपुर के राजा, जो इनके रिश्तेदार थे, की सहायता से इलाके के क्षेत्रीय राजाओं एवं सरदारों को परास्त कर सुल्तानपुर राज की स्थापना की थी। बाबू सिंह के बाद आबु सिंह सुल्तानपुर के राजा बने तथा इनके वंश के ही एक राजा गुर्जन सिंह ने पहाड़िया जाति की सर्वेश्वरी से विवाह किया था, लेकिन गुर्जन की मृत्यु हो गई, जबकि वे निस्संतान थे। ऐसी अवस्था में सर्वेश्वरीजी सुल्तानपुर की रानी बनी। इस समय अंग्रेजों ने दामिन ए कोइ की घोषणा की थी, जिसका प्रत्यक्ष उद्देश्य इस क्षेत्र को ब्रिटिश हुकूमत के अधीन लाना था। यह एक प्रकार से ब्रिटिश गवर्नर जनरल डलहौजी के हड़प नीति का ही प्राथमिक प्रारूप था।

रानी सर्वेश्वरी ने दामिन ए कोइ या दामिने कोई के विरुद्ध सशस्त्र विद्रोह किया था। (दामिन ए कोइ—संथाल परगना के पहाड़ी तथा जंगलों को सरकारी

संपत्ति घोषित कर उसको उपयोग करनेवाले पर उच्च कर आरोपित कर दिया था, फलस्वरूप जमींदारों का वर्ग कर बढ़ाकर जमीन तथा संसाधन के स्वामी बन गए थे, जिसका विरोध स्थानीय संथालों ने किया था।) बेहतर शस्त्र एवं युद्ध कौशल के बल पर अंग्रेजी फौज के कमांडर क्लिवलैंड ने इस विद्रोह का दमन कर दिया तथा रानी पर मुकदमा चलाकर उन्हें आजीवन कारावास की सजा सुनाई गई। उन्हें भागलपुर केंद्रीय कारागार में रखा गया था, जहाँ 1807 में इनकी मृत्यु हो गई थी। ब्रिटिश राज के अन्यायपूर्ण नीति का विरोध कर अपना जीवन न्योछावर करनेवाली सर्वेश्वरी देवीजी ने शौर्य एवं पराक्रम का उदाहरण प्रस्तुत कर अंग्रेजों का वास्तविक चरित्र उजागर किया था, जो कलांतर में स्वाधीनता आंदोलन का पाथेय बन सका। इसके अतिरिक्त स्वतंत्रता सेनानी हरिहर मिर्धा की पत्नी विरजी मिर्धा ने भी 'अगस्त महाक्रांति' के 'भारत छोड़ो आंदोलन' में महत्त्वपूर्ण भूमिका निभाई थी।

28 अगस्त, 1942 को दुमका में ये आंदोलन के दौरान पुलिस की गोली से शहीद हो गई थी। वर्तमान झारखंड तब संयुक्त बिहार प्रांत के अन्य महिला स्वतंत्रता सेनानियों में साधना देवी तथा मीरा देवी को भी सरस्वती देवी तथा के.बी. सहाय के साथ 'नमक सत्याग्रह' में कानून भंग करने के आरोप में 6 महीने के कैद की सजा सुनाई गई थी। साधना देवी हजारीबाग में मीरा देवी गिरिडीह क्षेत्र की सक्रिय स्वाधीनता सेनानी थीं तथा बिहार की हजारों महिलाओं को संगठित कर आंदोलन को व्यापक स्वरूप प्रदान करती थीं।

उषा रानी मुखर्जी, जो फॉरवार्ड ब्लॉक की नेत्री थीं, राष्ट्रीय आंदोलन में संथाल परगना जिले में सक्रिय भूमिका निभाते हुए अगस्त महाक्रांति में 'भारत छोड़ो आंदोलन' का नेतृत्व करते हुए गिरफ्तार की गई तथा इनको कैद करके छह महीने तक भागलपुर की केंद्रीय कारा में रखा गया था।

व्यक्तिगत सत्याग्रह आंदोलन के क्रम में दुमका में सक्रिय महादेवी केजरीवाल, जो मोतीलाल केजरीवाल की धर्मपत्नी थीं, ने महत्त्वपूर्ण भूमिका निभाई थी तथा अनेक महिला स्वाधीनता सेनानियों को संगठित एवं प्रशिक्षित किया था।

प्रेमा देवी दुमका, जामवंती देवी, शैलबाला राय जैसी स्वतंत्रता सेनानियों ने सविनय अवज्ञा आंदोलन से लेकर 'भारत छोड़ो आंदोलन' तक स्वाधीनता का ध्वज थामे रखा था तथा आजादी के मशाल को प्रज्वलित रखा था। 19 अगस्त, 1942 को प्रेमा देवी एवं जामवंती देवी ने दुमका में ब्रिटिश सरकार के विरुद्ध एक जुलूस का नेतृत्व किया था। शैलबाला राय ने संथाल परगना में 'नमक सत्याग्रह' का आगाज किया था।

मेनका देवी

बिहार के जिला मुंगेर के ग्राम घुटने निवासी स्वतंत्रता सेनानी कुमार यमुना सिंह की पत्नी मेनका देवी का नाम भी 1942 के स्वतंत्रता आंदोलन के संदर्भ में उल्लेखनीय है। स्वतंत्रता संग्राम में उनके पति बराबर भाग लेते रहे गांधी जयंती के दिन 2 अक्तूबर, 1942 के जुलूस में वह अपने कई सहयोगियों के साथ गिरफ्तार हुए तो उनके साथ क्रमानुसार व्यवहार किया गया, उनके शरीर को बूटों से कुचला गया और सारे अंगों को जलते सिगार से दागा गया। मेनका देवी जब फरार थीं तो पुलिस ने उनके घर को पहले लूटा, फिर जलाकर राख कर दिया। इसके बाद पकड़े जाने पर वह 9 महीने की अवधि के लिए जेल भेज दी गई थीं। वह लिखती है कि मेरी स्व. श्रीमती गुलाब देवी ने ही हम दोनों पति-पत्नी के हृदय में देशभक्ति की भावना भरी और स्वतंत्रता आंदोलनों में स्वयं सक्रिय रहने के साथ हमें भी प्रेरित करती रही। गिद्धौर राजपरिवार के सक्रिय नेता स्व. कालिका प्रसाद सिंह हीराजी महान् देशभक्त नेता थे, उनके सान्निध्य में हमारे परिवार को इस ओर बढ़ने की प्रेरणा मिली। कष्ट सहने की शक्ति भी मेरे पति 'क्रांति संदेश बिगुल' नामक समाचार-पत्र प्रकाशित कर रहे थे। उनके साथ मेरी भी इस ओर रुचि और बौद्धिक शक्ति बढ़ती गई थी, उनके गिरफ्तार होने के बाद इस समाचार-पत्र के संपादन व प्रकाशन का कार्यभार तब तक मैंने ही सँभाला, जब तक कि स्वयं गिरफ्तार नहीं हो गई। नेताजी सुभाषचंद्र बोस के साथ मैंने स्वतंत्रता आंदोलन की अगली पंक्ति में रहकर काम किया। पकड़ी जाने पर 9 महीने की सजा मैंने भागलपुर केंद्रीय कारागार में काटे। हम दोनों के जेल जाने और पीछे पुलिस द्वारा घर जला दिए जाने से हमारे परिवार को अनेक कष्टों का सामना करना पड़ा। जमींदारी उन्मूलन में हमारी छोटी सी जमींदारी जाती रही थी, बाद में पतिदेव ने अपनी संपत्ति का अधिकांश भाग राष्ट्रीय आंदोलन में लगा दिया। बचा-खुचा इस तरह स्वाहा कर दिया गया, उन दिनों राजमाता की राजकुमारी हमारे परिवार का पालन-पोषण करती रही, आज भी महाराजा बहादुर के घुटने में जो खँडहर कचहरी है, उसी से मैं किसी तरह जिंदगी के बचे दिन गुजार रही हूँ। यदि स्वतंत्रता सेनानी पेंशन भी न मिले तो शायद हमारे परिवार को भूखे रहने की भी नौबत आ जाती। 'भारत रत्न' स्व. डॉ. राजेंद्र प्रसादजी ने ही कृपा कर हमें भारत सरकार से आजीवन पेंशन की स्वीकृति दिलाई थी।

रशीदन बीबी

1855 में पटना में पैदा हुई रशीदन बीबी रामसुल ओलमा खान बहादुर सैयद वहीउद्दीन की पुत्री थीं। सैयद वहीउद्दीन स्वयं एक विद्वान् एवं प्रगतिशील व्यक्ति

थे, जिन्होंने अपनी बेटी को उच्च शिक्षा दिलाई, जिसके बल पर वे अन्य मुसलिम महिलाओं को स्वयं पढ़ाने लगीं।

उनकी शादी मौलवी यहया साहब, वकील से हुई, जो खुद भी प्रगतिशील थे तथा अपनी पत्नी को शिक्षा प्रसार कार्य में यथेष्ट सहयोग प्रदान किया था। रशीदन बीबी का प्रथम उपन्यास 'इसलाहन निसा' था, जिसका अर्थ 'स्त्री सुधार' होता है। तमाम उम्र वो नारी विकास का कार्य करती रहीं।

बिहार के लोग सदा से पुराने खयाल पर जमे रहनेवाले हैं। किसी मामले में वे तेजी से आगे कदम नहीं बढ़ाते, औरतों के मामले में तो वे और भी कट्टर रहे हैं। औरतों को जरा भी आजादी नसीब नहीं थी, घर की चाहरदीवारी के अंदर ही उनकी जिंदगी शुरू होकर खत्म हो जाती थी और समझा जाता था कि घर से बाहर दुनिया में औरतों के लिए कुछ भी काम नहीं। उनके लिए शिक्षा भी जरूरी नहीं समझी जाती थी। जो औरतें पढ़ती-लिखती थीं, वे भी धर्म की कुछ जरूरी बातों से ज्यादा कुछ भी नहीं जानती थीं और लिखना तो बस पाप ही था। और तो और, अपने पति को चिट्ठी लिखना पाप समझा जाता था। ऐसी परिस्थिति में कोई प्रतिभाशील महिला पैदा भी होती, तो उसकी प्रतिभा कुचलकर रह जाती और वह कुछ भी न कर पाती। इसी कारण से बिहार के इतिहास में किसी ऐसी महिला का नाम नहीं मिलता, जिसने कोई बड़ा काम किया हो और बिहार से बाहर भी मशहूर हो। लेकिन इसका मतलब यह नहीं कि बिहार में कोई ऐसी महिला पैदा ही नहीं हुई, जिसने बड़ा काम किया हो। कुछ महिलाएँ ऐसी जरूर पैदा हुईं, जो काम कर गईं, उन्होंने अँधेरे घर की चाहरदीवारी के अंदर और बंधनों में रहकर भी में ज्ञान के दीप जलाए और दूसरों तक रोशनी पहुँचाई। अब जब शिक्षा फैल रही है, तब पता चलता है कि इन महिलाओं ने अपने समय में कितना बड़ा काम किया था! ऐसा काम, जो आज भी आसान नहीं! उनका जलाया हुआ दीप आज भी रोशनी दे रहा है और बराबर देता रहेगा। 'रशीदन बीबी' भी ऐसी ही एक महीयसी महिला थीं। उनका असल नाम 'रशीदतुन्निस बेगम' था। उन्होंने घर के अंदर रहकर भी वह काम किया, जो कभी भुलाया नहीं जा सकता। वे पहली महिला थीं, जिन्होंने उर्दू में उपन्यास (नॉवेल) लिखा। उनसे पहले किसी महिला ने कम-से-कम उर्दू में नॉवेल नहीं लिखा था। इस नॉवेल का नाम 'इसलाहुननिसा' (स्त्री-सुधार) था। जब नॉवेल छपा, तब इसके कई संस्करण हुए और देश भर में इसकी प्रशंसा हुई। अब यह पुस्तक बाजार में नहीं मिलती। यह नॉवेल उन्होंने सन् 1881 ई. में लिखा था, पर छपा 1864

ई. में। वे सन् 1855 ई. में, पटना में पैदा हुई थीं। उनके पिता शमसुल श्रोलमा खान बहादुर सैयद वहीदुद्दीन सदर-श्राला थे। वे बड़े विद्वान् और प्रगतिशील पुरुष थे। रशीदन बीबी के एक भाई शमसुल श्रोलमा नवाब सैयद इमदाद इमाम असर थे, जो अपने समय के बड़े विद्वान्, कवि और आलोचक थे। इन्हीं नवाब इमदाद इमाम के बेटे 'सर अली इमाम' और 'हसन इमाम' थे, जो देश के बड़े बैरिस्टर और मशहूर नेता हुए और बड़ा नाम भी कमाया। रशीदन बीबी इन दोनों की फूफी थीं। उन्होंने लड़कियों काम एक चिराग से दूसरा चिराग जलता है। इस कहावत को रशीदन बीबी ने पूरा कर दिखाया। उनके पिता ने उन्हें अच्छी शिक्षा दिलाई और जब उन्हें मौका मिला, औरों को भी पढ़ाना शुरू किया। अपनी शादी से पहले भी वे घर पर रिश्तेदार को पढ़ाती थीं। जब उनकी शादी मौलवी यहया साहब वकील से हुई, तब उनको काम करने का मौका मिला। यहया साहब भी प्रगतिशील आदमी थे और शिक्षा-प्रचार के काम में अपनी पत्नी का हौसला बढ़ाया। रशीदन बीबी ने अपने घर पर एक छोटा सा मकतब लड़कियों के लिए कायम किया। पहले तो उन्होंने आप ही पढ़ाना शुरू किया, पर जल्द ही लड़कियों की संख्या बढ़ने लगी। तब उन्होंने कुछ और भी पढ़ी-लिखी औरतों को बुलाकर काम करने को कहा। वे शहर में लोगों के घरों में जा-जाकर माँ-बाप से कहतीं कि अपनी लड़कियों को पढ़ने के लिए भेजें। उनके शौहर मौलवी यहया अपने शहर के बड़े अच्छे वकील थे। शहर में उनका बड़ा मान था। रशीदन बीबी सदर-श्राला साहब की बेटी और नामी वकील की पत्नी थीं, फिर उनका अपना भी नाम था। उनके कहने से शरीफ मुसलमान घरानों में शिक्षा का चलन हुआ। धीरे-धीरे यह मदरसा बढ़ने लगा। उस समय बिहार के गवर्नर सर फोजर थे। उनकी स्त्री लेडी फोजर ने सन् 1606 ई. में स्कूल को जाकर देखा और रशीदन बीबी के काम की बड़ी तारीफ की। इससे उनका दिल और भी बढ़ा। उन्होंने स्कूल को बढ़ाने का फैसला कर लिया। उस जमाने में पटना में एक रईस थे बादशाह नवाब, वे धनी आदमी थे, उनकी कोई संतान भी न थी। रशीदन बीबी ने उनको खत लिख लड़कियों का बड़ा स्कूल कायम करने में उनकी मदद चाही। बादशाह नवाब ने उनकी मदद की और उन्हें रुपए भी दिए और काफी जमीन भी दी। बेतिया की महारानी ने एक बहुत बड़ा मकान स्कूल के लिए दिया। इसीलिए स्कूल का नाम तो 'बादशाह नवाब रिजवी स्कूल' पड़ा, मगर इस स्कूल के मकान का नाम 'बेतिया-हाउस' पड़ गया। अब वह स्कूल तरक्की करके 'बादशाह नवाब रिजवी ट्रेनिंग कॉलेज' है, जहाँ केवल लड़कियों

और महिलाओं को शिक्षा दी जाती है, पर अब भी इसका दूसरा नाम 'बेतिया-हाउस' ही मशहूर है। पटना सिटी में गंगा के किनारे यह बड़ी खुशनुमा जगह है। अगर यह कहा जाए कि रशीदन बीबी बिहार में नारी शिक्षा की अगुआ थीं, तो बिलकुल सच्ची बात होगी। उनसे पहले बिहार की किसी महिला ने नारी-शिक्षा के लिए इतना काम नहीं किया था। यह महिला-विद्यालय, जो बिहार में नारी-शिक्षा का सबसे पहला केंद्र है, उनकी सबसे बड़ी-यादगार है। यह बड़े दुःख की बात है कि वह सड़क भी उस महीयसी महिला के नाम पर नहीं, जिस पर यह कॉलेज है। औरतों का सुधार, इसी कारण उनका रशीदन बीबी के सामने एक मिशन था—नॉवेल भी सुधारवादी है। यह नॉवेल उन बुराइयों पर प्रकाश डालता है, जो उस समय हमारे समाज में, खासकर मुसलिम समाज में थीं। इसमें एक लड़की 'बिसमिल्लाह' की कहानी है, जिसकी माँ अनपढ़ थी। यह भी माँ-जैसी ही बनकर रह गई। इसका विवाह अपने नाते के एक लड़के 'इम्तियाज' से हुआ। वह पढ़ा-लिखा और नेक लड़का था, पर इसने अपने गँवारपन से उसे तंग कर डाला, वह घबरा गया। आखिर उसने इसको इसके माँ-बाप के घर भेज दिया और फैसला कर लिया कि तलाक देकर उससे छुटकारा हासिल कर लेगा, पर उसी समय बिसमिल्लाह की मुलाकात नाते की एक पढ़ी-लिखी महिला से हो गई। उसने उसे समझाया-बुझाया और पढ़ने-लिखने पर लगाया। जब इसने पढ़-लिख लिया, तब इसे अपनी भूल का भी अनुभव हुआ। फिर इसी महिला ने सारी बिगड़ी सुधारी और बिसमिल्लाह अपने पति के साथ सुख का जीवन बिताने लगी। इसीलिए, यह कहानी उस जमाने में बड़ी दिलचस्प साबित हुई और जब यह नॉवेल छपा, इसकी धूम मच गई। घर-घर में यह उपन्यास पढ़ा जाने लगा। जल्दी-जल्दी इसके कई संस्करण हुए। इस तरह आज से करीब अस्सी साल पहले बिहार की इसी महिला ने उर्दू में नॉवेल लिखा। सारी जिंदगी वे औरतों के सुधार और उनको आगे बढ़ाने के काम करती रहीं। आखिर, सन् 1926 ई. में 71 साल की उम्र में इस दुनिया से सिधारीं। उनके कई बेटे और बेटियाँ थीं, एक बेटा मो. सुलेमान बैरिस्टर थे। उनकी एक बेटी का विवाह डुमरी (पटना) के 'मीर अली करीम' के बेटे मीर रजा करीम से हुआ था, जिनकी बेटी लेडी अनीस इमाम हैं। मीर अली करीम डुमरी (पटना) के जमींदार थे। उन्होंने सन् 1857 ई. में बाबू कुँवर सिंह के साथ मिलकर अंग्रेजों से लड़ाई की थी, सारी जमींदारी अंग्रेजों ने जब्त कर ली थी। खुद मीर अली करीम कई साल तक छुपे मारे-मारे फिरते रहे। बाबू कुँवर सिंह उन्हें भाई और 'अपनी बाँह'—बाजू कहते थे।

आशा सहाय चौधरी

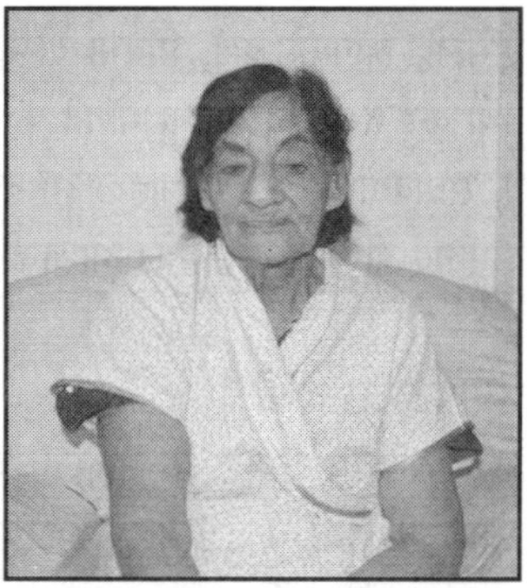

1944 ई. में आजाद हिंद फौज के झाँसी की रानी रेजिमेंट में शामिल आशा सहाय मूल रूप से भागलपुर के नाथ नगर निवासी आनंद मोहन सहाय की पुत्री थीं, जो चिकित्सा पढ़ाई के लिए अमेरिका जाना चाहते थे, पर वीजा नहीं मिलने के कारण 1927 में जापान चले गए थे। श्री सहाय मात्र 22 वर्ष की उम्र में गांधीजी के चंपारण सत्याग्रह में शामिल हुए थे तथा इनकी पत्नी सती देवी देशबंधु चितरंजन दास की भतीजी थीं तथा इनके चाचा सत्यदेव सहाय 'आजाद हिंद फौज' की गुप्तचर सेना के प्रमुख थे।

1922 ई. में जापान के कोबे शहर में ही आशा सहाय का जन्म हुआ था तथा इनकी शिक्षाा-दीक्षा भी जापानी भाषा में हुई थी, लेकिन पारिवारिक पृष्ठभूमि के कारण इन्होंने भारतीय स्वतंत्रता की लड़ाई में शामिल होने का निर्णय लिया तथा 18 जून, 1943 को नेताजी सुभाषचंद्र बोस के जापान पहुँचने पर उनसे मिलकर 'आजाद हिंद फौज' में शामिल होने की इच्छा जताई, लेकिन इनकी उम्र कम होने तथा इनकी योग्यता से प्रभावित होकर नेताजी ने इन्हें 'आजाद हिंद फौज' की नर्सिंग सेवा में शामिल होने की अनुमति दी थी, लेकिन धुन एवं लगन की पक्की आशाजी ने 1944 में झाँसी की रानी रेजिमेंट में शामिल होकर क्रमशः 6 माह एवं 9 माह का प्रशिक्षण सिंगापुर एवं बैंकाक में लिया तथा द्वितीय विश्वयुद्ध के दौरान जापान से प्राप्त गुप्त सूचनाएँ आजाद हिंद फौज को उपलब्ध कराती रहीं, हालाँकि इस कार्य में इन्हें अपनी माता का भी पूर्ण सहयोग मिलता था। नेताजी के अतिरिक्त इन्होंने चितरंजन दास, रासबिहारी बोस, जनरल मोहन सिंह के साथ भी काम किया था। 1945 में इन्हें गिरफ्तार कर बैंकाक की कैंप जेल में रखा गया तथा इनके साथ

ऐमिली, जानकी बाई, प्रतिभा दास गुप्त, अंजलि भौमिक भी जेल में नजरबंद थीं तथा कई तरह की यातना भोगने को मजबूर थी। 1946 में रिहा होने के बाद ये पटना के सदाकत आश्रम में महिलाओं को सैन्य प्रशिक्षण देकर अंग्रेजों के विरुद्ध विद्रोह के लिए प्रेरित करने लगीं। आशाजी बहादुरी एवं निर्भीकता की साक्षात प्रतिमूर्ति थीं।

स्वर्णलता देवी

पश्चिम बंगाल के खुलना जिले के क्रांतिकारी ललित मोहन घोष की पुत्री स्वर्णलता देवी का जन्म 20 जनवरी, 1910 को हुआ था, जिन्होंने बचपन से ही राष्ट्रवाद की क्रांतिकारी विचारधारा से जुड़कर मात्र दस वर्ष की अवस्था में कुमार तुली पार्क में बंगाली महिलाओं की तरफ से महात्मा गांधी का स्वागत किया था। बाल्यावस्था में ही उनकी ओजस्विता से प्रभावित गांधीजी ने उनके यशस्वी भविष्य की कामना की थी।

सैकड़ों वर्षों की पराधीनता का दंश झेलती भारतीय जनमानस कराहते हुए मुक्ति के लिए तड़प उठी थी। स्वतंत्रता तथा स्वराज्य की आकांक्षा लोगों के हृदय में हिलोरें मारने लगी तो कुछ विकल आत्माएँ इस भावना की ज्वाला को जन-जन तक पहुँचाने के लिए कृत संकल्पित हुईं। इस कड़ी में स्वर्णलता देवी, जो अब सारण बिहार में स्थायी रूप से रहने लगी थीं, ने क्रांति की ज्वाला प्रज्वलित की तथा प्रखर क्रांतिकारी के रूप में विभिन्न पत्र-पत्रिकाओं में देशवासियों को राष्ट्रवाद की तरफ उन्मुख करने का बीड़ा उठाया।

स्वामी विवेकानंद को अपना आध्यात्मिक गुरु माननेवाली स्वर्णलता ने भारत वर्ष का भ्रमण कर जनसाधारण में भारतीय अतीत के गौरव को प्रकाशित किया। इस क्रम में वे देश के अनेक महान् राष्ट्रवादी नेता यथा नेताजी सुभाषचंद्र बोस के अतिरिक्त मोतीलाल नेहरू, मदन मोहन मालवीय, डॉ. राजेंद्र प्रसाद, डॉ. संपूर्णानंद के संपर्क में आईं तथा बहुसंख्यक जनता से संवाद स्थापित करने के लिए बंगला भाषी होने के बावजूद हिंदी सीखकर भाषण देना प्रारंभ किया। उनके प्रेरणादायी ओजस्वी भाषणों से प्रभावित होकर उनकी सभाओं में महिलाओं की अपार भीड़ जुटने लगी, जबकि उस समय महिलाएँ घरों के बाहर कदम नहीं रखती थीं। यह भीड़ प्रलोभन देकर नहीं बुलाई जाती थी, वरन् स्वतः स्फूर्त आत्मोत्सर्ग की भावना से इकट्ठी होती थी।

क्रांतिकारी अमरनाथ चटर्जी से विवाहोपरांत वे बंगाल से बनारस आईं तथा दो बालिका विद्यालयों की स्थापना भी की। 26 जनवरी, 1930 को जब स्वाधीनता

दिवस मनाने की घोषणा की गई तो उन्होंने इस समारोह का आयोजन बनारस में ही किया था, लेकिन गिरफ्तार कर ली गईं।

'भारत छोड़ो आंदोलन' के समय उनकी आंदोलनकारी गतिविधियों के मद्‌देनजर जब उन पर वारंट जारी किया गया तो वे अपने तीन बच्चों के साथ गिरफ्तारी से बचने छपरा आ गईं तथा गुप्त रूप से आंदोलन में सक्रिय हुईं।

1944 में राजेंद्र बाबू के जयंती समारोह में डॉ. संपूर्णानंद ने उन्हें पहचानकर भीड़ से मंच पर बुलाया तथा सम्मानित किया। 1946 में जब 'आजाद हिंद फौज' के जनरल शाहनवाज छपरा आए तो स्वर्णलता देवी ने नगरपालिका भवन में उनका स्वागत किया, जो उनकी निर्भीकता का प्रमाण है, क्योंकि जनरल शाहनवाज पर देशद्रोह का मुकदमा चल रहा था। वे क्रांतिकारी, समाजसेवी, कवयित्री एवं समाज सुधारक के साथ-साथ कुशल गृहिणी तथा वात्सल्यमयी माँ भी थीं। निडर एवं निर्लोभी होने के साथ-साथ त्याग एवं समर्पण की साक्षात प्रतिमूर्ति भी थीं, उनके राजनीतिक क्रियाकलापों के बिना पर जब उन्हें विधान परिषद् का सदस्य मनाया जाने लगा तो उन्होंने इसे स्वीकार नहीं किया। सारण के इतिहास में स्वर्णलता देवी का नाम स्वर्णाक्षरों में अंकित है।

श्रीमती बाचो देवी

आप बिहिया, शाहाबाद के मुंशी हजारीलाल की पुत्री (जन्म 1862 ई.) थीं। मुंशीजी बंगाल के एक जमींदार के मैनेजर थे और परमभक्त वैष्णव होने से उनकी लालसा थी कि मेरी एकमात्र कन्या का ब्याह किसी धर्म-परायण परिवार में रामभक्त लड़के से हो। रामकृपा से ऐसा ही हुआ। तेघरा (शाहाबाद) के श्री संजीवन लाल धार्मिक स्वभाव और विचार के सदाचारी नवयुवक से आपका विवाह हो गया। अपने पिता की प्रेरणा से आप बचपन से ही पूजा-पाठ और व्रतोपवास किया करती थीं। ससुराल में भी वही क्रम चलता रहा। आपके छह पुत्र और तीन पुत्रियाँ हुईं, जब आपके पति भगवान् की आराधना करने लगते थे, तब आप अपने बच्चों को भी उनके पास चुपचाप बैठकर हाथ जोड़ने का उपदेश देती थीं और पति से कहती थीं कि इन्हें भी प्रभु की सेवा-विधि सिखाइए तथा अपने साथ ही कीर्तन-भजन भी कराइए। सन् 1913 ई. में आपके बड़े लड़के प्लेग से बीमार पड़े। गाँव भर के कहने पर भी आप घर छोड़ बाहर झोंपड़ी में नहीं गईं। अपने पति को 'रूपकलाजी' के पास अयोध्या भेजा। वहाँ से महात्मा रूपकला का आशीर्वाद लेकर लौटते समय रास्ते में एक जगह एक चिकना-चमकीला पत्थर अनायास उन्हें मिल गया। उसे घर

लाकर वे रोज पूजने लगे। रामकृपा से लड़का तो सातवें दिन अच्छा हो गया, मगर वह सुंदर पत्थर गायब हो गया। यह बात पटना-हाइकोर्ट के जज सर ज्वालाप्रसाद ने अपने गाँव (मँड़सरा, बिहिया) में सुनी। उन्होंने मुंशीजी को बुलाकर सब हाल सुना और आश्चर्य प्रकट किया कि ईश्वर की लीला विचित्र है तथा यह भी कहा कि संतों के आशीर्वाद से अनहोनी बात भी होती है। सन् 1921 ई. के असहयोग आंदोलन में महात्मा गांधी और पूज्य राजेंद्र बाबू बिहार प्रांत का दौरा करते हुए 'बेलौंटी' (शाहपुर, शाहाबाद) ग्राम की सभा में भाषण करने गए थे, तो आप पति के साथ उन महापुरुषों के दर्शन के लिए वहाँ गई थीं। आप कहा करती थीं कि ये दोनों नेता राम-लक्ष्मण हैं और अंग्रेजी रावण-राज्य का संहार करेंगे। आपने जीते-जी स्वराज्य देख लिया। निन्यानबे साल की उम्र होने पर आपने कहा कि अगले साल मैं रामजी की शरण में जाऊँगी। अगले वर्ष (1961 ई.) 21 अप्रैल (शुक्रवार) को पौने पाँच बजे शाम (वैशाख शुक्ल 6) को आप चल बसीं। आपकी शय्या के सामने राम-पंचायतन का चित्रपट था। एक ओर हरिकीर्तन और दूसरी ओर श्रीमद्भगवद्गीता और श्रीरामचरितमानस का पाठ हो रहा था। अंतिम क्षण तक आप सचेत रहीं और हरदम राम राम रटती ही रह गईं। आसपास सारे परिवार के स्त्री-पुरुष घेरे हुए थे, उन लोगों से भी बराबर कहतीं कि रामधुन करते रहो। रामजी में आपकी ऐसी अन्य भक्ति थी कि जीवनकाल में तीर्थयात्रा के लिए कहने पर सदा यही कहती थीं कि जहाँ मेरे प्रभु राम हैं, वहीं सब तीर्थ और अयोध्या हैं। अंतिम दिन तक आपका तन-मन स्वस्थ रहा। स्वयं गंगा-स्नान तथा देव-दर्शन को पैदल जाती थीं। घर का कामकाज भी कर लेती थीं। पटना में ही आपका प्राणांत हुआ था।

श्रीमती अधोरकामिनी देवी

पुण्यात्मा और परोपकारी श्री विपिनचंद्र बसु की पुत्री श्रीमती अधोरकामिनी देवी का जन्म सन् 1856 ई. (बंगला-संवत् 1263, वैशाख) में, बंगाल के चौबीस-परगना जिले के श्रीपुर ग्राम में हुआ था। आपके पति श्री प्रकाशचंद्र राय आबकारी इंस्पेक्टर से डिप्टी मजिस्ट्रेट ब्रह्मसमाजी और ईश्वरोपासक थे। आप भी ब्रह्मसमाज की उपासिका थीं। शिक्षिता न होने पर भी आप अंतर के आलोक और ज्ञान के प्रकाश से दीप्त थीं। पश्चिम बंगाल के भूतपूर्व मुख्यमंत्री और भारत-प्रसिद्ध पीयूषपाणि चिकित्सक श्री विधानचंद्र राय (स्व.) आपके ही सुपुत्र थे। आपके नाम पर पटना में 'अधोरकामिनी-शिल्पालय' नामक महिलोपयोगी संस्था सन् 1938 ई. में स्थापित हुई थी, जो आज भी बिहार-वासिनी महिलाओं में हस्तशिल्प की शिक्षा

का प्रचार कर रही है। आप दोनों पति-पत्नी के नाम पर खजांची रोड (पटना-4) में एक 'घोर-प्रकाश-शिशु-सदन' नामक बालवाड़ी संस्था भी है। यह आपके निजी निवासगृह में ही है। इसके लिए उक्त श्री विधानचंद्र राय ने एक न्यास (ट्रस्ट) भी बना दिया है। इसका संचालन श्रीमती सुषमा सेनगुप्त करती हैं। इसमें छोटे बच्चों को उपयोगी शिक्षा दी जाती है। उक्त शिल्पालय का निजी स्वतंत्र भवन म्यूजियम रोड पर है।

श्रीमती विंध्यवासिनी देवी

नवादा के दरियापुर कोरे ग्राम के मुंशी पोषणलाल की पुत्री श्रीमती विंध्यवासिनी देवीजी का जन्म 1882 ई. में हुआ था तथा मात्र सात वर्षों की आयु में उनका विवाह पलतपुरा पटना के श्री अंबिका चरणजी से हुआ था, जिन्होंने जापान में माइनिंग इंजीनियर की शिक्षा प्राप्त की थी। अपने पति के साथ वे उत्तर प्रदेश, मध्य प्रदेश, राजस्थान तथा मुंबई में रहीं। कारण, पति को नौकरी के सिलसिले में वहाँ पदस्थापित किया जाता रहा। उत्तर प्रदेश में वे आर्यसमाज के संपर्क में आईं। छिंदवाड़ा, मध्य प्रदेश से वे बाल-विवाह, परदा प्रथा, अशिक्षा जैसी सामाजिक कुरीतियों पर नारी समाज के बीच कार्य करती रहीं।

1919 में बंबई में महात्मा गांधी के संपर्क में आने के बाद वहीं की अवंतिका बाई गोखले के साथ स्वाधीनता आंदोलन की कार्यकर्ता बनी।

छिंदवाड़ा (म. प्र.) और झलिरापाटन (स. स्था.) में रहते समय नारी समाज में जोरदार भाषण करके बाल-विवाह, परदा, अशिक्षा आदि पर स्त्रियों को प्रकाश देती रहीं। सन् 1919 ई. के अप्रैल में आपको बापू के दर्शन बंबई में हुए। उनसे आपको सिद्ध मंत्र मिल गया। कुछ दिन बंबई में ही श्रीमती अवंतिका बाई गोखले आदि के साथ रहकर अपने प्रचार-कार्य किया और सन् 1921 ई. में बिहार लौटकर देशरत्न राजेंद्र बाबू के नेतृत्व में देशसेवा करने लगीं। सन् 1922 ई. (दिसंबर) में, गया-कांग्रेस में, परदा-प्रथा के बावजूद, स्वयंसेविका दल संगठित कर आपने दक्षता से उसका नेतृत्व किया। उसके बाद विदेशी वस्त्र बहिष्कार और शराबबंदी के लिए धरना देने का काम आपकी देख-रेख में होने

लगा। आपके विश्वास पर भद्र परिवार के लोग भी शराब की दुकानों पर पिकेटिंग करने के लिए अपनी और लड़कियों को पके हवाले सौंग देते थे। सन् 1930 ई. के नमक-सत्याग्रह में आप महिला-दल के साथ गिरफ्तार हुई और भागलपुर सेंट्रल जेल में छह महीने रहीं। खद्दर-प्रचार के आरंभिक काल से ही आपने खादी को अपनाया और आजतक उस व्रत पर दृढ़ हैं। सन् 1932 ई. में कांग्रेस स्वयंसेविका दल गैरकानूनी घोषित हुआ, तो आप अपने दल-समेत स्वयंसेविका बनकर हजारीबाग जेल गईं। जब विदेशी सरकार से समझौता होने पर बहुत-से बड़े लोग विधानसभा में गए, तब आपने विधायिका होने से इनकार कर दिया। कहा कि मुझे सेवा का पुरस्कार नहीं लेना है, पुरस्कार तो स्वराज्य ही होगा। आप भारतीय कांग्रेस-कमिटी की सदस्या भी रह चुकी हैं। कराची, अहमदाबाद, नागपुर आदि के कांग्रेस अधिवेशनों में महिलाओं में आपका प्रमुख स्थान रहा। बिहार में चरखा और खादी के प्रमुख प्रचारक श्रीलक्ष्मी बाबू के समय आपने घर-घर घूमकर और खादी-फेरी करके प्रचार कार्य किया था। सन् 1934 ई. से आप काशी वास कर रही हैं। वहाँ भी श्री संपूर्णानंदजी के साथ आपने देश और समाज की काफी सेवा की। वहाँ भी स्त्रियों को कांग्रेस-मेंबर और खादी-चरखा की अनुरागिनी बनाने का संगठित प्रयास किया। कांग्रेस के अध्यक्ष की हैसियत से जब पं. जवाहरलाल नेहरू बनारस आए थे, तब आपके नेतृत्व में महिलाओं का बड़ा सुंदर जुलूस उनके स्वागतार्थ गया था। पूज्य राजेंद्र बाबू ने अपने संस्मरण में आपका नामोल्लेख करके आपको अमर कर दिया है।

श्रीमती शरनन बहन

इनका जन्म सन् 1867 ई. में, भभुआ (शाहाबाद) में हुआ था। इनका ब्याह सन् 1912 ई. में जमानिया (गाजीपुर) में हुआ। सन् 1915 ई. में ससुराल गईं और (सन् 1922 ई.) तक वही रहीं। विधवा होने पर अपने मायके में चली गईं। हर साल तक वहाँ परदे में रहीं। इनके पति बड़े खादीप्रेमी थे। उनके आग्रह से इनके मन में खद्दर और चरखा बस गया था। 42 वर्ष की उम्र (सन् 1936 ई.) में इनके परिवार के लोग तीर्थयात्रा पर निकले। ये भी उन लोगों के साथ गईं। अयोध्या में इनको खादी और चरखा के प्रचार में ही जीवन बिताने की अंत:प्रेरणा हुई और ऐसी लगन लगी कि चुपचाप दरभंगा के लिए चल पड़ीं। वहाँ से टमटम (इक्का) पर श्री लक्ष्मीनारायणजी के पास 'सिमरी' गईं। वहाँ खादी-चरखा का महिला शिक्षण शिविर चल रहा था, उसमें ये शामिल हो गईं। सन् 1940 ई. में

श्री जयप्रकाशजी की धर्मपत्नी श्रीमती प्रभावती देवी चरखा और खादी के माध्यम से बिहार की महिलाओं में नवजीवन-संचार का काम करने लगीं। उन्हीं के संपर्क में आने से इनकी बहुत दिनों की अभिलाषा पूरी हुई। सन् 1941 ई. से ये महिला-चरखा-समिति (पटना) के सहारे बड़े मनोयोग से खादी-चरखा का प्रचार-प्रसार करने में तत्पर हो गईं। महात्मा गांधी के इस रचनात्मक कार्यक्रम में इनकी श्रद्धा ऐसी जमी कि इस क्षेत्र में इनकी सच्ची सेवा का आदर बढ़ने लगा। सन् 1936 ई. में परिवार से अलग होने पर ये तीन साल तक अज्ञातवास में रहीं। जब श्रीमती प्रभावती देवी के तत्वावधान में इनकी खादी-सेवा का क्रम स्थिर हो गया, तब इन्होंने अपने परिवार को सूचना दी और सन् 1942 ई. में बिछुड़े कुटुंबी फिर मिले। अब ये अपने घर में ही रहकर चरखा -खद्दर की धुन में लगी हुई हैं। इनके आसपास के गाँवों में सात सौ चखे इन्हीं की देख-रेख में चल रहे हैं। इसके सिवा 'महिला-शिल्प-संघ' और 'चरखा-उद्योग-संघ' का संचालन भी इन्हीं के हाथ में है। जिस समय इनके पति ने खादी की दो साड़ियाँ इन्हें दी थीं, उस समय इन्होंने संदक में बंद करके रख छोड़ा था, क्योंकि उस समय इनको बारीक रंगीन कपड़े ही पसंद थे, किंतु पति के श्राद्ध के दिन इन्होंने सादा कपड़ा को पहनने के बदले उसी पति-प्रदत्त साड़ी को पहनने का हठ किया; आखिर, साड़ी का छपा किनारा फाड़कर उसी को पहना। इस तरह इनके पति ने इनके हृदय में खादी-प्रेम की जो आग सुलगाई थी, वह उनके मरने पर वियोग की ज्वाला बनकर धधक उठी। उसी में तपकर इनका जीवन-कंचन निखरकर दीप्तिमंत हो उठा। अब नारी-समाज की सेवा ही इनकी तपस्या है।

श्रीमती रमावती देवी

ये गया के प्रसिद्ध जमींदार श्रीनंदकिशोर लालजी की पुत्री हैं। इनका जन्म सन् 1600 ई. में हुआ और विवाह सन् 1618 ई. में। पटना के प्रसिद्ध मुख्तार श्री रघुवर दयाल (स्व.) के सुपुत्र श्री कमलेश्वरी प्रसाद मुख्तार इनके पति थे, जो सन् 1636 ई. में स्वर्गीय हो गए। इनके चार पुत्र और दो कन्याएँ हैं। विधवा होने पर इन्होंने बापू के पंथ को अपनाया। चरखा ही इनके जीवन का चिरसंगी बन गया। पटना में मोहल्ले-मोहल्ले इन्होंने चरखा-प्रचार किया। घर-घर जाकर और रुई-सूत की भी सुविधा देकर चरखा चलाना सिखाने में अथक परिश्रम किया। सूत कातने-कतवाने में इनका ऐसा अदम्य उत्साह है कि न कभी थकती हैं, न निराश होती हैं। बुढ़ापे में भी इनकी कर्मठता और हिम्मत देखकर महिलाओं को स्वतः प्रेरणा मिलती है। सदा

प्रसन्न और कार्यरत रहना ही इनका जीवन है। इस समय ये महिला-चरखा-समिति (पटना) के गृह-उद्योग विभाग की संचालिका हैं। इनकी सेवाएँ नई पीढ़ी की नारियों के सामने अनुकरणीय आदर्श उपस्थित कर रही हैं।

भगवती देवी

भगवती देवी जी, जीरादेई, सिवान, 'भारत रत्न' प्रथम राष्ट्रपति डॉ. राजेंद्र प्रसाद की बड़ी बहन थीं, जिनका विवाह बाबू गुलजार सहाय, जो एक धनाढ्य कायस्थ परिवार के थे, से हुआ था, लेकिन राजेंद्र बाबू के जन्म से पहले ही वो बाल विधवा हो गईं। वे राजेंद्र बाबू से 15 वर्ष बड़ी थीं तथा वैधव्य के बाद मायके में ही रहकर ईश्वर भक्ति तथा सार्वजनिक सेवा में सदैव तत्पर रहती थी। इन्होंने परदा प्रथा को तोड़कर बिहार की नारी-शक्ति को नेतृत्व प्रदान करते हुए स्वतंत्रता संग्राम में योगदान दिया।

राजेंद्र बाबू की बड़ी बहन
हम सब की 'फुआजी'
स्व. श्रीमती भगवती देवी

बिहार की महिलाओं को प्रोत्साहन प्रदान करते हुए उन्होंने सिद्ध किया कि आँचल ओढ़कर तथा घूँघट काढ़कर भी महिलाएँ स्वाधीनता आंदोलन में एकजुट होकर राष्ट्र की सेवा कर सकती हैं। इनसे प्रेरणा लेकर पूरे प्रांत की महिलाएँ साहस और उत्साह से सुशीलता के साथ घर-घर घूमकर लोगों से शुद्ध खादी पहनने का अनुरोध करती थीं, जिसके कारण ग्रामोद्योग जीवंत हो उठा तथा गाँव-गाँव में कुटीर तथा शिल्प उद्योग पनपने लगे।

राजेंद्र बाबू का परिवार रहन-सहन, खान-पान, रीति-रस्म, विचार और परिपाटी में शुद्ध सनातनी है तथा घर की स्त्रियों में परदा-प्रथा की भी प्रबलता रही है। अपने धर्मनिष्ठ परिवार की पौराणिक विशेषताओं को सुरक्षित रखने में फुआजी का मन निरंतर सावधान रहता था, किंतु महात्मा गांधी ने जब बिहार में राष्ट्रीय स्वतंत्रता-संग्राम का श्रीगणेश किया, तब इन्होंने परदा-प्रथा को तोड़कर बिहारी महिलाओं के नेतृत्व का झंडा उठाया। इस तरह देशोद्धार के लिए राजनीतिक क्षेत्र में उतरकर इन्होंने सबसे आगे बढ़ परदा-प्रथा को करारी चुनौती दी। इनके कुलीन परिवार की वंशानुगत परंपरा देखते हुए अपने आप में यह बहुत बड़ा काम

था और परदा प्रथा के खिलाफ ठोस कदम उठाकर इन्होंने बिहार की महिलाओं को प्रोत्साहन देते हुए बतला दिया कि वे किस प्रकार सिर पर आँचल रखकर भी गांधीजी के आंदोलन में जुट सकती हैं। बड़ी-बूढ़ी होने पर भी इनमें ऐसा साहस और उत्साह देखकर अनेक महिलाएँ सुशीलता के साथ घर-घर घूमकर नर-नारियों से शुद्ध खादी पहनने का अनुरोध करने लगीं। इन्हीं से उन्हें ऐसी प्रेरणा मिली कि वे ग्रामोद्योग को जाग्रत् करने के लिए गाँव-गाँव में कुटीर-शिल्प के धंधे में अपना सारा समय लगाने लग गईं। ये बिहार विधानसभा की सदस्या भी रह चुकी थीं। उससे जो पैसे मिले, उन्हें जमा रखकर अपने गाँव (जीरादेई) में श्रीलक्ष्मीनारायणजी का एक सुंदर मंदिर बनवा दिया। इनकी यही आंतरिक इच्छा थी। इनकी यह भी कामना थी कि राजेंद्र बाबू के सामने ही मेरा प्राणांत हो। इनकी भगवद्भक्ति के पुण्य प्रभाव से इनकी यह दोनों आकांक्षाएँ पूरी हो गईं। इनका आंत पवित्र जीवन ऐसा प्रभावशाली था कि जो कोई महिला इनके संसर्ग में आई, वह इनके आदर्श से अनुप्राणित हुए बिना न रही। जीवन-मर कभी मछली-मांस और प्याज-लहसुन नहीं खाया। किसी प्रकार की मादक वस्तु का कभी स्पर्श तक न किया। यहाँ तक कि इस युग में रहते हुए भी साबुन का कभी उपयोग नहीं करती थीं। रेलयात्रा इन्हें बहुत करनी पड़ी, पर गाड़ी के डिब्बे में इन्होंने कभी भोजन नहीं किया। हमेशा शुद्ध आसन पर बैठकर खाने का नियम निबाहती रहीं। बिना स्नान-ध्यान और पूजा-पाठ किए कभी अन्न-जल ग्रहण नहीं किया। पूजा-पाठ के सामान के सिवा दूसरी कोई चीज खरीदती भी नहीं थीं। असहयोग आंदोलन के समय जो खद्दर धारण करने का व्रत लिया, उसे अंत तक बड़ी निष्ठा से निबाहा। हर एक काम और बात-बात में स्वच्छता एवं पवित्रता पर इनका विशेष ध्यान रहता था। इसीलिए, छुआछूत भी मानती थीं, किंतु महात्मा गांधी के संपर्क में आने के बाद अस्पृश्यता के भाव-विचार को पाप तो मानने लगीं, पर सब तरह की सफाई पर इनका आग्रह बराबर बना रहा। गांधीजी समझते थे कि इनका सबसे बड़ा त्याग है, अपने भाई को देशसेवा के लिए खुशी-खुशी भेंट कर देना और उनकी लोकसेवा में स्वयं भी यथाशक्ति सहायता करते रहना, जिसको आखिरी साँस तक ये करती रहीं। पूज्य राजेंद्र बाबू तो अपनी छात्रावस्था से ही देश के सार्वजनिक कामों में गहरी दिलचस्पी रखते रहे और स्वदेशी-आंदोलन के प्रारंभ से ही उन्होंने स्वदेशी व्रत का अटल संकल्प ग्रहण कर लिया था, पर स्वाधीनता-संघर्ष का प्रारंभ होते ही जब वे सार्वजनिक जीवन के क्षेत्र में उतर पड़े, तब उनके सर्वस्व-समर्पण का प्रत्यक्ष प्रतिबिंब उनके अपने परिवार पर भी पड़ा। उनके आदर्श लोकसेवक श्री महेंद्र प्रसादजी ने भी उनके इस अभिनव

अभिमान में भरपूर सुविधा-सहायता देने की उमंग भरी उदारता दिखाई और फुआजी तो बिहार के नारी-समाज में राष्ट्रीय चेतना जगाने के साथ-साथ राजेंद्र बाबू के जीवन और शरीर की रक्षा में भी निरंतर तत्पर रहीं। हरदम ये उनकी तंदुरुस्ती की निगरानी करती रहती थीं और उनके स्वास्थ्य और जीवन को ये राष्ट्र की पूँजी मानती रहीं। क्यों न हो, सारा परिवार ही गांधीजी की तपस्या की आँच में तपा हुआ था! राजेंद्र बाबू ने सार्वजनिक जीवन में प्रवेश पाने के साथ ही अपने परदापंथी परिवार को देशसेवा के उन्मुक्त क्षेत्र में सबसे आगे ला खड़ा किया और अपनी बहन, पत्नी, पुत्रवधू आदि को गांधीजी के साबरमती आश्रम में भेज दिया। यह परिवार तो पुराना सनातनधर्मी था ही—इसके सारे काम-काज हिंदू रीति-नीति के अनुसार ही होते चले आए और हर मौके पर बात-बात में पूजा-पाठ का आयोजन होता ही रहता है, किंतु महात्माजी के निकटतम संसर्ग से वह वंश परंपरागत धर्म-भावना और भी निखर गई। फुआजी और माता राजवंशी देवी उस धर्मभावना की प्रतीक थीं। इन दोनों देवियों की देख-रेख से राजेंद्र बाबू के अनमोल जीवन का संरक्षण बड़ी सावधानी के साथ सदा होता रहा, किंतु नियति की प्रबलता से आज इन दोनों के अभाव का कष्ट उनके कोमल हृदय को हर घड़ी महसूस हो रहा है। फुआजी तो अपने प्राणों से भी अधिक उनपर नेह-स्नेह और माया-ममता रखती थीं। उनकी अस्वस्थता में डॉक्टर-वैद्य की दवा से अधिक इन्हीं की निगरानी काम करती थी। इन्हीं की देखभाल से 'सौ दवा न-एक परहेज' की कहावत स्पष्ट चरितार्थ होती थी। इनके परोपकारी स्वभाव और निष्कपट हृदय के कारण समाज में सर्वत्र इनका बहुत आदर होता था। स्पष्टवादिनी तो ऐसी थीं कि सच या दो-टूक बात कहने में कभी हिचकती नहीं थीं। शिक्षाप्रद या उपदेशप्रद बातें बेलौस ढंग से कह डालती थीं। समस्त बिहार के लोग इन्हें 'फुआजी' ही कहा करते थे। इनके पुण्य प्रताप से इनकी मृत्यु बड़े शानदार ढंग से हुई। उस समय इनके पास इन पंक्तियों का लेखक भी मौजूद था। जब इनकी अंतिम साँस चल रही थी, इनके परिवार की सभी छोटी-बड़ी स्त्रियाँ इनकी शय्या के पास उपस्थित थीं। स्वयं राजेंद्र बाबू भी वहीं बैठे रामधुन गा रहे थे। एक कोने में लड़कियाँ रामायण-पाठ कर रही थीं। जीरादेई गाँव से दो-तीन बड़े-बड़े पंडित आ गए थे, जो श्रीमद्‌भागवत का पाठ कर रहे थे। राजेंद्र बाबू के दोनों सुपुत्र—मृत्युञ्जयजी और धनञ्जयजी तथा उनके प्रिय भतीजा श्रीजनार्दन प्रसादजी चिकित्सा एवं सेवा-सुश्रूषा में संलग्न थे। उन लोगों ने डॉक्टर और नर्स से अनुरोध किया कि अब सुई लगाकर इन्हें अंतिम क्षण में पीड़ित न किया जाए, बल्कि पूर्ण शांति के साथ इन्हें स्वर्गयात्रा करने दें। पंडित ने जब गो-दान

कराने के क्षण का ध्यान दिलाया, तब यह कठिनाई सामने आई कि राष्ट्रपति-भवन की तीसरी मंजिल पर गाय कैसे लाई जाए? अत: उस कमरे के नीचे गाय लाई गई और उसकी पूँछ में सूत बाँधकर फुआजी के हाथ में पकड़ाया गया। इतने में राष्ट्रपतिजी के अंगरक्षक स्वयं अपने कंधे पर एक बड़ा तिमंजिले कमरे में ले आए। इस तरह गोदान होते ही उनके प्राण-पखेरू उड़ गए। यह घटना सन् 1960 ई. की 25 जनवरी को रात में घटी थी। दूसरे ही दिन 26 जनवरी का राष्ट्रीय महोत्सव होनेवाला था, जिसमें राष्ट्रपतिजी का सम्मिलित होना अनिवार्य रूप से आवश्यक माना जाता है, अत: राजेंद्र बाबू यथानियम सैनिक सलामी लेने गए। जनता की अपार भीड़ यह न समझ पाई कि राष्ट्रपतिजी का यह आंतरिक रूप नहीं-बाह्य रूप है, क्योंकि मातृ-तुल्य बड़ी बहन के बिछुड़ने का दु:ख अपने हृदय में दबाए हुए वे जनसमूह के उल्लासपूर्ण स्वागत को चुपचाप स्वीकारते चले जाते थे। मृत्यु समाचार केवल प्रधानमंत्री नेहरूजी को ही दिया गया था। इसलिए, जब राष्ट्रपतिजी शाही जुलूस से लौटकर आए, तब फुआजी का शव उस कमरे से निकाला गया। पं. जवाहरलाल नेहरू ने खादी से ढकी और फूलों से लदे शव पर कई पुष्प-गुच्छ चढ़ाए। सबकी आँखें सीली थीं। राष्ट्रपतिजी नौ बजे सुबह जिस रास्ते से राष्ट्रीय समारोह में गए थे, उसी रास्ते से शव का जुलूस दिल्ली के निगमबोध-घाट की ओर चला। शाम हो रही थी, पर भीड़ छँटी न थी। राष्ट्रपतिजी का सादा वेश देख लोग और भी विस्मित थे। आगे-पीछे मोटरसाइकिल पर फौजी पायलट चल रहे थे। घाट पर आरंभ से अंत तक राष्ट्रपतिजी बैठे रहे। फुआजी सन् 1950 ई. में 26 जनवरी की दुपहरी में दिल्ली के राष्ट्रपति भवन में आई थीं और ठीक दस वर्ष बाद उसी तारीख की दुपहरी के बाद वहाँ से उनका मृत शरीर बाहर निकला। अपने परिवार और संबंधियों तथा प्रांत-भर के लोगों में इनका जैसा आदर-मान रहा, वैसा ही इन्हें मरने पर भी मिला। इनका सम्मानपूर्ण जीवन-मरण इनकी जीवन-भर की तपस्या और देशसेवा की सफलता का संकेत करता है। राष्ट्रपतिजी ने अपने एक वरिष्ठ मित्र के संवेदना-सूचक पत्र के उत्तर में लिखा था—"मेरे लिए तो वे बहन से भी अधिक माता के तुल्य थीं। आजीवन उनकी ममता की छाया हम सब पर बनी रही। जितना बन पड़ा, उन्होंने देश की भी सेवा की। बापू के साथ उन्होंने काफी पैदल यात्रा की। उनका सारा जीवन साधना और त्याग-तपस्या का रहा। जब तक जीवित रहीं, लगन और निष्ठा से अपना कर्तव्य करती रहीं। उनकी धार्मिक निष्ठा अपूर्व थी। उनकी ममता में सब एकाकार हो जाता था। हमारे परिवार के लिए इस उम्र में भी वे मजबूत स्तंभ थीं। आज वह स्नेह की कड़ी टूट गई। इस बिछोह से मेरा हृदय

भी टूटता है। पर आप-जैसे साथियों से ही मुझे सहारा और बल मिलता है।' राजेंद्र बाबू के ये कारुणिक और मार्मिक वाक्य ही 'हम सबकी फुआजी' का वास्तविक महत्त्व प्रकट कर देने के लिए यथेष्ट हैं।

कामाख्या देवी

धुरलख, समस्तीपुर (तत्कालीन दरभंगा जिला) की श्रीमती कामाख्या देवी का जन्म 1903 ई. को हुआ था तथा इनके पिता साधु प्रकृति पुरुष श्री विश्वेश्वर प्रसादजी थे। पटना के एडवोकेट श्री नवल किशोर प्रसाद से इनका विवाह हुआ था।

कामाख्या देवी को प्रारंभिक शिक्षा घर पर ही प्राप्त हुई थी। बिहार में परदा प्रथा उन्मूलन आंदोलन में इन्होंने बड़ी सक्रियता से भाग लिया था। 1930 के सविनय अवज्ञा आंदोलन के दौरान ये बड़ी सक्रियता से आंदोलनरत रहीं। विदेशी वस्त्रों के बहिष्कार हेतु धरना-प्रदर्शन, खादी के प्रचार-प्रसार तथा बिक्री के लिए फेरी लगाने तक का कार्य इन्होंने किया।

इस आंदोलन के क्रम में सत्याग्रही महिलाओं के संगठित जुलूस निकालने तथा इसका नेतृत्व करने के कारण 1932 में भारतीय दंड संहिता के अधीन इनको कारावास की दंड दिया गया तथा गिरफ्तार कर 6 महीने के लिए हजारीबाग, सेंट्रल जेल भेज दिया गया।

1935 ई. में इन्हें पटना क्षेत्र से विधानसभा सदस्य के रूप में निर्वाचित किया गया। इस तरह ये बिहार की सर्वप्रथम महिला विधायक बनीं। 1942 के 'भारत छोड़ो आंदोलन' में जेल गए स्वाधीनता सेनानियों के परिवार एवं सदस्यों को इन्होंने प्रचुर आर्थिक सहायता प्रदान की तथा उनके भरण-पोषण हेतु बड़ी मात्रा में राशि उपलब्ध कराई। इनकी सेवा वृत्ति आधुनिक नारी-शक्ति को शुभ प्रेरणा देनेवाली तथा प्रशंसनीय है।

श्रीमती ललिता देवी

स्वदेशी आंदोलन की सिपाही श्रीमती ललिता देवी, श्री देवी प्रसादजी की पुत्री थी तथा इनका जन्म नवंबर 1904 ई. में पटना जिले के करायपर सराय गाँव में हुआ था। 1932 ई. में इनका विवाह इस्लामपुर के श्री देवनाथ सहायजी से संपन्न हुआ था, जो मुजफ्फरपुर के उच्च माध्यमिक विद्यालय के प्रधानाध्यापक थे तथा उनकी मृत्यु 1939 ई. में हो गई थी, परंतु वैधव्य ललिता देवीजी के लिए बाधक नहीं बन पाया। चरखा आंदोलन से जुड़कर ये स्वदेशी आंदोलन की वाहक बनी।

श्रीमती प्रभावती देवी के संपर्क में आने पर इन्होंने देशसेवा का व्रत लिया तथा उन्हीं के सान्निध्य में स्वाधीनता आंदोलन से जुड़ गईं। चरखा तथा खादी के प्रचार-प्रसार में ये जी-जान से समर्पित हो गईं। 1946-47 के सांप्रदायिक दंगों में इन्होंने प्राणपण से पीड़ितों की सहायता की थी तथा अहर्निश सेवारत रहती थीं।

भारत-विभाजन के पश्चात् शरणार्थी शिविरों में रहने के लिए अभिशप्त विस्थापितों की भी भरपूर सेवा इन्होंने की थी। खादी तथा स्वदेशी की अवधारणा को वास्तव में साकार करने हेतु ये स्वयं महिलाओं को सभी संसाधन यथा चरखा-करघा उपलब्ध कराने से लेकर सूत कातने, वस्त्र निर्माण करने तथा निर्मित वस्त्रों के विपणन का प्रबंध करने के साथ सभी संलग्न महिलाओं की आर्थिक जरूरत भी पूरा करती थीं। अनेक महिलाओं की वो प्रेरणास्रोत रहीं। निष्ठापूर्वक नारी समाज की सेवा करना, उनको स्वावलंबी तथा कुशल बनाने में इन्होंने अपना जीवन समर्पित किया, जो अवश्य ही सराहनीय है।

श्रीमती शोभना भट्टाचार्य

आप बिहार की सर्वप्रथम महिला ग्रेजुएट हैं। आपका जन्म सन् 1604 ई. (अक्तूबर) में नयाटोला, पटना, में हुआ था। आपके पिता का नाम श्री अनुकूलचंद्र गुप्त था। श्री अनुकूल बाबू बिहार से निकलनेवाले अंग्रेजी पत्र 'विहार हेरल्ड' के संस्थापक संपादक थे। दुर्भाग्यवश, अपने पिता की असामयिक मृत्यु के बाद आप पर अपने छोटे भाई-बहनों का भार आ पड़ा। फलस्वरूप, आपने गर्ल्स हाई स्कूल, (पटना) में नौकरी स्वीकार कर ली। स्नातिका होने के पश्चात् आप कटक (उड़ीसा) के रॉबिन्सन कॉलेज में 'लेक्चरर' नियुक्त की गईं। उसके बाद सन् 1640 से 1651 ई. तक आप बिहार में 'इंसपेक्ट्रेस ऑफ स्कूल्स' के पद पर कुशलतापूर्वक काम करती रहीं। अपने मुजफ्फरपुर अवस्थान में आपने वहाँ के 'महिला-शिल्पकला-भवन' का बहुत विकास किया। अकेले अपने भवन के लिए लगभग पचहत्तर हजार रुपए चंदा से इकट्ठा किया था। आप हिंदू-धर्म माननेवाली एक समाजसेवी महिला है। सरकारी सेवा से निवृत्त होने पर आप सिमुलताला (मुँगेर) में ही रहती है। संप्रति आप सिमुलताला के खुरंडा ग्राम-पंचायत की मुखिया हैं। आप पहली महिला मुखिया हैं, जो निर्विरोध चुनी गई हैं समाज सेवा, शिल्प, कला और सांस्कृतिक कार्यों के प्रति आपकी सहज रुचि है। सन् 1656 ई. में आपने तिरस्कृता महिलाओं के लिए पटना में 'नारी-कल्याण-मंदिर' की स्थापना की थी, जो दो वर्षों तक चलकर कतिपय कारणों से बंद हो गया। आपके पति का

नाम श्रीसुधांशु भट्टाचार्य है, जो मट्टाचार्य रोड, पटना में रहते हैं। यह परिवार पटना का एक सम्मानित परिवार है। आपका शिक्षा-प्रोम, शिल्प-कला के प्रति आपकी अभिरुचि और समाज-सेवा-कार्य महिलाओं के लिए प्रेरणादायक है।

श्रीमती राजवंशी देवी

देशरत्न डॉ. राजेंद्र प्रसादजी की सहधर्मिणी स्व. श्रीमती राजवंशी देवी

भारत के प्रथम राष्ट्रपति 'भारत रत्न' डॉ. राजेंद्र प्रसादजी की धर्मपत्नी श्रीमती राजवंशी देवीजी का जन्म—दलन छपरा, जिला—बलिया, उत्तर प्रदेश तथा परिणय बंधन—जीरादेई सिवान में हुआ था। जीवन के शुरू से अंत तक भारतीय सभ्यता एवं संस्कृति के आदर्श पर आरूढ़ रहकर सादगी तथा सरलता की प्रतिमूर्ति राजवंशी देवीजी गृहस्थ जीवन में रहते हुए ही स्वाधीनता आंदोलन में श्रेष्ठ कर्तव्य का निर्वहन किया।

आदरणीय राजेंद्र बाबू की पत्नी होने के सामाजिक एवं राष्ट्रीय कार्यों को अपना कर्तव्य मानते हुए राष्ट्र एवं स्त्री समाज के लिए अपने त्याग, तपस्या, संयम एवं नियम के अनुसार सार्वजनिक कार्यों में संलग्न रही। राजेंद्र बाबू स्वयं इतने बड़े

व्यक्तित्व के स्वामी नहीं होते तथा इतना बड़ा कार्य करने में सक्षम नहीं होते, यदि वे घर-गृहस्थी के प्रपंच में उलझ जाते। वे देश की चिरस्मरणीय सेवा कर सकें तथा पारिवारिक दायित्व से मुक्त रहें, इस तरह राजवंशी देवीजी हमेशा ध्यान रखकर कार्ययोजना बनाती थी।

पूज्य राजेंद्र बाबू को बल तथा सहारा दोनों प्रदान करते हुए उन्होंने निरंतर चरखा चलाया, कताई-बुनाई की तथा अनेक महिलाओं को इस विधा में प्रशिक्षित किया। जिस स्वदेशी आंदोलन के बल पर ब्रिटिश आर्थिक साम्राज्यवाद की नींव उखाड़ दी गई थी, बिहार में श्रीमती राजवंशी देवीजी उस स्वदेशी आंदोलन की ध्वजवाहक थीं। जब-जब राजेंद्र बाबू जेल गए, श्रीमती राजवंशी देवीजी ने सार्वजनिक कार्यक्रमों में आंदोलन का नेतृत्व किया तथा सत्याग्रहियों को प्रेरित करती रहीं। स्वयं राजेंद्र बाबू ने अपने जन्म दिन के अवसर पर अपनी व्यक्तिगत डायरी में उल्लेख किया कि राजवंशीजी जैसी धर्मपत्नी का मिलना मेरे लिए सौभाग्य की बात है।

पूज्य राजेंद्र बाबू को एक बार मद्रास के किसी महिला-समाज में जाना पड़ा। उस समय हिंदू-कोड़-बिल की चर्चा चल रही थी, जिसके बारे में अपनी सहमति प्रकट करते हुए राजेंद्र बाबू ने कहा था—"हमारे यहाँ प्राचीनकाल से स्त्रियों का अपना उचित स्थान सामाजिक रीति-रिवाजों से निर्धारित है। वे घर की देवी और स्वयं लक्ष्मी मानी गई हैं। उनका आदर्श और कर्तव्य उन्हें बताने की आवश्यकता नहीं है। उनका जीवन रीति-रिवाजों और पारिवारिक संबंधों की परंपरा से इस तरह बँधा हुआ है कि उसे हम आधुनिक सभ्यता के साँचे में ढालना चाहें और उन्हें कानून के पाश में बाँधना चाहें, तो यह उचित नहीं होगा। उनको क्या चाहिए—क्या नहीं, यह वे स्वयं जानती हैं और वे कितनी सुशीला हैं, यह हमारा पुराना इतिहास बता रहा है। हिंदू-कोड-बिल या इस तरह का कोई कानून भी हमारे सामाजिक एवं गृहस्थ-जीवन की श्रृंखला को तोड़ देगा। ऐसा कहते हुए उन्होंने साफ शब्दों में स्वीकारा था कि 'ये सारी बातें मुझे अपनी पत्नी से ही मालूम हुई हैं, मैं उनको भारतीय नारी का वास्तविक प्रतिनिधि मानता हूँ। उनकी राय में भी यह हिंदू-कोड-बिल उनके रीति-रिवाजों तथा घरेलू प्रेम-संबंधों में बाधक है। वे कहती हैं कि मैं इस बिल को नापसंद करती हूँ और समझती हूँ कि भारत की बहुसंख्य नारियाँ इसे नापसंद करती हैं। पूजनीया माता राजवंशी देवी ने सद्गृहस्थ परिवार के आदर्शों को आत्मसात् कर रखा था। आप स्वयं घर के बहुत से काम अपने हाथों करती-कराती थीं। रसोई बनाने के लिए रसोइया भले ही हो, किंतु चावल-दाल को मनिया करना तथा साग-भाजी को एक-एक करके स्वयं चुनना और सुधारना और तब रसोइया को बनाने

देना—ऐसा एक रिवाज-सा अपने घर में आपने लगा रखा था। यह काम नौकर-रसोइए पर इसलिए आप नहीं छोड़ती थीं कि वे कहीं जल्दी में या आलस्यवश बिना देखे-चुने न बना दें! रसोई बनाने के पहले रसोईघर को स्वच्छ करना, फिर स्वयं को साफ-सुथरा बनाकर वहाँ प्रवेश करना तथा बगैर स्नान किए रसोईघर में प्रवेश न करना—इसका खयाल आप बराबर रखती थीं। साथ ही, परिवार को प्रेम के एक ही धागे में बाँधकर रखना भी आप अपना उत्तरदायित्व समझती थीं। परिवार या वंश में विश्रं खलता न आने देने के लिए आप जीवन भर सचेष्ट और सजग रहीं। राजेंद्र बाबू के परिवार में यह एक बड़ी चीज है कि घर की सभी स्त्रियाँ एकसाथ रहती हैं और इसका श्रेय आपको ही है। इसमें सबसे बड़ी जवाबदेही आप अपनी ही समझती थीं। आपने त्याग और तपस्या, संयम और नियम से इसे अंत तक निबाहा भी। पूज्य राजेंद्र बाबू जीवनपर्यंत सार्वजनिक पुरुष रहे। उनकी पत्नी होने के नाते माताजी कुछ सामाजिक तथा राष्ट्रीय कार्य करना भी अपना कर्तव्य मानती रहीं। आप आमोद-प्रमोद, सभा-सम्मेलन आदि में केवल पति की प्रतिच्छाया बनकर, ऊपरी दिखावे के लिए जाना पसंद नहीं करती थीं, लेकिन आप उनके उन सार्वजनिक कामों में साथ देती थीं, जो स्त्री-समाज के कल्याण के लिए होते थे। अपने पतिदेव को निजी घरेलू काम के फिजूल झमेले से दूर रखने का आपने सदैव प्रयास किया और इस बात पर बराबर ध्यान रखा कि उनको सार्वजनिक काम करने में घर-गृहस्थी की ओर से किसी प्रकार की बाधा न हो। सार्वजनिक काम करनेवालों की पत्नी का क्या कर्तव्य है, यह आप भलीभाँति जानती थीं और उसके अनुसार ही चलती रहीं। सार्वजनिक कार्यकर्ताओं की सफलता बहुत-कुछ उनकी पत्नी के आचार-विचार, कार्य-पद्धति तथा उदारता पर निर्भर करती है—इस रहस्य को आपने खूब समझ लिया था। अतः, सार्वजनिक कार्यों में लगे व्यक्ति की गृहस्थी की जवाबदेही अगर पत्नी उठा ले, तो यह किसी भी सार्वजनिक सेवा से कम नहीं है। गांधीजी या राजेंद्र बाबू इतने बड़े स्वयं न होते और न इतना बड़ा काम कर सके होते, यदि वे घर-गृहस्थी के प्रपंच-चक्र में अपने को फँसाए रखते। गृहस्थी में रहकर भी वे इसके जंजाल से मुक्त रहे और देश की चिरस्मरणीय सेवा कर सके, इसका श्रेय उनकी आदर्श पत्नी को ही है। इतना ही नहीं, घर के आडंबरों को कम करके परिवार को फिजूलखर्ची से बचाना और इस तरह घर का नैतिक स्तर ऊँचा उठाना, उनका ध्येय था। इस तरह की बारीक और गहन बातों पर आपका ध्यान सदैव रहा। पूज्य राजेंद्र बाबू को आपसे बहुत बड़ा बल और सहारा मिलता रहा है, जिससे वे सुदीर्घ काल तक निश्चितता से राष्ट्र की महती सेवा कर सके। वे जब से गांधीजी के संपर्क में

आए और चरखा चलाने लगे, तब से नियमित कताई करना माताजी के जीवन का भी अंग बन गया। कताई के सिद्धांतों को आप अच्छी तरह समझती थीं। आप एक सत्यनिष्ठ धर्मपरायण महिला थीं। पूजा-पाठ में बहुत विश्वास और श्रद्धा रखती थीं। बगैर पूजा किए भोजन नहीं करती थीं। किंतु राजेंद्र बाबू के साथ आप और कहीं जाएँ या न जाएँ, वैसे स्थानों में अवश्य जाती रहीं, जो धार्मिक महत्त्व के होते थे। राजेंद्र बाबू राष्ट्र के सार्वजनिक क्षेत्र में अतिशय महान् माने जाते हैं। उनके जीवन में उनकी गृहदेवी का क्या स्थान है, यह उनके एक वक्तव्य से मालूम होता है। उन्होंने एक बार अपने जन्मदिन के अवसर पर शय्या त्यागते ही अपनी डायरी के एक पन्ने में लिखा—"मैं कितना सौभाग्यशाली हूँ कि मुझको देश और समाज की ओर से इतना सम्मान मिला! गुरु के रूप में बापू मिले और धर्मपत्नी के रूप में राजवंशी देवी मिलीं, जिनकी सहायता और सहयोग से ही मैं देश की थोड़ी-बहुत सेवा कर सका। अब मुझे कुछ नहीं चाहिए। ईश्वर से प्रार्थना करता हूँ कि अब वह मुझको सब चीजों से हटाकर अपनी ओर ले चले और जब तक यहाँ रखना हो, आध्यात्मिकता की ओर चलने दे। प्रत्येक भारतीय नारी की यह अभिलाषा रहती है कि वह अपने पति के सुख-दुःख में निरंतर साथ रहे, अंतिम साँस तक सौभाग्यवती बनी रहे। दूध-पूत से भरी-पूरी रहे और वंश की वृद्धि देखते हुए अपने वंशधरों के लिए विरासत के रूप में अनुकरणीय आदर्श छोड़ जाए। आपकी यह अभिलाषा अच्छी तरह पूरी हुई। भारत की महिला जो कुछ चाहती है और जो कुछ चाह सकती है, वह सब पूर्णरूपेण आपको प्राप्त हो चुका था। अपने तपोमय जीवन से आपने भारतीय महिलाओं के समक्ष जो उज्ज्वल आदर्श उपस्थित किया, वह पवित्र और महान् है। गत 6 सितंबर (1962 ई.) रविवार को पूर्वाह्न में आपका देहांत पटना में हो गया। गंगा-तट पर सैनिक सम्मान के साथ चंदन-चिता पर आपका दाह-संस्कार हुआ। आपके दो सुपुत्र श्रीमृत्युञ्जय प्रसाद और श्रीधनञ्जय प्रसाद तथा अनेक पौत्र-पौत्रियाँ हैं। आप-जैसी सदा-सुहागिन महिला का दिव्य जीवन सदियों तक नारी-समाज को पुण्याच का प्रकाश देता रहेगा।

श्रीमती विद्या देवी

इनका जन्म सन् 1916 ईस्वी के नवंबर में, अपने नाना के घर (पशुपूरा, बेगूसराय, मुंगेर) में हुआ था। इनके पिता श्री गीताप्रसाद सिंह किसान थे। यह उनकी पहली संतान थीं, अतः बड़े लाड़-प्यार से पाली-पोसी गईं। इनका नाम जानकी रखा गया। 14 वर्ष की कच्ची उम्र में ही इनका ब्याह पुणे (दरभंगा) के श्री

बृजनंदन शर्मा से सन् 1929 ईस्वी में हुआ। विवाह उपरांत अक्षरधाम हुआ और नाम भी बदल गया, जीवन की दिशा ही बदल गई। पारिवारिक बाधाओं के बीच इन्हीं साहित्य सम्मेलन (प्रयाग) की माध्यम परीक्षा (विशारद) उत्तीर्ण हुई शादी के कुछ दिनों बाद ही परदे की प्राचीर तोड़कर सार्वजनिक सेवा कार्य करने के लिए बाहर आईं। श्री कार्यानंद शर्मा के नेतृत्व में लखीसराय (मुंगेर) के चितरंजन आश्रम में काम करने लगीं। वहीं से 144 धारा तोड़कर हजारों की भीड़ का नेतृत्व करती जेल गईं। वही इनका परिचय उड़ीसा की प्रमुख प्रसिद्ध महिला श्रीमती रमा चौधरी और श्रीमती मालती चौधरी से हो गया। जेल से निकलने पर पति के साथ राष्ट्रभाषा प्रचार के लिए दक्षिण भारत आईं। वहाँ की भाषा तेलुगू सीखकर स्त्रियों में हिंदी प्रचार करती रहीं। सन् 1938 ईस्वी में दक्षिण से आकर रामगढ़ कांग्रेस में स्वयंसेविकाओं के दल का नेतृत्व और 1946 ईस्वी में कस्तूरबा महिला प्रशिक्षण केंद्र (मधुबनी तथा राँची) का काम सँभाला। 1946 ईस्वी में ही अपने पति के सहयोग से बालिका विद्यापीठ (आवासीय शिक्षा संस्थान) की स्थापना लखीसराय में की। अब उसी की संचालिका हैं। उसी के विकास और अमूल्य में तन-मन लगा रखा है। अब वही इनके जीवन की एकमात्र साधना है। सन् 1956 ईस्वी से ही बिहार राज्य समाज कल्याण बोर्ड की सदस्या हैं। सन् 1961 ईस्वी से ही बिहार राज्य शिक्षा परिषद् की भी सदस्या हैं। इनकी एकमात्र पुत्री डॉक्टर हैं और 3 पुत्रों में एक लेक्चरर, दूसरे सरकारी कर्मचारी तथा तीसरे एम.ए. के छात्र हैं। इनके द्वारा संचालित संस्था महिला उपयोगी शिक्षा देने में अद्वितीय है।

प्रभावती देवी

स्वाधीनता आंदोलन में बिहार के प्रमुख नेताओं में एक श्री ब्रजकिशोर प्रसाद तथा उनकी पत्नी श्रीमती फूलझड़ी देवी की पुत्री श्रीमती प्रभावती देवीजी का जन्म 1906 में श्रीनगर, सिवान में हुआ था। श्री ब्रजकिशोर प्रसादजी, महात्मा गांधी के चंपारण सत्याग्रह के प्रथम सहयोगी थे तथा यशस्वी वकील एवं भारतीय संस्कृति के पोषक थे। उनके संस्कार तथा क्रांतिकारी विचारों की प्रेरणा से शिक्षित तथा दीक्षित प्रभावतीजी ने दकियानूसी संस्कारों की बेड़ियों को तोड़ते हुए बिहार की नारियों में सेवा एवं समर्पण का भाव जाग्रत् किया था।

ब्रजकिशोर प्रसाद खुद एक उत्साही गांधीवादी थे, जो शायद बिहार में कांग्रेस के पहले सदस्य थे, जिन्होंने स्वतंत्रता संग्राम के लिए खुद को समर्पित करने के लिए एक आकर्षक कानूनी पेशा तक छोड़ दिया था। जयप्रकाश नारायण से उनकी

शादी अक्तूबर 1920 में हुई, जब वह सिर्फ 14 साल की थीं। अपनी शादी के बाद, जयप्रकाश नारायण कैलिफोर्निया में प्रारंभिक भौतिकी का अध्ययन करने के लिए यू.एस.ए. गए, फिर मार्क्सवाद का अध्ययन करने के लिए विस्कॉन्सिन विश्वविद्यालय में दाखिला लिया। प्रभावती देवी गांधीजी के आश्रम में चली गईं, जहाँ उन्होंने गांधी की पत्नी, कस्तूरबा गांधी को खुद को पूरी तरह से समर्पित कर दिया। वे उनको बेटी के रूप में देखने लगीं। जब उनके पति वापस आए, तो उन्हें एक क्रांतिकारी माना गया और इससे उनके गांधीवादी अभिविन्यासी होने के कारण उनके साथ कई बार मतभेद हो गए। उन्होंने, उन्हें महात्मा गांधी द्वारा एक ब्रह्मचारी होने का संकल्प लेने के लिए भी कहा था। फिर भी, इस दंपती ने एक–दूसरे का सम्मान किया और संयुक्त रूप से फैसला किया कि जब तक भारत मुक्त नहीं होगा, तब तक उन्हें कोई बच्चा नहीं चाहिए। उन्हें ब्रिटिश औपनिवेशिक अधिकारियों द्वारा कई अवसरों पर जेल में बंद भी किया गया।

प्रभावती देवी ने जवाहरलाल नेहरू की पत्नी, कमला नेहरू के साथ बहुत करीबी रिश्ता बनाया और उनकी विश्वासपात्र बन गईं। कमला ने उन्हें कई व्यक्तिगत पत्र भी लिखे। प्रभा की मृत्यु के बाद जयप्रकाश द्वारा कमला की बेटी, इंदिरा गांधी को अधिकांश पत्र लौटा दिए गए। उनमें से एक अभी भी पटना के कदमकुआँ इलाके में एक घर की दीवार पर लटका हुआ है, जहाँ नारायण और उनकी पत्नी दोनों ने अपने आखिरी साल बिताए थे। यह पत्र नेहरू द्वारा प्रभावती को 1958 के दौरान हिंदुस्तानी में हस्तलिखित पत्र था। पत्र की सामग्री संक्षेप में बताती है कि प्रभावती ने लड़कियों के लिए एक स्कूल शुरू करने और उसका नाम कमला नेहरू के नाम पर रखने की कामना की थी। उन्होंने जवाहरलाल को लिखा था कि वह इसका उद्घाटन करेंगे या नहीं? नेहरू ने जवाब में कहा कि उन्हें खुशी है कि यह स्कूल नियोजित किया जा रहा है, क्योंकि वह लंबे समय से लड़कियों के शिक्षा के

तौर पर एक वकील थे, लेकिन उन्होंने फिर उसमें कहा, 'उन्होंने एक शपथ ली थी कि अगर कोई भी स्कूल, परियोजना या कार्यक्रम उनके पिता (मोतीलाल नेहरू) या उनकी पत्नी की याद में शुरू किया जाएगा तो वह उसके उद्घाटन में भाग नहीं लेंगे।' उन्होंने प्रभावती से कहा कि वे आगे बढ़ें और यदि आवश्यक हो तो एक अन्य अतिथि के साथ स्कूल शुरू करें। उनका ही प्रभाव था कि जयप्रकाश सर्वोदय आंदोलन में शामिल हो गए और उन्होंने उत्तर-पूर्व भारत और मध्य-पूर्व में शांति से भाग लिया। उन्होंने पटना में निर्जन और परिव्यक्त महिलाओं को शामिल करने के लिए 'महिला चरखा समिति' की स्थापना की और गांधीवादी मॉडल पर चरखा चलाया। अंतिम कुछ वर्ष उनके लिए विशेष रूप से दर्दनाक थे, क्योंकि वो कैंसर से पीड़ित थीं। 15 अप्रैल, 1973 को उनकी मृत्यु हो गई।

रामदुलारी सिन्हा

इनका जन्म 8 दिसंबर, 1922 को गोपालगंज में जन्म हुआ। 1938 में उनका विवाह ठाकुर युगल किशोर प्रसाद सिन्हा से हुआ। रामदुलारी सिन्हा बिहार से

तीन बार लोकसभा सदस्य और केंद्र में कई मंत्रालयों में मंत्री रहीं। उच्च शिक्षित रामदुलारी सिन्हा ने स्वतंत्रता आंदोलन में बढ़-चढ़कर हिस्सा लिया और स्वतंत्रता के बाद वे श्रमिक वर्ग के हितों के लिए लगातार लड़ती रहीं। उन्होंने कई मजदूर संगठनों की अगुवाई की। उन्होंने दहेज प्रथा, परदा प्रथा और छुआछूत खत्म करने के लिए भी काम किया। वे 1973 में संयुक्त राष्ट्र की एजेंसी 'अंतरराष्ट्रीय श्रम संगठन' की उपाध्यक्ष भी चुनी गईं।

स्वतंत्रता आंदोलन में सक्रिय : बिहार में रामदुलारी सिन्हा का नाम बहुत सम्मान से लिया जाता है। उनका पूरा परिवार स्वतंत्रता आंदोलन में शामिल था। वे 1947-48 में बिहार प्रदेश यूथ कांग्रेस की महासचिव बनाई गईं। इसी दौरान वे बिहार महिला कांग्रेस की संगठन सचिव बनाईं गईं।

तीन बार संसद् में रहीं उन्होंने 1962 में तीसरी लोकसभा का चुनाव कांग्रेस पार्टी के टिकट पर पटना से जीता था। एक बार फिर उन्होंने 1980 में शिवहर से लोकसभा का चुनाव जीता और इंदिरा गांधी की सरकार में सूचना प्रसारण, इस्पात

और वाणिज्य राज्य मंत्री बनीं। 1984 में उन्होंने एक बार फिर शिवहर से चुनाव जीता। इसके बाद वे केंद्र में गृह राज्य मंत्री बनीं। बिहार सरकार में मंत्री बनने का गौरव प्रपट हुआ। रामदुलारी सिन्हा बिहार की पहली विधानसभा में विधायक चुनकर आईं। उन्होंने 1967 में फिर बिहार विधानसभा का चुनाव जीता।

केरल की राज्यपाल : वे बिहार की पहली महिला थीं, जो किसी राज्य में राज्यपाल बनाई गईं। वे 23 फरवरी, 1988 से 12 फरवरी, 1990 तक केरल की राज्यपाल रहीं। 1952 में बिहार विधानसभा की सदस्य चुनी गईं। 1962 से 1980 और 1984 में लोकसभा की सदस्य चुनी गईं। 1988 में केरल की राज्यपाल बनाई गईं। 31 अगस्त, 1994 को उनका निधन दिल्ली में हुआ।

श्रीमती प्रियंवदा नंदक्युलियार

10 अक्तूबर, 1902 को श्री अंबिका चरणजी, जो पलटपुरा, बिहारशरीफ, नालंदा (तत्कालीन पटना जिला) के निवासी थे, की पुत्री प्रियंवदा नंदक्युलियार

का जन्म हुआ था। दरियापुर सौर, गया इनका ननिहाल था। ये 6 फरवरी, 1920 को वैरिस्टर श्रीराम किशोर लाल नंदक्युलियार से परिणय सूत्र में बँधी। श्री राम किशोरीजी गांधीवादी थे, जिन्होंने 6 अप्रैल, 1919 को बापू के सिद्धांतों एवं विचारों से प्रभावित होकर वकालत का पेशा त्याग दिया था। इनके पदचिह्नों पर श्रीमती नंदक्युलियार ने गया में राजनीतिक तथा सामाजिक क्षेत्र में अपनी उपस्थिति दर्ज कराते हुए आजन्म खादी का व्रत धारण किया। इन्होंने 1941 ई. में व्यक्तिगत सत्याग्रह आंदोलन किया था, जिसके फलस्वरूप इनको जेल जाना पड़ा था। सन् 1942 के 'भारत छोड़ो आंदोलन' के क्रम में भी इन्होंने जेल-यात्रा की थी।

सन् 1945 से 1954 तक ये 'माता कस्तूरबा निधि' का कार्य करती रहीं, तत्पश्चात् हरिजन सुधार एवं अछूतोद्धार कार्यक्रम में सम्मिलित हुईं। 1958 तक ये 'महिला चरखा समिति' से जुड़ी रहीं तथा शुद्ध सेवाभावना एवं निष्ठा से स्वदेशी आंदोलन का हिस्सा रहीं। स्वाधीनता आंदोलन में त्याग एवं समर्पण की भावना से आत्मोसर्ग करनेवाली प्रियंवदा नंदक्युलियार की सेवानिष्ठा अनुकरणीय है।

सुमित्रा देवी

सुमित्रा देवी (25 सितंबर 1922—3 फरवरी, 2001)

सुमित्रा देवी बिहार की भारतीय राष्ट्रीय कांग्रेस की राजनीतिज्ञ थीं। वह पहली बार 1952 में बिहार विधानसभा के लिए चुनी गईं। 1963 में वह बिहार की पहली महिला कैबिनेट मंत्री बनीं। सुमित्रा देवी का जन्म मुंगेर जिले में 25 सितंबर, 1922 को हुआ था और उनकी मृत्यु 3 फरवरी, 2001 को हुई थी। सुमित्रा देवी का विवाह स्वर्गीय श्री ज्ञानेश्वर प्रसाद से हुआ था। उनके दो बेटे (मंजुल कुमार और राजशेखर) और एक बेटी थी। वह पूर्व लोकसभा अध्यक्ष मीरा कुमार की सास थीं।

वर्ष 1977 में सुमित्रा देवी केंद्रीय मंत्रिमंडल में शामिल होनेवाली बिहार की पहली महिला रहीं। तब उन्हें केंद्रीय विकास मंत्रालय की जिम्मेदारी दी गई थी। राजनीतिक क्षेत्र में परचम फहराने के अलावा सुमित्रा देवी ने बिहार में दलितों, पिछड़ों को गोलबंद करने में अहम भूमिका का निर्वहन किया। बिहार के राजनीतिक इतिहास में अपना स्थान सुनिश्चित करनेवाली सुमित्रा देवी का जन्म कुशवाहा (ओ.बी.सी.) परिवार में हुआ। इन्हें 'बिहार की इंदिरा गांधी' भी कहा जाता है। वजह यह कि जब इंदिरा गांधी भारत की प्रथम महिला प्रधानमंत्री बनीं, तब उन्हीं के समानांतर सुमित्रा देवी भी बिहार सरकार में प्रथम महिला कैबिनेट मंत्री बनीं। पिछड़े समाज से आनेवाली सुमित्रा देवी ने अपने समय में समाज की रूढ़ियों को तोड़ा और यह साबित किया कि पिछड़े समाज की महिलाएँ भी सामाजिक क्षेत्र में आगे बढ़ सकती हैं। उन्होंने राजनीति में सक्रिय भागीदारी की और अपने नेतृत्व का

लोहा मनवाया। वाक्पटुता के अलावा उनकी खासियत थी, जनता के साथ उनका प्रत्यक्ष जुड़ाव। वे मानवीय मूल्यों को तरजीह देती थीं। जो एक बार भी उनसे मिला, उनकी हाजिरजवाबी से परास्त हुआ सदा-सदा के लिए उनका मुरीद और अनुगामी हो गया। समय के पट पर उनकी छाप का अनूठापन आज भी लोगों के दिलोदिमाग में विस्मय पैदा करता है।

श्रीमती सुनीति देवी

इनका जन्म और ब्याह मुजफ्फरपुर जिले में हुआ था। सन् 1958 ईस्वी में पिता के घर से ससुराल न जाकर अपने पति श्री किशोरी प्रणन सिंह के पास (मुजफ्फरपुर) आईं। उस समय की जबरदस्त परदा प्रथा तोड़कर पति के साथ कांग्रेस की सेवा करने लगीं। काम करने की ऐसी पक्की धुन लगी कि भूख, नींद, वर्षा, गरमी, सर्दी और हैरानी-परेशानी का ध्यान ही नहीं रहता था। कई साल दिन-रात काम करते रहने से बीमार हो गईं। आर्थिक संकट के कारण यथेष्ट चिकित्सा या सेवा-शुश्रूषा ना हो सकी। देश सेवा की अटूट लगन का आदर्श छोड़कर यह कार्यशील कर्मठ महिला असमय ही चल बसीं। मुजफ्फरपुर जिले की अन्य तीन देश सेविकाओं के नाम भी उल्लेखनीय हैं—संध्या देवी, रामतुनक देवी और राधिका देवी।

सीता देवी

सीता देवी का जन्म पूर्वी चंपारण के सेमराही ग्राम में सन् 1904 ईस्वी में हुआ था। जो गंडकी नदी के किनारे बसा हुआ है। इनके पिता पं. भागवत तिवारी दियारे क्षेत्र के नामी जमींदार थे। स्वतंत्रता आंदोलन में चंपारण की महिला सेनानियों में इनका नाम बड़े ही आदर और सम्मान के साथ लिया जाता है। जिले में बहुत सी ऐसी महिलाएँ थीं, जिन्होंने अपने पति के कंधे-से-कंधा मिलकर आंदोलन को गति दी थी। उनमें रामवती देवी, शिवमंगला देवी, पार्वती देवी, सखावती देवी (माताजी नाम से प्रसिद्ध) का नाम स्वतंत्रता आंदोलन के दौरान अग्रेजों के लिए सिरदर्द बना हुआ था।

चंपारण में परदा आंदोलन का नेतृत्व सीता देवी ने किया था। 26 जनवरी, 1932 ईस्वी में मोतिहारी के ज्ञानबाबू चौक से बजरिया पंडाल आश्रम के लिए निकले जुलूस का नेतृत्व सीता देवी ने किया था, जिसमें सैकड़ों की संख्या में महिलाएँ शामिल थीं। उक्त जुलूस पर अंग्रेजों द्वारा जमकर लाठीचार्ज हुआ था। इसके अगले ही दिन इनकी गिरफ्तारी हुई और 6 माह की सजा सुनाई गई। रिहा होने

बाद फिर से आंदोलन को गति देने के अपने कार्यों में जुट गईं। सन् 1942 ई. में इन्हें पुनः गोविंदगंज से गिरफ्तार किया गया और एक साल की सजा सुनाई गई। आजादी के आंदोलन के दौरान इन्होंने ब्रह्मचर्य व्रत का संकल्प ले लिया था। अतः जेल से रिहा होने के पश्चात् पूर्णिया को अपना कार्यक्षेत्र बनाया। जहाँ जीवन के अंतिम क्षण तक दलित-शोषित समाज की सेवा में लगी रहीं।

इनकी मृत्यु 10 फरवरी, 1966 ईस्वी में हुई। इनके त्याग और बलिदान की गाथा अमर है और अमर रहेगी।

श्रीमती रामदुलारी सिंह

बिहार की प्रथम तथा उस समय की एकमात्र डबल एम.ए. करनेवाली रामदुलारी सिंह एक श्रेष्ठ समाजसेवक तथा कट्टर देशभक्त श्री महेंद्र सिंह की पुत्री थीं। समाज सुधार आंदोलन, यथा परदा विरोध, स्त्री शिक्षा, अछूतोद्धार आदि आंदोलनों में इन्होंने महत्त्वपूर्ण तथा अग्रणी भूमिका निभाई थी। अपने समय के प्रतिष्ठित पत्रों में इनके लेख तथा निबंध हिंदी तथा अंग्रेजी भाषाओं में सारगर्भित माने जाते थे। इनकी वाचा शक्ति काफी प्रबल थी। भाषण देते समय मानो इनकी जिह्वा पर सरस्वती का वास होता था। इनका भाषण सजीव तथा प्रभावशाली होता था।

नेहरूजी ने इनके बारे में कहा था कि सार्वजनिक क्षेत्र में इन्हें ऊँचे मुकाम पर होना चाहिए तथा जिस निर्भीकता से ये भाषण देती हैं, उससे मैं अत्यधिक प्रभावित हूँ। कांग्रेस के वार्षिक अधिवेशनों यथा बंबई, मेरठ, जयपुर, भावनगर तथा पटना में इन्होंने उच्च कोटि का वक्तव्य देकर हजारों लोगों को स्वाधीनता आंदोलन में सर्वश्रेष्ठ प्रदान करने हेतु प्रेरित किया था। आजादी की लड़ाई में ये खुशी-खुशी जेल-यात्रा करती थीं तथा यह अत्यंत गर्व एवं प्रेरणास्पद है कि इनका संपूर्ण परिवार (मायका तथा ससुराल) स्वाधीनता आंदोलन में जेल की यातना सह चुका था।

अनेक वर्षों तक ये गांधी राष्ट्रीय स्मारक निधि, बिहार शाखा की मंत्रिणी रहीं तथा आचार्य विनोबा भावे के भूदान आंदोलन से जुड़कर सैकड़ों एकड़ जमीन का दान-पत्र संग्रह किया तथा राष्ट्र को अर्पित किया। 1944-45 ई. में ये कस्तूरबा छात्र समिति की उपाध्यक्ष रहीं। मुंगेर के प्रलयंकारी भूकंप के समय पीड़ितों की सेवा हेतु अथक परिश्रम किया। घर-घर घूमकर धन तथा कपड़े इकट्ठा कर श्रीमती रामदुलारी सिंह ने दुस्साध्य कर्तव्यनिष्ठा से पीड़ितों की सेवा की थी। इन्हीं

की अध्यक्षता में नरकटियागंज, चंपारण में चीनी मिल मजदूरों के संगठन की नींव पड़ी थी।

अखिल भारतीय अल्युमीनियम कर्मचारी फेडरेशन का प्रथम सम्मेलन इन्हीं के सभापतित्व में हुआ था। ये अनेक कर्मचारियों एवं मजदूर संघों की सदस्या रहीं। ये बिहार श्रमिक शिक्षण संस्थान में मंत्रिणी रही थीं। ये किसान आंदोलन से भी संबद्ध रही थीं। 'हिंदी, अरब मैत्री संघ' की सभा नेत्री के रूप में भी इन्होंने कार्य किया था।

बिहार विश्वविद्यालय, पटना रेडियो, बिहार पुस्तकालय संघ, महिला ट्रेनिंग/प्रशिक्षण विश्वविद्यालय, बालिका विद्यालय समिति आदि की सक्रिय सदस्य रहीं तथा करीब बीस वर्षों तक सार्वजनिक जीवन में सेवारत रहीं।

इनका योगदान अत्यंत ही सराहनीय एवं जीवन चरित्र प्रेरणादायक है। वर्तमान काल की नारी-शक्ति के लिए अनुकरणीय रामदुलारी सिंह बिहार की गौरव हैं।

इनके पिता श्री महेंद्र सिंहजी एक श्रेष्ठ समाजसेवी और कट्टर देशभक्त थे। गांधीजी की पुकार पर आजादी की लड़ाई में खुशी-खुशी सपरिवार जेल-यात्रा कर चुके थे। इनके भाई, भतीजा, ससुर और पति ने कुर्बानी की मिसाल कायम की। इनके मायके और ससुराल के परिवारों से समाज सुधार, परदा विरोध, स्त्री शिक्षा, अछूतोद्धार आदि को बड़ा बल मिला। जब यह बोलने के लिए खड़ी होती हैं, इनकी जिह्वा पर सरस्वती विराजमान रहती है। इनकी भाषा सजीव और प्रभावशाली होती है। यह प्रेमचंद्र की भाषा बोलती है। व्याख्यान में इनकी निर्भीकता देख पं. नेहरूजी ने लिखा था, 'सार्वजनिक क्षेत्र में महिलाओं को प्रोत्साहन मिलना चाहिए। मुंबई में ऑल इंडिया कांग्रेस कमेटी के अवसर पर श्री रामदुलारी सिंहजी ने निर्भयता से भाषण किया, उससे मैं प्रभावित हूँ।' इस प्रकार मुंबई, मेरठ, जयपुर, भगवानपुर और पटना के कांग्रेस अधिवेशन में इनके उच्च कोटि के भाषणों ने इनके निर्मल यश पर चार चाँद लगा दिए हैं।

मुनेश्वरी देवी

स्वाधीनता आंदोलन के प्रसिद्ध सेनानी तथा साहित्यिक व्यक्ति श्री रामचरण सिंह 'सारथी' की धर्मपत्नी मुनेश्वरी देवी, जो मसौढ़ी जिला पटना की थीं, 1928 ई. में परिणय सूत्र में बँधे थे। इनकी शिक्षा इनके ससुराल में ही मिडल स्तर तक हुई थी, लेकिन कुशाग्र बुद्धि एवं तीक्ष्ण प्रतिभा की धनी मुनेश्वरी देवीजी के मन-मस्तिष्क

में भारतीय स्वतंत्रता की भावना हावी होने लगी तथा अपने पति के साथ ये सविनय अविज्ञा आंदोलन तथा 'नमक सत्याग्रह' में सम्मिलित हुईं।

बहिष्कार आंदोलन तथा मद्यनिषेध आंदोलन जारी रखने के क्रम में रामचरण सिंह को दारोगा ने थाने में लाठी से पीटते हुए यातना दी तो मुनेश्वरी देवीजी ने अपनी संगिनी प्रेमलता सिन्हा के साथ थाने में धरना दिया था। इन्होंने बाजार में विदेशी वस्त्रों की होली कार्यक्रम का आयोजन कर ब्रिटिश प्रशासन के विरुद्ध आवाज बुलंद किया।

श्री प्रेमलता सिन्हा को भी इनके साथ 1930 ई. में तीन माह के कैद की सजा सुनाई गई थी। जेल में ही इनका संपर्क एवं मेल-जोल श्रीमती रामप्यारी देवी, मनोरमा देवी तथा चंद्रावती देवी जैसी स्वाधीनता आंदोलन की वीरांगनाओं से हुआ, जिनकी सहायता से जेल से रिहा होने के पश्चात् इन्होंने ग्रामीण नारी-शक्ति को एकजुट तथा जाग्रत् कर स्वाधीनता आंदोलन की कार्यकर्ता तथा स्वयंसेविका बनाने हेतु प्रोत्साहित किया। विभिन्न गाँवों यथा बोलछी, बेढ़ना तथा बढ़ौना आदि में प्रशिक्षण शिविरों का आयोजन कर स्वाधीनता स्वयंसेविकाओं के निर्माण का महत्त्वपूर्ण कार्य संपादित किया। स्वदेश आंदोलन को बल देने तथा राष्ट्रीय चेतना विकास हेतु इन्होंने खादी का महत्तम प्रचार-प्रसार किया। पटना जिले की नारी-शक्ति को सत्याग्रहियों के रूप में ढालने में रामप्यारी देवी, सरस्वती देवी के साथ मुनेश्वरी देवीजी का नाम भी आदर से लिये जाने के योग्य है।

श्रीमती सुदामा सिन्हा

इनके पिता श्री हरदेव सिंहजी सरल प्रकृति के संस्कारी व्यक्ति हैं। उन्हीं की प्रेरणा से इनको देश और समाज की सेवा की लगन लगी। यह सूत कातने की कला में परम प्रवीण हैं और उन्हीं से बुनी खादी पहनती है। ऐसी सादगीपसंद है कि शरीर पर कोई प्रसाधन नहीं, केवल समाज सेवा ही आभूषण है। इनका ब्याह दलसिंहसराय दरभंगा के पास तबका ग्राम में हुआ है। ससुरालवाले भी परदा विरोधी हैं। इन्हें सिर्फ काम ही करते रहने के धुन है, आराम को हराम मानती हैं। किसी दल की सदस्य नहीं हैं। राजनीति से दूर और समाज कल्याण के अति समीप रहती हैं। नानपुर पुपरी, मुजफ्फरपुर की समाज कल्याण विस्तार परियोजना की अध्यक्षा हैं, इसमें बालवाड़ी प्रौढ़ महिला शिक्षा केंद्र, कताई हस्तकला केंद्र, संस्कृतिक केंद्र आदि विभाग हैं, जिनमें एक मुख्य सेविका के अलावा 6 ग्राम 4 परिचारिकाएँ 6 बालवाड़ी शिक्षिकाएँ संप्रति कार्यरत हैं। समय-समय पर शिशु दिवस, नृत्य संगीत

आदि के आयोजन होते रहते हैं। इनका मुखयालय जानीपुर में है, जहाँ से पुपरी और बेला जाकर इन्होंने कभी शिक्षा प्राप्ति की थी। मैट्रिक तक पढ़कर इन्होंने चंदवारा, मुजफ्फरपुर के महिला विश्वविद्यालय में प्रशिक्षण पाया। स्काउट गाइड की शिक्षा भी पाई। बिहार समाज शिक्षा परिषद् की ओर से घूम-घूमकर जब श्रीमती गौरी चक्रवर्ती महिलाओं को शिक्षा दे रही थीं, तब इन्होंने भी उनके शिविर लखीसराय में जाकर समाज सेवा और ललित कला की शिक्षा पाई थी। यह कोरी सिद्धांतवादिनी नहीं हैं, संपूर्णतया व्यावहारिक और कार्य तत्पर नारी हैं।

श्रीमती अमला मुखर्जी

श्रीमती अमला मुखर्जी का कार्यक्षेत्र बिहार के मुजफ्फरपुर जिले में था, जहाँ इनके पति सरकारी प्राध्यापक होने के कारण पदस्थापित थे, जबकि इनका जन्म सुनामगंज, जिला सिथहत, वर्तमान बंगलादेश में 1905 ई. को हुआ था। इनकी प्रारंभिक शिक्षा घर पर ही पिता द्वारा प्रदान की गई तथा इन्हें संस्कृत तथा बंगला भाषा का ज्ञान प्राप्त हुआ। पति के विद्वान् होने का लाभ इनको यह हुआ कि ये अंग्रेजी, अर्थशास्त्र, इतिहास तथा राजनीति विज्ञान की शिक्षा मिली।

1921-22 में मुजफ्फरपुर में परदा-प्रथा उन्मूलन अभियान में ये प्रमुखता से सम्मिलित हुईं तथा स्वाधीनता आंदोलन की स्वयंसेविका के रूप में नारी उत्थान तथा जागरण अभियान को आगे बढ़ाया। ग्रामीण महिलाओं एवं आदिवासी क्षेत्रों में इन्होंने सेवा कार्य चलाकर उनके जीवन स्तर में विकास तथा सुधार हेतु प्रयास किया।

स्वतंत्रता-प्राप्ति काल की अवधि 1946-47 ई. में जब भारत-विभाजन का दंश झेलने को मजबूर था तथा भयानक सांप्रदायिकता की आग में जल रहा था, महात्मा गांधी ने इन्हें मृदुला सारा भाई के साथ मुसलिम संप्रदाय के साथ सेवा कार्य के लिए चुना।

ये बिहार के अन्य भागों में भी रहीं, क्योंकि इनके पति का पद स्थानांतरणीय था। नए वातावरण में भी ये सहजता एवं सुगमता से शामिल होकर जनसाधारण को अंग्रेजी साम्राज्यवाद का विरोध एवं स्वाधीनता आंदोलन से जुड़ने की प्रेरणा देती रहीं। खादी का प्रचार-प्रसार, विदेशी वस्त्रों का बहिष्कार, शराब की दुकानों पर धरना देना, छुआछूत उन्मूलन कार्यक्रम तथा परदा प्रथा उन्मूलन अभियान में ये सक्रियता से भाग लेती थीं। मृत्युपर्यंत ये नारी-शक्ति जागरण के लिए संघर्षशील रहीं तथा अघोरकामिनी शिल्पालय से जुड़कर इसके विकास हेतु प्रयत्नशील रहीं। 1960 ई. में ये परलोक सिधारीं, लेकिन नारी-शक्ति को अनुकरणीय उदाहरण प्रस्तुत कर गईं।

राजेश्वरी सरोज दास

राजेंद्र प्रसाद, श्रीकृष्ण सिंह और यदुवंश सहाय सरीखे राष्ट्रवादियों की प्रेरणाश्रोत श्रीमती राजेश्वरी सरोज दास का जन्म 02 नवंबर, 1914 को डॉल्टनगंज में हुआ था। प्रवेशिका उत्तीर्ण करने तथा शिक्षक प्रशिक्षण प्राप्त करने के उपरांत ये स्थानीय बालिका मध्य विद्यालय में प्रधानाध्यापक के पद को सँभाला।

श्रीमती दास एक विख्यात स्वतंत्रता सेनानी, कुशल संगठनकर्ता, ईमानदार प्रशासक तथा कर्मठ विधायक थीं। 1937 के विधानसभा चुनाव में उन्होंने श्री यदुवंश सहाय को विजयी बनाने हेतु सार्थक प्रचार-प्रसार किया था, जिसके परिणामस्वरूप तत्कालीन बिहार की प्रांतीय असेंबली में वे विधायक बने।

1940 में रामगढ़ कांग्रेस के वार्षिक अधिवेशन में डॉल्टनगंज से पैदल यात्रा कर श्रीमती दास ने पलामू की अन्य महिलाओं एवं स्वयंसेवकों के साथ इस अधिवेशन को सफल बनाने हेतु प्रसंशनीय योगदान दिया था।

सविनय अवज्ञा आंदोलन के द्वितीय चरण में व्यक्तिगत सत्याग्रह करते हुए द्वितीय विश्वयुद्ध में शामिल साम्राज्यवादी राष्ट्रों के विरुद्ध प्रदर्शन एवं नारा लगाने के आधार पर अप्रैल 1941 में उन्हें गिरफ्तार कर 5 दिनों की साधारण कैद की सजा हुई थी।

क्रांतिकारी गणेश प्रसाद वर्मा तथा गौरीशंकर ओझा के साथ उन्होंने यदुवंश सहाय के नेतृत्व में ग्राम संगठन का कार्य देश की रक्षा, भावी क्रांति के लिए जनमानस को तैयार करने के उद्देश्य से राजनीतिक सभाओं एवं विचार गोष्ठी द्वारा कार्यान्वित किया था। 1942 के 'अगस्त क्रांति' के पूर्व ही उन्हें भुवनेश्वर चौबे के साथ भारत रक्षा कानून 35 (5) के अंतर्गत गिरफ्तार कर जेल भेज दिया गया था। तत्पश्चात् 1942 के 'भारत छोड़ो आंदोलन' के दौरान भी उन्हें कैद किया गया था।

स्वतंत्रता-प्राप्ति के पश्चात् वे लंबे समय तक बिहार विधानसभा एवं विधान परिषद् की सदस्य होने के साथ-साथ उन्होंने विधान परिषद् की उपसभापति तथा कार्यकारी सभापति का कार्यभार भी सँभाला था। एक कुशल संगठनकर्ता के अतिरिक्त वे परदा विरोधी आंदोलन में भी सक्रिय रही थीं तथा बड़े ही धैर्य एवं संयम के साथ पलामू जिले के ग्रामीण क्षेत्रों में कृषकों एवं महिलाओं को संगठित कर राष्ट्रीय चेतना जाग्रत् करने में महत्त्वपूर्ण भूमिका निभाई थी।

नेताजी सुभाषचंद्र बोस तथा विधान चंद्र राय की तरह आजीवन अविवाहित रहकर उन्होंने एक सच्चे राष्ट्रभक्त, धैर्य एवं हिम्मत से परिपूर्ण स्वतंत्रता सेनानियों के

कर्तव्य का निष्ठापूर्वक अनुपालन किया तथा स्वातंत्र्योत्तर भारत में कुशल प्रशासक एवं ईमानदार विधायक की भूमिका का निर्वहन भी किया। वर्तमान युग के नारी-शक्ति की वो प्रेरणास्रोत सिद्ध होती हैं।

केतकी देवी

पश्चिमी चंपारण जिला के बेतिया थाना के अंतर्गत बानूछपुर गाँव में बेतिया राज के प्रमुख पुजारी पं. मनमोहन झा की पुत्री केतिकी देवी अपने पति प्रजापति मिश्र के गांधीवादी विचार से प्रभावित होकर परदा प्रथा का विरोध कर स्वाधीनता आंदोलन में सक्रिय हुई थीं।

उन्होंने अपनी पढ़ाई गाँव के प्राथमिक पाठशाला से की तथा 12 वर्ष की अल्पायु में ही उनका विवाह हो चुका था। पारिवारिक दायित्व का कुशलतापूर्वक निर्वहन करते हुए उन्होंने सविनय अवज्ञा आंदोलन, नषा मुक्ति आंदोलन एवं नमक सत्याग्रह आंदोलन में महिला जत्था को नेतृत्व प्रदान किया। उनका कार्यक्षेत्र बेतिया तथा आसपास का इलाका था। कांग्रेस सेवा संघ के 1937 के वृंदावन आश्रम के अधिवेशन में उन्होंने महत्त्वपूर्ण योगदान दिया था। वे 1953 से 1962 तक बिहार विधानसभा की सदस्य भी रही थीं तथा प्रथम चुनाव में निर्विरोध चुनी गई थीं। वह एक प्रखर राष्ट्रवादी तथा समाज सुधार कार्यों में निरंतर सेवारत कार्यकर्ता थीं। 57 वर्ष की उम्र में 1966 में उनका निधन हुआ था।

जगरानी देवी

शाहाबाद जिले के सरवरा ग्राम में रामनारायण राय की पुत्री जगरानी देवी का जन्म 1897 ई. में हुआ था तथा 1908 में सिर्फ 11 वर्ष की अवस्था में प्रख्यात लेखक तथा स्वतंत्रता सेनानी श्री भवानी दयाल संन्यासी से परिणय सूत्र में बँधकर अपनी जीवन-यात्रा में अग्रसर हुईं। यद्यपि आप निरक्षर थीं, परंतु आर्यसमाजी प्रचारिका पंडिता कौशल्या देवी के संपर्क में निरंतर प्रयास से हिंदी भाषा का ज्ञान अर्जित कर अपने पति के कार्यों में सहयोग करने लगीं।

श्रीमती जगरानी देवी 1912 ई. में अपने पति के साथ डरबन (दक्षिण अफ्रीका) पहुँचीं तत्पश्चात् ट्रांसवाल में यंगमैन एसोसिएशन की संस्थापना में सहयोगी बनीं। दक्षिण अफ्रीका में जब भारतीय मजदूरों ने प्रतिवर्ष 'तीन पौंड कर' के विरुद्ध आंदोलन का सूत्रपात किया था तो श्रीमती जगरानी देवी ने अपने पति के साथ 25 हजार श्रमिकों का नेतृत्व करते हुए अग्रणी भूमिका निभाई थी।

इस आंदोलन में सक्रिय भूमिका निभाने के कारण उन्हें पति के साथ तीन महीने के कठोर कारावास का दंड मिला था। नेटाल में इन्होंने अपने पति के साथ ही 'हिंदी आश्रम' की स्थापना 1915 ई. में की थी, जिसमें पाठशाला, पुस्तकालय एवं छापाखाना की व्यवस्था की गई थी। इस आश्रम में रात्रि पाठशाला तथा हिंदी भाषा के प्रचार-प्रसार के साथ-साथ बालक-बालिकाओं को निःशुल्क हिंदी पढ़ाने का कार्य किया जाता था। श्रीमती जगरानी देवी की आकांक्षा से 'हिंदी' नामक साप्ताहिक पत्रिका का प्रकाशन (1922-25) किया जाता था, जिसके लिए डरबन के समीप जैकलस में एक हिंदी प्रेस की स्थापना की गई थी। आपका देहांत असमय ही 1921 ई. में हो चुका था, इसलिए इनके पति ने इस 'हिंदी प्रेस' का नाम 'जगरानी प्रेस' रखा तथा 'हिंदी' के संपादक के रूप में इस पत्रिका के विशेषांक को हिंदी साहित्य का स्थायी संपत्ति घोषित करवाने का वांछित कार्य किया था।

महज 24 वर्षों की आयु में असमय काल-कवलित होने के बावजूद जितने अल्प समय में श्रीमती जगरानी देवी ने दक्षिण अफ्रीका में हिंदी के विकास, प्रवासी मजदूरों के समर्थन एवं अधिकार हेतु आंदोलन एवं शिक्षा की अलख जगाई, वो सदैव नारी-शक्ति का प्रेरणास्रोत बना रहेगा। 1857 की क्रांति का एक प्रमुख केंद्र बिहार का आरा जिला भी था, जहाँ जगदीशपुर के जमींदार 80 वर्षीय बाबू कुँवर सिंह के नेतृत्व में अंग्रेजी ईस्ट इंडिया कंपनी की हुकूमत के खिलाफ सशस्त्र विद्रोह वातावरण का निर्माण हुआ तथा बिहारी जनमानस ने स्वतंत्रता-प्राप्ति की अवधारणा को सर्वप्रथम आत्मसात् किया। इस क्रांतिकारी घटना का उल्लेख इतिहास में सर्वत्र दर्ज है, परंतु इस हिंसक क्रांति में भी बिहार की नारी-शक्ति ने बलिदान दिया था, इस संबंध में नहीं के बराबर जानकारी उपलब्ध है।

19वीं सदी के कतिपय आलेखों एवं दस्तावेजों से ज्ञात होता है कि बाबू कुँवर सिंह की प्रेयसी एवं शाहाबाद की नर्तकी गुलाबी सिर्फ नृत्य कला में ही प्रवीण नहीं थी, बल्कि तलवार की हनक भी दिखाती थी। कुँवर बाबू की जान बचाने के क्रम में ये 1857 की युद्ध में शहीद हुई थी। यह भी पता चलता है कि जगदीशपुर, पीरो, बीबीगंज और आरा की कई महिलाओं ने 1857 के प्रथम स्वतंत्रता आंदोलन के दौरान गुप्त रूप से बाबू कुँवर सिंह की सेनाओं को मदद एवं सहयोग किया था।

आरा की करमन बाई, धरमन बाई का नाम नर्तकी गुलाबी के साथ उल्लेखनीय है। यद्यपि इस आंदोलन को हवा दिया गया, लेकिन इन महिलाओं की चर्चा से महिला वर्ग में एक जागृति के भाव का सूत्रपात हुआ।

1857 की क्रांति में शहीद हुई स्वतंत्रता सेनानियों के संबंध में विशेष जानकारी उपलब्ध नहीं हो पाती है, परंतु कुछ एक नाम आवश्यक प्राप्त होते हैं। मुजफ्फरपुर की आशा देवी, भगवती, भगवानी, हबीबा जमीला मेहरी, इंद्र कौर, माम कौर, रहीमी, राजकौर, रंग वीरी, शोभा देवी, रसूलपुर की बेली, छाजू नगर की लेखा, नागली की रत्ना और पलवल की मोनी नाम की शहीद महिलाओं का जिक्र मिलता है, जो 1858 में शहीद हुई थीं। स्वाधीनता आंदोलन के इतिहास में ये गुमनाम ही रहीं अथवा इनके योगदान का यथेष्ट निरूपण नहीं हो पाया।

बेला मित्र

रिश्ते में नेताजी सुभाषचंद्र बोस की भतीजी तथा सुरेशचंद्र बोस की पुत्री बेला मित्र का जन्म नवंबर 1920 ई. में बिहार के भागलपुर शहर में हुआ था। इनका विवाह 1936 ई. में जसोहर के श्री हरिदास मित्र के साथ हुआ। दोनों तरफ का परिवार देशभक्त स्वतंत्रता सेनानियों का था तथा पति क्रांतिकारी विचारों से आप्त थे। पारिवारिक वातावरण की पृष्ठभूमि में श्रीमती बेला मित्र के संस्कार में देशभक्ति एवं स्वाधीनता की समग्र भावना का जागरण हुआ था।

1939 के कांग्रेस के वार्षिक अधिवेशन में नेताजी सुभाषचंद्र बोस अध्यक्ष निर्वाचित हुए थे, परंतु अपने उग्र विचारों के कारण तथा द्वितीय विश्वयुद्ध के दौरान कांग्रेस के दल मूल आंदोलनकारी प्रयत्नों से क्षुब्ध होकर उन्होंने कांग्रेस छोड़ने का निर्णय लिया था। साथ ही गांधीजी सीता रमैया को कांग्रेस का अध्यक्ष बनाना चाहते थे, इसलिए उन्होंने नेताजी पर पद-त्याग हेतु दवाब बनाया था।

1940 के रामगढ़ कांग्रेस में नेताजी ने कांग्रेस विरोधी सम्मेलन बुलाया तो 19 वर्षीय श्रीमती बेला मित्र को 'नारी वाहिनी' का कमांडर नियुक्त किया गया। 1938 में ही जसोहर में इन्होंने महिला समिति का गठन किया था। अपने घर में नजरबंदी के बाद 15 जनवरी, 1941 को जब नेताजी रहस्यमय तरीके से निकलकर जापान तथा जर्मनी पहुँचे, उसी अवधि में हरिदास मित्र द्वारा एक समिति का गठन किया गया था, जिसमें श्रीमती बेला मित्र का महत्त्वपूर्ण योगदान था।

वीरांगना श्रीमती बेला मित्र अपने पति के साथ उड़ीसा में कोणार्क के रास्ते गुप्त तरीके से शस्त्रों का आयात कर आजाद हिंद फौज को पूर्ण सहयोग प्रदान करती रहीं। क्रांतिकारी बेला मित्र ने भारत के अन्य क्षेत्रों से स्वाधीनता आंदोलन में सक्रिय एवं जाग्रत् नारी-शक्ति को समर्थन एवं प्रोत्साहन द्वारा संगठित करने के महत्त्वपूर्ण दायित्व का निर्वहन किया था।

जापान की द्वितीय विश्वयुद्ध में पराजय के बाद आजाद हिंद फौज के 51 क्रांतिकारियों को फाँसी की सजा दी गई थी तो गांधीजी की सहायता से इन्होंने सभी क्रांतिकारियों की घोषित मुत्युदंड की सजा को आजीवन कारावास में परिणित कराया था। स्वतंत्रता-प्राप्ति के समय देश विभाजन के कारण व्याप्त सांप्रदायिक दंगों से प्रभावित तथा शरणार्थी परिवारों की सेवा, सहायता एवं पुनर्वास हेतु श्रीमती बेला मित्र ने अत्यंत ही प्रशंसनीय कार्य किया था।

स्वतंत्रता-प्राप्ति के पश्चात् भी इन्होंने नारी-शक्ति के यथेष्ट उत्थान हेतु अपने जीवन को समर्पित किया। 31 जुलाई, 1952 को इनके देहावसान के पश्चात् इनके सम्मान में अभयनगर स्टेशन का नाम बदलकर बेला नगर किया गया। स्वाधीनता आंदोलन में महिलाओं के योगदान की कड़ी में बेला मित्र की चर्चा के बिना यह अध्याय अधूरा ही रहेगा।

पंडिता चंदा बाई

पंडिता चंदा बाई का जन्म 1890 ई. में वृंदावन, उत्तर प्रदेश में हुआ था तथा इनके माता-पिता का नाम राधिका देव नारायण दास अग्रवाल था। ये बचपन से ही कुशाग्र बुद्धि की थीं तथा पाँच वर्ष की उम्र से इन्हें घर पर ही व्यावहारिक धार्मिक, सामाजिक एवं साहित्यिक शिक्षा प्रदान की गई, जिसके फलस्वरूप इन्हें हिंदी, गणित एवं धर्मशास्त्र का विशद ज्ञान प्राप्त हुआ। 1902 ई. में सिर्फ 12 वर्ष की अल्पायु में बिहार के आरा नगर के एक संभ्रांत परिवार में श्री धर्म कुमार जैन के साथ ये परिणय सूत्र में बँधी, लेकिन 1903 में ही बिहार में प्लेग महामारी के कारण ये वैधव्य को प्राप्त हुईं, लेकिन आत्मविश्वास एवं हिम्मत के साथ इन्होंने हिंदी एवं संस्कृत के अतिरिक्त जैन धार्मिक साहित्य का ज्ञान प्राप्त कर आरा के जेल रोड पर अवस्थित शांतिनाथ मंदिर प्रांगण में एक कन्या पाठशाला की स्थापना कर ये पढ़ने एवं पढ़ाने के कार्य में संलग्न हुईं। नारी शिक्षा एवं विकास के उद्देश्य से प्रौढ़ महिलाओं को भी शिक्षित करने का पुनीत कार्य आपने किया तथा आपसे प्रभावित होकर श्री बच्चू लाल जैन ने अपना मकान कन्या विद्यालय को समर्पित कर दिया, जो आज भी 'जैन कन्या पाठशाला' के नाम से आरा में प्रसिद्ध है।

ज्ञान की अलख जगाने तथा अशिक्षा एवं अज्ञानता से संतप्त नारी-शक्ति की गरिमा को पुनर्जीवित करने की सेवा का संकल्प लेने के साथ महिलाओं में अधिकार एवं कर्तव्य का बोध जाग्रत् करने हेतु इन्हें 'पंडिता' की उपाधि से अलंकृत किया

गया तथा अखिल भारतीय दिगंबर जैन महिला परिषद् के विभिन्न अधिवेशन में इन्होंने महिलाओं को संगठित एवं प्रेरित किया।

तत्पश्चात् 1921 में इन्होंने धनुपुरा स्थित अपने पारिवारिक बगीचे में 'श्री जैन बाला विश्राम धर्मकुंज' नाम से महिला आश्रम की स्थापना की तथा एक विशाल भवन का निर्माण कर भारत के अन्य भागों की विधवाओं परित्यक्ताओं को न सिर्फ शरण प्रदान किया, वरन् विवाहित एवं कुँवारी कन्याओं को उचित शिक्षा हेतु हिंदी, साहित्य, संस्कृत, न्याय, शिल्प, नृत्य, धार्मिक ज्ञान आदि प्रदान करने हेतु प्रसिद्ध विद्वानों को अध्यापक के पद पर नियुक्त किया।

'जैन महिलादर्श' नामक एक पत्रिका का प्रकाशन इन्होंने नारी शिक्षा के विस्तार के उद्देश्य से आरंभ किया तथा 1922 से 1973 तक स्वयं इसकी प्रधान संपादक रहीं। इन्होंने कई जैन ग्रंथों की रचना की तथा इनके ग्रंथों के अन्य भारतीय भाषाओं में अनुवाद भी किए गए हैं। पंडिता चंदा बाई एक विद्वान् शिक्षिका, लेखिका, कहानीकार, कवयित्री, संपादक होने के साथ-साथ एक सफल पत्रकार भी थीं।

महात्मा गांधी के चरखा आंदोलन से प्रभावित होकर 1934 में आपने एक 'चरखा भवन' का निर्माण कर 40 चरखे तथा 10 करघे द्वारा आश्रम की महिलाओं को न केवल स्वरोजगार से जोड़ा, बल्कि उनके स्थापित विद्यालय के सभी छात्राएँ एवं शिक्षिकाएँ यहीं से निर्मित वस्त्रों का प्रयोग करती थीं, जिसके कारण सभी संबंधित महिलाएँ आत्मनिर्भर हो पाईं। महात्मा गांधी, डॉ. राजेंद्र प्रसाद, पं. जवाहरलाल नेहरू तथा नेताजी सुभाषचंद्र बोस के अतिरिक्त लोकनायक जयप्रकाश नारायण, आचार्य विनोबा भावे तथा जगजीवन राम सदृश राष्ट्रवादियों ने इस आश्रम तथा विद्यालय की प्रशंसा की तथा पंडिता चंदा बाई के कृत्य को राष्ट्रीय गौरव की संज्ञा दी। जब गांधीजी कस्तूरबा के साथ यहाँ स्वयं पधारे तो पंडिता की सेवा वृत्ति देखकर अत्यंत भावुक हो गए थे।

पंडिता चंदाबाई ने बिहार की भूमि पर नारी शिक्षा एवं महिला विकास के लिए अपना सर्वस्व न्योछावर करते हुए सेवा समर्पण से नारी-शक्ति के पावन यज्ञ में आहुति दी थी, वो सर्वथा नमन के योग्य है।

सुनीति सिन्हा

तत्कालीन मुजफ्फरपुर जिले (वर्तमान वैशाली) के पातेपुर थाना के बलिगाँव में रामउदार मिश्र की पुत्री सुनीति सिन्हा का जन्म हुआ, जिनका विवाह 1927 में श्री किशोरी प्रसन्न सिंह से हुआ, जो जागोडीह (वर्तमान वैशाली) के निवासी तथा

कांग्रेस के नेता थे। जाति से अलग हटकर परिणय सूत्र में बँधने के कारण एकाएक इन्हें अपने पति के साथ हुबली (कलकत्ता) जाना पड़ा। जहाँ अलग रहने की व्यवस्था नहीं रहने के कारण ये पुरुष वेश धारण कर अपने पति के संग रहने लगीं, जिससे इनके परदों से स्वत: ही बाहर आ गईं एवं शारीरिक प्रशिक्षण पाठ्यक्रम के अंतर्गत कटार चलाना, जूडो-कराटे आदि आत्मरक्षार्थ सीखकर शारीरिक रूप से दक्ष एवं कटार चलाने में निपुण हो गईं। यहीं से उनके क्रांतिकारी जीवन का आरंभ माना जा सकता है।

हुबली से सुनीतिजी ने अपने पति के साथ वापस जागोडीह लौटकर परदा विरोधी आंदोलन को प्रारंभ किया। परदा प्रथा तथा छुआछूत के विरुद्ध आंदोलन चलाने के कारण इन्हें अपने गाँव से बाहर सोंधो (लालगंज वैशाली) में गांधी आश्रम स्थापित कर एक तरह का निर्वासित जीवन जीने को विवश होना पड़ा।

यहाँ से क्रांतिकारियों तथा आंदोलनकारियों से संपर्क स्थापित कर 1928 में मुजफ्फरपुर में एक सभा अयोजित कर 80 महिलाओं (जिसमें 35 महिलाएँ संभ्रांत परिवार से थीं) को स्वाधीनता आंदोलन तथा परदा प्रथा उन्मूलन कार्यक्रम से जोड़ा। श्रीमती राधिका देवी, जो बैकुंठ शुक्ला की पत्नी थीं, आपके साथ गांधी आश्रम की सदस्य बन गईं। महनार थाना क्षेत्र (वैशाली) के राष्ट्रवादी नेता श्री विश्वेश्वर प्रसाद की बहन कुमारी शारदा तथा उनकी बेटी कुमारी कृष्णा भी गांधी आश्रम से जुड़ीं तथा धीरे-धीरे इस आश्रम में महिलाओं की संख्या दिनोदिन बढ़ने लगी। सविनय अवज्ञा आंदोलन में नमक कानून भंग करने के सत्याग्रह में वे अपने पति के साथ जनसंपर्क हेतु पदयात्रा पर निकलीं, जिसमें सैकड़ों नवयुवकों के साथ बड़े पैमाने पर महिलाएँ भी शामिल थीं। इस अवधि में वह शारीरिक रूप से अत्यंत दुर्बल तथा क्षीण थीं, क्योंकि उन्हें प्रसव हुआ था तथा नवजात बालक मृत्यु को प्राप्त कर चुका था। इस विषम एवं कठिन परिस्थिति में भी श्रीमती सुनीति सिन्हा राष्ट्र की आजादी हेतु कृत संकल्पित रहीं।

इस पदयात्रा के दौरान सभी स्वयंसेवकों हेतु भोजन तैयार करना, बरतन की साफ-सफाई आदि के साथ छुआछूत की भावना आड़े आती थी, लेकिन इनके नेतृत्व में सभी महिलाओं ने सभी कार्य समानता एवं कर्तव्य की भावना से किया, जिसकी प्रेरणा से आसपास के गाँवों की महिलाएँ विदेशी वस्त्रों के बहिष्कार तथा प्रदर्शन हेतु बड़ी संख्या में शामिल होने लगी। तत्पश्चात् इन्होंने करबंदी आंदोलन को स्थानीय स्तर पर प्रारंभ किया तथा लोगों को ब्रिटिश सरकार को कर नहीं देने का अपील करने लगीं तथा अधिकारियों से कर वसूल नहीं करने हेतु प्रदर्शन किए।

इस आंदोलन में 1,300 स्वयंसेवकों हेतु उन्होंने लाल टोपी तैयार की तथा प्रदान किया। चौकीदार बंदी के वारंट के तहत जब इनके पति को अगस्त 1930 में गिरफ्तार किया गया तो आंदोलन की आग को प्रज्वलित रखने तथा स्वतंत्रता संग्राम की लड़ाई को आगे बढ़ाने हेतु आप साहस, त्याग और विद्रोह का उदाहरण बनकर आईं तथा अंग्रेजी शासन के अत्याचार एवं क्रूरता के विरुद्ध लोगों को चौकीदार टैक्स नहीं देने के लिए तैयार किया। यहाँ तक कि इलाके के सभी चौकीदार, दफादार तथा इनके अध्यक्ष ने सरकारी नौकरी से इस्तीफा दे दिया। इस उग्र आंदोलन का नेतृत्व करने के कारण उन्हें गिरफ्तार कर मुजफ्फरपुर जेल भेज दिया गया, परंतु इससे आंदोलन और अधिक व्यापक हो गया। इस क्षेत्र में नमक सत्याग्रह तथा करबंदी आंदोलन के सफलता की प्रसिद्धि पूरे देश में फैल गई। डॉ. राजेंद्र प्रसाद तथा जवाहरलाल नेहरूजी यहाँ आकर इस आंदोलन में सम्मिलित लोगों की प्रशंसा की तथा सरकार पर आंदोलन में शामिल युवकों एवं महिलाओं को कैद-मुक्त करने का दवाब बनाया, जिसके फलस्वरूप ये लोग रिहा हो पाए। 1931 में इनकी लोकप्रियता एवं प्रसिद्धि के कारण इनको प्रदेश कांग्रेस समिति में मुजफ्फरपुर का प्रतिनिधि चुना गया। बड़े राष्ट्रवादी नेताओं के साथ किसी महिला प्रतिनिधि का प्रथम पंक्ति में स्थान पाना बड़े गौरव एवं आत्मसम्मान की बात थी।

लगातार कठिन परिश्रम करने तथा स्वास्थ्य के प्रति असावधान रहने के कारण इनको क्षयरोग हो गया था, लेकिन गंभीर रूप से बीमार होने के वाबजूद जब गद्दार फणींद्र घोष (बेतिया), जिसकी गवाही के कारण पुलिस पदाधिकारी सैंडर्स की हत्या के आरोप में भगत सिंह को फाँसी दी गई थी, को जान से मारने तथा इस कलंक को धोने हेतु उन्होंने अपने क्रांतिकारी साथियों के बीच स्वयं मारने का प्रस्ताव रखा एवं दलील दी गई कि वह इस काम को आसानी से कर सकती हैं, क्योंकि ये कराटे प्रशिक्षित भी थीं तथा महिला होने के कारण किसी को ज्यादा शक भी नहीं होगा। यह उनके हिम्मत एवं निर्भीक शौर्य का परिचायक है, यद्यपि श्री बैकुंठ शुक्ला ने फणींद्र घोष को गोली मारकर उनकी हत्या कर दी एवं इसके हेतु फाँसी पर चढ़ गए। सुनीति सिन्हा अपने पति के साथ जेल में श्री बैकुंठ शुक्ला से मिलने जाती रहीं। देशसेवा में दृढ़ आस्था रखनेवाली सुनीति सिन्हा क्षयरोग के कारण काल कवलित हो गईं तथा जीवन के अंतिम समय में अर्थाभाव के कारण उनका आश्रम भी सुचारू रूप से नहीं चल पाता था, लेकिन ऐसी विलक्षण प्रतिभा की धनी यह स्वतंत्रता सेनानी आज भी बिहार की नारी-शक्ति के लिए अनुकरणीय प्रेरणाश्रोत हैं।

चंद्रावती देवी

पटना निवासी प्रसिद्ध स्वतंत्रता सेनानी श्री जगदीश प्रसाद की पत्नी चंद्रावती देवी का जन्म गांधीजी की कर्मभूमि चंपारण जिले (वर्तमान बेतिया) में एक संपन्न किसान श्री शीतल प्रसाद के घर 25 मार्च, 1908 ई. को हुआ था। ये दोनों परिणय सूत्र में एक-दूसरे को स्वतंत्रता आंदोलन में सहयोग करने के उद्देश्य से ही बँधे थे, क्योंकि जगदीश प्रसादजी को स्वाधीनता आंदोलन में सक्रिय भूमिका निभाने के कारण कई बार जेल जाना पड़ा था। ये दोनों भारतमाता को परतंत्रता की बेड़ी से मुक्त कराने हेतु दोनों दहेज-मुक्त दांपत्य बंधन में बँधे।

महाविद्यालय में पढ़ाई करने के समय उन्हें महात्मा गांधी के अहिंसक सत्याग्रह यथा दक्षिण अफ्रीका से वापस आकर चंपारण के किसानों हेतु नील सत्याग्रह के बारे में ज्ञात हुआ तो इनकी सुषुप्त राष्ट्रीय चेतना जाग्रत् हो उठी तथा ये पढ़ाई को त्यागकर भारत की आजादी के लिए स्वाधीनता आंदोलन में कूद पड़ीं। 1928 से ही श्रीमती चंद्रावती देवी ने चंपारण में आजादी के आंदोलन की मशाल को थाम लिया।

इन्होंने चंपारण (बेतिया) में कांग्रेस संगठन को सुदृढ़ करने हेतु दिन-रात एक कर दिया तथा जिला कांग्रेस समिति की उपसभापति निर्वाचित हुईं। 1929 के कांग्रेस के वार्षिक अधिवेशन में उन्होंने बिहार का प्रतिनिधित्व किया था।

चंद्रावती देवी के साथ विंध्यवासिनी देवी ने 'जवाहर दिवस' के अवसर पर 14 नवंबर, 1930 को एक विशाल जुलूस निकालकर उसका नेतृत्व किया था। 1931 में श्री नवल किशोर प्रसाद के साथ इन्होंने कांग्रेस संगठन चंपारण को मजबूती प्रदान करने हेतु सराहनीय प्रयास किए, जिसका प्रभाव संपूर्ण बिहार प्रांत पर पड़ा। अक्तूबर 1931 में जब 'गांधी सप्ताह' मनाया गया तो अनेक सभाओं को आयोजित कर उन्होंने डॉ. राजेंद्र प्रसाद के साथ मंच साझा करते हुए सभाओं को संबोधित किया एवं स्वाधीनता आंदोलन का प्रचार-प्रसार किया। 1933 ई. में इन्होंने परदा प्रथा विरोधी आंदोलन को बल प्रदान करने के उद्देश्य से जानकी कुँवर कन्या विद्यालय से त्याग-पत्र देकर लहेरियासराय (दरभंगा) के मगन आश्रम आकर अकेले ही 19 संभ्रांत एवं कुलीन महिलाओं को आंदोलन में शामिल होने के लिए प्रेरित किया। 8 जुलाई, 1933 को पटना की सिन्हा लाइब्रेरी में आयोजित 'परदा विरोध दिवस' को सफल बनाने में इन्होंने कठिन परिश्रम कर अनेक समृद्ध परिवार की महिलाओं को भी इस आंदोलन से जोड़ा।

सविनय अवज्ञा आंदोलन के क्रम में इन्होंने स्वयं अपने हाथ से नमक बनाकर पहली पुड़िया पटना सिटी में बेची थी तथा 'नमक बनाओ और कानून तोड़ो' आंदोलन को बिहार में विस्तार दिया।

इन्होंने पूर्णिया तथा कटिहार जिले में लगातार घूम-घूमकर तीन दर्जन से अधिक सभाओं में हजारों की संख्या में लोगों को स्वाधीनता आंदोलन में सम्मिलित करने हेतु उत्प्रेरित किया। एक महिला के साहस एवं आत्मविश्वास को समक्ष पाकर ब्रिटिश हुकूमत के खिलाफ जनसाधारण की चेतना में नए विश्वास एवं जागृति का वातावरण विकसित हुआ, जिससे कि आंदोलन व्यापक स्वरूप ग्रहण करने लगा।

बंबई के सेवादल से प्रशिक्षित होकर 10 जनवरी, 1932 ई. को जब चंद्रावतीजी पटना लौटीं तो उनके पति जेल जा चुके थे, उनकी संपत्ति को कुर्क कर उनका घर जमींदोज किया जा चुका था, लेकिन इससे बिना विचलित हुए वे भूमिगत होकर महिला सत्याग्रहियों को संगठित कर विदेशी वस्त्रों के बहिष्कार, शराब-गाँजे/ताड़ी की दुकानों की पिकेटिंग तथा आंदोलनकारियों को सहयोग करने लगीं। जनवरी 1932 में उन्हें गिरफ्तार कर छह महीने के कठोर कारावास की सजा दी गई। 1929 के लाहौर कांग्रेस अधिवेशन की घोषणा के अनुसार भारत में 26 जनवरी को प्रतिवर्ष 'स्वतंत्रता दिवस' मनाने का निर्णय लिया गया था। 26 जनवरी, 1933 को इस कार्यक्रम को आयोजित करते हुए चंद्रावती देवीजी को पुनः गिरफ्तार कर 14 महीने के कठिन कारावास का दंड दिया गया, लेकिन उनका उत्साह हमेशा पहले की तुलना में अधिक हो जाता था।

1932-42 की अवधि में चंद्रावतीजी कई बार जेल गईं, जिसके कारण अंग्रेजी सरकार की दृष्टि से वे (जेल बर्ड) कैदी चिड़िया थीं। वह एक ऐसी महिला थी, जिन्होंने गांधीजी के विचारों को प्रसारित किया तथा साथ ही किसान आंदोलन को संगठित करने, सांप्रदायिक दंगों को रोकने, छुआछूत मिटाने तथा गरीबों की सेवा करने को ही अपने जीवन का मूल-तंत्र बनाकर राष्ट्र के लिए सर्वोच्च बलिदान किया।

हम लोगों को उनकी कुर्बानी को अवश्य ही याद रखना चाहिए।

शारदा कुमारी देवी

बिहार में परदा प्रथा को तोड़कर स्वाधीनता आंदोलन से जुड़कर जिन महिलाओं ने नेतृत्व प्रदान किया, उनमें शारदा कुमारी देवी एक प्रमुख नाम है।

बिहार के मुजफ्फरपुर जिले में परदा विरोधी आंदोलन को उग्र करते हुए महिलाओं को अंग्रेजों के विरुद्ध लोहा लेने हेतु जाग्रत् कर आगे लाने में शारदा कुमारी देवी का कार्य सराहनीय है।

अगस्त 1898 को मुजफ्फरपुर के प्रसिद्ध वकील भगवती चरण के घर जनमी शारदा 12 वर्ष की उम्र में ही छपरा के मदन बाबू से परिणय सूत्र में बँधी, लेकिन क्रूर नियति के कारण शीघ्र ही वैधव्य को प्राप्त हो गईं, जो उन दिनों में किसी अभिशाप से कम नहीं था; परंतु हिम्मत नहीं हारते हुए उन्होंने अपना संपूर्ण जीवन भारतमाता की सेवा में अर्पित कर दिया।

15 जनवरी, 1922 को श्रीमती लीला सिंह की अध्यक्षता में मुजफ्फरपुर के शफी मंजिल में आयोजित महिला जनसभा से सार्वजनिक जीवन में प्रवेश कर श्रीमती शफी के साथ मिलकर इन्होंने हिंदू-मुसलिम महिलाओं को खादी के माध्यम से स्वदेशी आंदोलन में जोड़ा तथा उन्हें आजादी की लड़ाई से जुड़ने की प्रेरणा दी।

कताई-बुनाई का प्रशिक्षण चरखे तथा करघे द्वारा वस्त्र निर्माण एवं विपणन में इन्होंने सक्रियता से कार्य किया। 1930 के नमक सत्याग्रह के दरमियान कानून तोड़ने के जुर्म में इन्हें 6 माह की सजा हुई, जिसे इन्होंने सहजता से स्वीकार किया। 1934 के बिहार के प्रलयंकारी भूकंप के समय इन्होंने प्राण-पण से पीड़ितों की सेवा की तथा जरूरतमंदों को मदद पहुँचाती रहीं।

वह 1936-39 के दौरान मुजफ्फरपुर ग्रामीण क्षेत्र से बिहार विधानसभा की सदस्य बनकर सेवा प्रदान की तथा दहेज विरोधी विधेयक पारित कराने में सहयोग किया। ये महिलाओं के उत्थान हेतु महिला दर्पण पत्रिका का प्रकाशन कर नारी-शक्ति को जाग्रत् करने में महत्त्वपूर्ण योगदान दिया। 1940 में व्यक्तिगत सत्याग्रह आंदोलन में ब्रिटिश प्रशासन द्वारा पुनः कैद की गईं तथा 6 महीने की सजा के लिए इन्हें हजारीबाग सेंट्रल जेल भेज दिया गया। गांधीजी के रचनात्मक कार्यक्रमों में भाग लेकर इन्होंने कांग्रेस के संगठनात्मक सशक्तिकरण हेतु भी कार्यरत रहीं। अंग्रेजी हुकूमत से लोहा लेकर दो बार जेल गईं तथा जब तक जीवित रही भारत की प्रगति एवं विकास हेतु कृतसंकल्प रहीं।

सरला देवी चौधरी

1872 ई. बंगाल में जन्म तथा पंजाब के रामभुज दत्त चौधरी से 1905 परिणय सूत्र में बँधी। श्रीमती सरला देवी चौधरी नोबेल पुरस्कार विजेता श्री रवींद्रनाथ टैगोर की भानजी थी, जिनकी कर्मभूमि बिहार प्रांत था। सरला देवीजी का परिवार

पूर्णरूपेण स्वतंत्रता हेतु स्वाधीनता आंदोलन के प्रति समर्पित था। इसलिए इनके जीवन में बचपन से ही राष्ट्रप्रेम एवं भारतमाता के मुक्ति की भावना संकल्पित हो चुकी थी।

1909 में इन्होंने पहली बार प्रस्ताव रखा था कि 'वंदे मातरम्' को राष्ट्रीय नारा घोषित किया जाए, जिसे सर्वसम्मति से स्वीकार किया गया तथा इन्होंने बंगाल में भी दो धार्मिक उत्सव का सार्वजनिक आयोजन, महाराष्ट्र में लोकमान्य तिलक द्वारा शिवाजी एवं गणेश उत्सव की तर्ज पर, आरंभ किया। इसका उद्देश्य राजनीतिक चर्चाएँ, राष्ट्रीय गीतों द्वारा स्वाधीनता की भावना को प्रचारित करना तथा शस्त्र संचालन के प्रशिक्षण द्वारा क्रांतिकारियों को सहयोग करना था।

6 अक्तूबर, 1925 को श्रीमती सरला देवी चौधरी की अध्यक्षता में हजारीबाग में बिहार विद्यार्थी परिषद् के 16वें अधिवेशन में छात्रों के साथ जनसाधारण से सरकारी स्कूल, कॉलेज, विदेशी वस्त्रों, अदालतों आदि का बहिष्कार करने, खादी का उपयोग करने तथा स्वयं वस्त्र तैयार करन का मार्मिक आह्वान किया गया था।

उन्होंने ब्रिटिश प्रिंस के भारत आगमन पर स्वागत का विरोध करते हुए संपूर्ण भारत में हड़ताल का भी आह्वान किया, जिसके फलस्वरूप 17 नवंबर को जब ब्रिटिश राजकुमार भारत आया तो पूरा भारतवर्ष हड़ताल के कारण बंद था। इन्होंने स्वदेशी आंदोलन को बिहार में प्रभावी बनाने में अहम् भूमिका निभाई तथा विभिन्न जिले का भ्रमण करते हुए खादी तथा चरखे का प्रचार किया। 11 जिले में 40 खादी भंडार आरंभ किए गए तथा खादी वस्त्रों के निर्माण एवं उपयोग को बढ़ावा मिला।

1932 ई. में 'अस्पृश्यता विरोधी लीग' की स्थापना हुई तो सरला देवी ने इसमें बढ़-चढ़कर हिस्सा लिया तथा बिहार में इसकी प्रांतीय शाखा खोलकर इन्होंने पुरजोर तरीके से अस्पृश्यता उन्मूलन उपायों को जन-चर्चा का विषय बनाया। उन्होंने 1922 में अखिल भारतीय सामाजिक सम्मेलन के माध्यम से दहेज प्रथा के विरुद्ध भी बिगुल फूँका। 1929 में बिहार महिला सम्मेलन में उन्होंने दहेज प्रथा उन्मूलन अभियान को तीव्र करने हेतु अभिभावकों से आह्वान किया। 5 अप्रैल, 1936 को इन्होंने बिहार हिंदू महिला सम्मेलन में प्रस्ताव पारित कर बाल-विवाह के विरुद्ध पारित 'शारदा ऐक्ट' को संशोधित कर इसे समाज में प्रभावी बनाने हेतु प्रयास किया।

स्वाधीनता आंदोलन में सक्रियता से जुड़कर उन्होंने ब्रिटिश हुकूमत पर ही दबाव नहीं बनाया वरन् भारतीय समाज के समग्र विकास हेतु अपने जीवन को

समर्पित किया। वो भारत को स्वतंत्र तो नहीं देख पाई, क्योंकि 1945 ई. में ही वो काल कवलित हो चुकी थीं, लेकिन आजादी के जो सपने उन्होंने सँजोए थे, वो उनकी मृत्यु के दो वर्ष उपरांत ही फलीभूत हो गए।

सुंदरी देवी

बनारस जिलांतर्गत रामनगर कस्बे के श्री शारदा प्रसाद की पुत्री सुंदरी देवी का जन्म 1906 ई. में हुआ तथा इनकी शादी पटना के प्रसिद्ध वकील श्री शंभूशरण प्रसाद के साथ 1924 में हुई थी। श्री प्रसाद स्वाधीनता आंदोलन के सक्रिय कार्यकर्ता थे तथा सुंदरी देवी को उन्हीं से प्रेरणा मिली। महात्मा गांधी के इनके घर पधारने पर इसमें सक्रिय भूमिका निभाने लगीं। बहिष्कार आंदोलन को सफल बनाने हेतु इन्होंने स्वयं के विदेशी कपड़ों की होली जलाई तथा अपने समस्त स्वर्णाभूषण गांधीजी को दान कर दिए।

8 जुलाई, 1928 को पटना में आयोजित परदा विरोधी सभा में सम्मिलित महिलाओं को उन्होंने इस कुरीति के विरुद्ध जागरूक कर परदा उन्मूलन की आवश्यकता पर बल दिया। 1931 ई. में अपने पति की मृत्यु के उपरांत यह महिलाओं के सांगठनिक विकास में जुट गईं। 1939 के रामगढ़ कांग्रेस अधिवेशन में शामिल होकर दर्जनों कार्यकर्ताओं के साथ इसे सफल बनाने में सहयोग दिया।

1940 में 'महिला चरखा क्लास' की स्थापना तथा संचालन में इनका महत्त्वपूर्ण योगदान था, जिसके द्वारा राष्ट्रीय सेवा में नारी-शक्ति की भूमिका बढ़ने लगी। 'अगस्त क्रांति' 1942, अगस्त के महीने में व्यापक प्रदर्शन धरना, जुलूस के आयोजन में सक्रियता से भाग लेने के कारण जेल गईं। ये अपने सभी संबोधनों में अंग्रेजी शासन तंत्र के पूर्ण बहिष्कार हेतु सरकारी सेवकों से पद-त्याग, वकीलों से अदालत की काररवाई में हिस्सा ना लेने तथा दृढ़ निश्चय से सभी चुनौतियों का सामना करने हेतु जाग्रत् करती रहीं। 1944 में 'कस्तूरबा गांधी स्मारक निधि' की स्थापना तथा संलग्न महिलाओं को प्रशिक्षित करने में इन्होंने प्रमुखता से कार्य किया। अस्पृश्यता उन्मूलन, भेदभाव रहित समाज का निर्माण तथा हरिजन समाज की बालिकाओं की शिक्षा हेतु इन्होंने एक विद्यालय की स्थापना की तथा बिहार में शिक्षा के विकास के लिए बापू स्मारक बालिका माध्यमिक विद्यालय तथा उच्च विद्यालय के साथ शंभू शरण मेमोरियल विमेंस कॉलेज की भी स्थापना की। देशहित में इनका योगदान अविस्मरणीय है।

मनोरमा देवी

गया जिले के पाकरडीह गाँव में स्व. विष्णु सिंह की प्रथम पुत्री मनोरमा देवी का जन्म 9 नवंबर, 1910 ई. को हुआ था, जो 1925 में नालंदा निवासी पुण्यदेव शर्मा, जिनका पूरा परिवार असहयोग आंदोलन में सक्रिय था, से परिणय सूत्र में बँधी थीं। सुंदर, स्वस्थ, शालीन एवं दृढ़ निश्चयी मनोरमाजी शिक्षा का सीमित अवसर रहते हुए भी हिंदी साहित्य सम्मेलन, प्रयाग से विशारद की डिग्री हासिल कर चुकी थीं।

1930 के नमक सत्याग्रह में सक्रिय भूमिका निभाने के कारण इन्हें गिरफ्तार कर इलाहाबाद जेल भेज दिया गया था, लेकिन 1931 के 'गांधी-इरविन समझौते' के अनुसार इन्हें कारागार से मुक्ति मिली तो ये नारी जागरण तथा अन्य रचनात्मक कार्यों में संलग्न हुईं। पटना सचिवालय पर राष्ट्रीय झंडा लगाने के क्रम में 1942 के भारत छोड़ो आंदोलन के दौरान पति समेत इन्हें गिरफ्तार कर केंद्रीय कारावास पटना भेज दिया गया तथा इसके बाद उन्हें हजारीबाग जेल में स्थांतरित किया गया। ये भागलपुर, हजारीबाग तथा अन्य जेलों में वहाँ की यातना से बिल्कुल भी विचलित हुए बिना अपने छोटे-छोटे बच्चों के साथ रहती थीं।

ये कैदी जीवन के दौरान भी अध्ययनरत रहकर गुप्त रूप से अन्य सहयोगी महिलाओं के साथ स्वाधीनता आंदोलन एवं स्वतंत्रता-प्राप्ति हेतु रणनीति तैयार करती थीं। जेल से मुक्त होने के बाद उन्होंने अपने गाँव में एक पुस्तकालय और कन्या विद्यालय की स्थापना कर ग्रामीण क्षेत्र में बालिकाओं के लिए शिक्षा सुलभ करवाने का महान् कृत्य किया।

1946-47 के सांप्रदायिक दंगों के समय इन्होंने हजारों मुसलमानों को संरक्षण देकर जान बचाई तथा सांप्रदायिक सद्भाव का वातावरण बनाया। मनोरमा देवी एक परिश्रमी एवं कुशल संगठनकर्ता थीं तथा गरीबों एवं वंचितों को समान एवं राष्ट्र की मुख्यधारा से जोड़ने हेतु प्रयत्नशील रहीं। वे सामाजिक कुरीति यथा जात-पाँत, छुआछूत, ऊँच-नीच आदि का विरोध करती थीं तथा दलित बस्तियों में सेवा प्रदान करती थी। वे महिलाओं के अधिकार के लिए भी आंदोलनरत रहीं। आजीवन सादगी एवं सरलता की प्रतिमूर्ति मनोरमा देवी जीवनपर्यंत खादी वस्त्र धारण करती रहीं तथा अंतिम क्षण तक समाज सेवा में तल्लीन रहीं। उनका जीवन वास्तव में प्रेरणादायक है।

राम तनुक देवी

राम तनुक देवी मुजफ्फरपुर जिले के देवरिया कोठी के बिशनुपुर सरैया ग्राम में 1895 ई. में पैदा हुई थीं, जबकि 1907 में इनकी शादी सीतामढ़ी जिला के किशनपुर गाँव निवासी श्री सूर्यवंश प्रसाद सिंह के साथ संपन्न हुई। दुर्भाग्यवश, 1912 ई. में इनके पति का स्वर्गवास हो गया तथा ये निस्संतान वैधव्य को प्राप्त हुईं। अपने ससुराल में ये आर्यसमाज के संपर्क में आकर 1917 से 1920 तक वैदिक एवं सामाजिक कार्यों का प्रचार-प्रसार करती थीं।

जमींदार परिवार की होते हुए भी परदा प्रथा तोड़कर स्वाधीनता आंदोलन से जुड़ गईं तथा अनेकानेक रचनात्मक कार्यों द्वारा राष्ट्र एवं समाज की सेवा में रत रहीं।

सविनय अवज्ञा आंदोलन की अवधि में इन्होंने सक्रिय भूमिका का निर्वहन किया एवं घूम-घूमकर महिलाओं को घर से बाहर निकलने एवं परदा प्रथा को छोड़ने का आह्वान किया, जिसके फलस्वरूप इस क्षेत्र में सभी कांग्रेसी कार्यकर्ताओं की पत्नी के साथ-साथ अन्य महिलाएँ भी स्वाधीनता आंदोलन से जुड़ पाईं। 1930 में नमक सत्याग्रह के समय यह कैद कर ली गईं। 1931 में इन्हें कांग्रेस की महिला शाखा की प्रादेशिक संगठिका नियुक्त किया गया। 1932 में सभी क्षेत्रीय स्वाधीनता सेनानियों के गिरफ्तार होने के पश्चात् सीतामढ़ी में आंदोलन की कमान इन्होंने स्वयं सँभालते हुए सत्याग्रह को नारी-शक्ति के सहयोग से जारी रखा। इन्हें भी गिरफ्तार कर एक साल के कठोर कारावास की सजा सुनाते हुए पहले सीतामढ़ी तथा बाद में हजारीबाग कारागार में स्थानांतरित कर दिया गया। कैद-मुक्त होने के पश्चात् ये महात्मा गांधी के साथ वर्धा आश्रम में ही एवं उसके बाद अछूतोद्धार कार्यक्रम से जुड़ गईं। 1932 में राष्ट्रीय महासभा के वार्षिक अधिवेशन, जो श्री चितरंजन दास की अध्यक्षता में हुआ था, इन्होंने अपनी भागीदारी दी थी। 1933 में स्थापित बिहार स्वदेशी संघ से निर्मित वस्तुओं का विपणन भी इन्होंने किया तथा 1934 के भूकंप पीड़ितों की सहायता भी की।

माधुरी देवी

पटना के प्रसिद्ध बैरिस्टर श्री सी.सी. दास की धर्मपत्नी माधुरी देवी निर्भीकतापूर्वक स्वाधीनता आंदोलन के सार्वजनिक कार्यक्रमों में सराहनीय भूमिका का निर्वहन किया था। आंदोलन की अवधि में राष्ट्रीय नेताओं के आगमन पर उनका स्वागत समारोह आयोजित करना, सभा सम्मेलनों में सहयोग करना, आंदोलनकारी

नेताओं के आह्वान पर विरोध प्रदर्शन, धरना, जुलूस आदि का आयोजन वे काफी उत्साह एवं सक्रियता से करती थीं।

बिहार में 'परदा बहिष्कार आंदोलन' में श्रीमती हसन इमाम एवं उनकी सुपुत्री शमी इमाम के साथ इन्होंने नेतृत्व कर 8 जुलाई, 1928 का पटना में एक सभा का आयोजन किया था, जिसमें अनेक स्त्री-पुरुषों ने भाग लिया था। 6 अप्रैल, 1930 को सविनय अवज्ञा आंदोलन की अवधि में गांधीजी द्वारा देशव्यापी नमक सत्याग्रह आरंभ किया गया तो श्रीमती माधुरी देवी नमक कानून तोड़ने, विदेशी वस्त्रों के बहिष्कार तथा शराब की दुकानों पर धरना देने में अग्रणी भूमिका निभाई।

इनके नेतृत्व में स्वदेशी आंदोलन ने भी खूब जोर पकड़ा तथा खादी के प्रचार हेतु महिलाओं का एक विशाल जुलूस का आयोजन कर इन्होंने विदेशी वस्त्रों के विरुद्ध प्रदर्शन किया। बारी-बारी से तीन ऐसे विराट् प्रदर्शन पटना नगर में इनके नेतृत्व में आयोजित किए गए, जिसमें लगभग तीन हजार महिलाओं ने अपनी भागीदारी दी थी। इससे प्रेरणा लेकर अन्य अनेक महिलाओं ने स्वाधीनता आंदोलन में सम्मिलित होकर इसके स्वरूप को व्यापक बनाया।

इनके संगठित आंदोलनकारी कृत्यों से घबराकर इनके विरुद्ध पुलिस कानून तथा भारतीय दंड संहिता की धाराओं के तहत मुकदमे दर्ज किए गए, परंतु लोगों ने इसके विरुद्ध भी आवाज बुलंद करते हुए आम सभाएँ आयोजित कीं तथा प्रदर्शन किए गए। श्रीमती माधुरी देवी ने अपने पर लगाए गए जुरमाने को अदा करने से भी इनकार दिया तथा आंदोलन को निरंतर जारी रखा। 26 जनवरी, 1931 को जब भारतीय जनता ने 'राष्ट्रीय स्वतंत्रता दिवस' मनाया तो माधुरी देवी ने अपने सहयोगियों के साथ इसका आयोजन सफलतापूर्वक किया। ये आजीवन राष्ट्र एवं समाज सेवा में लगी रहीं।

धर्मशीला लाल

उत्तर प्रदेश की धरती पर जन्म लेकर बिहार को अपनी कर्मभूमि बनाकर, बिहार की प्रथम सफल महिला वकील धर्मशीला लाल बैरिस्टर के.पी. जायसवाल की द्वितीय पुत्री थीं। पटना में उच्च न्यायालय की स्थापना होने पर श्री जायसवाल, जो अपनी वकालत की पढ़ाई इंग्लैंड से पूरा करने पर मिर्जापुर, उत्तर प्रदेश से पटना, बिहार आ चुके थे, उन्होंने अपनी पुत्री को कानून की पढ़ाई करने लिंक्स विश्वविद्यालय इंगलैंड भेजा था। धर्मशीला लाल ने 1911 में बार ऐक्ट लॉ करने के पश्चात् पटना हाईकोर्ट में निबंधन कराया था। 1922 के पूर्व महिलाओं को अदालत

में वकालत करने की इजाजत नहीं थी। संभवतया महिलाओं में कानूनी शिक्षा का अभाव अथवा कानूनी शिक्षा प्राप्त महिलाओं की नगण्य संख्या होने के कारण ऐसा प्रावधान किया गया होगा, परंतु 1923 में लीगल प्रैक्टिशनर्स विमेन अमेंडमेंट ऐक्ट के पारित होने के उपरांत महिलाओं को वकालत के पेशे में महिलाओं को भी पुरुषों के बराबर अधिकार मिला। इसके बिना पर मिस कारनेलिया सराबजी को भारत की प्रथम तथा धर्मशीला लाल को बिहार की प्रथम महिला अधिवक्ता होने का गौरव प्राप्त हुआ। धर्मशीला लाल ने स्वाधीनता आंदोलन के 'अगस्त क्रांति' की अवधि में सक्रिय भूमिका निभाई। 11 अगस्त, 1942 को पटना सचिवालय गोलीकांड में शहीद हुए सात छात्रों, जिन्हें सचिवालय पर राष्ट्रीय ध्वज आरोहित करने के क्रम में गोलियों से भून डाला गया था, के विरुद्ध 12 अगस्त को पटना में पूर्ण हड़ताल का आह्वान किया गया था।

संपूर्ण पटनावासी यथा छात्र, दुकानदार, स्त्री-पुरुष, हिंदू-मुसलिम सभी ने व्यापक एकजुटता दिखाते हुए विरोध प्रदर्शन में उत्साह से भाग लिया, जिसमें वकीलों की अगुवाई बैरिस्टर गोपाल प्रसाद के साथ धर्मशीला लाल कर रही थीं। श्रीमती लाल को गिरफ्तार कर जिलाधिकारी के समक्ष प्रस्तुत किया गया, परंतु जिलाधिकारी के आदेश से उन्हें तत्काल मुक्त किया गया। एक सफल महिला वकील के साथ वह एक उच्च कोटि की राष्ट्रभक्त भी थीं।

कांग्रेसी विचारधारा की होने के बावजूद इन्होंने दलगत राजनीति से ऊपर उठकर कार्य किया तथा यहाँ तक कि कम्युनिस्ट पार्टी को दानस्वरूप अपने स्वर्णाभूषण प्रदान कर दिए, जबकि बदले में स्वयं के लिए कभी कोई आकांक्षा नहीं की।

जब भी इन्हें अनुभव हुआ कि इनका योगदान राष्ट्र व समाज सेवा कार्यार्थ है, तो दान लेनेवाला कौन है, इसकी परवाह इन्होंने कभी नहीं की।

स्वतंत्रता-प्राप्ति के उपरांत हरलाखी विधान सभा से इन्होंने 1952 का चुनाव भी जीता था तथा अपने क्षेत्र के समग्र विकास के साथ बिहार की प्रगति में भी योगदान किया। उनके कार्य हमारे लिए सदैव स्मरणीय हैं।

राजकिशोरी देवी

दरभंगा जिले के सुप्रसिद्ध खादी कार्यकर्ता तथा स्वतंत्रता सेनानी श्री रामनंदन मिश्र की पत्नी राजकिशोरी देवी गया जिले के मँझवे गाँव में एक संपन्न जमींदार परिवार में जन्म लेकर स्वतंत्रता संग्राम तथा नारी उत्थान की दिशा में

प्रशंसनीय कार्य करनेवाली बिहारी महिला थीं। रामनंदन मिश्र गांधीजी के विचारों से काफी प्रभावित थे एवं परदा प्रथा के सख्त खिलाफ थे। गांधी का स्वयं मानना था कि नारी के उत्थान एवं विकास के मार्ग में परदा सबसे बड़ा बाधक है, जिसके कारण महिलाएँ शिक्षा, स्वास्थ्य के साथ अन्य विशेष अधिकारों से वंचित रह जाती हैं।

जब तक महिलाएँ स्वाधीनता आंदोलन में भाग नहीं लेंगी, तब तक स्वराज्य की प्राप्ति नहीं हो सकेगी। इसके लिए महिलाओं में जागरूकता लाना अनिवार्य है। इस विचार को आत्मसात् करते हुए राजकिशोरी देवीजी ने अपने पति के साथ परदा प्रथा जैसी कुरीति को दूर करने के लिए साबरमती आश्रम, अहमदाबाद, गुजरात से आईं राधा बेन एवं दुर्गाबाई के साथ परिवार एवं समाज का विरोध झेलते हुए गांधी आश्रम पहुँचीं। इस घटना की चर्चा पूरे बिहार में हुई कि कैसे एक परदानशीन बिहारी महिला गुजरात चली गईं, जिससे बिहारी महिलाओं में एक चेतना जगी। गांधी आश्रम में शिक्षा प्राप्त करने के पश्चात् राजकिशोरी देवी बिहार में सभाएँ आयोजित करके महिलाओं को परदा प्रथा की कमियों एवं इसके बहिष्कार हेतु जागरूक एवं प्रेरित करने लगीं। उनका विश्वास था कि शिक्षा के द्वारा ही महिलाओं में जागरूकता लाई जा सकती है।

अपने पति रामनंदन मिश्र के साथ इन्होंने 1929 ई. मंझौलिया, दरभंगा में 'बिहार महिला विद्यापीठ' की स्थापना कर महिलाओं एवं दस वर्ष तक के बालकों को हिंदी माध्यम से राष्ट्रीय पद्धति आधारित शिक्षा प्रदान करना प्रारंभ किया। यहाँ चरखा एवं खादी की भी शिक्षा दी जाती थी। साथ ही राजकिशोरी देवीजी अपने आँगन में स्त्रियों को एकत्रित कर उन्हें खादी के महत्त्व के बारे में समझाती थीं तथा खादी भंडार की स्थापना एवं विस्तार हेतु प्रयत्नशील रहती थीं। 1930 ई. में डॉ. राजेंद्र प्रसाद ने दरभंगा जिले हेतु सदस्यता अभियान के तहत 30 हजार सदस्य बनाने का लक्ष्य रखा, लेकिन तय अवधि में सिर्फ दो हफ्ते बाकी रहने के बावजूद सदस्यों का आधा लक्ष्य भी प्राप्त नहीं किया जा सका। माननीय ब्रजकिशोर प्रसाद ने स्वयं मंझौलिया आकर राजकिशोरीजी से लक्ष्य पूरा करने का आग्रह किया तो आश्रम के सदस्यों के साथ चलाए गए अभियान में तय वक्त पर लक्ष्य प्राप्त कर लिया गया।

सविनय अवज्ञा आंदोलन के क्रम में 1930 में संपूर्ण देश में नमक सत्याग्रह प्रारंभ किया गया, जिसमें सत्याग्रही स्वयं नमक बनाकर बेचते थे। राजकिशोरी जी ने इस आंदोलन में सक्रिय भूमिका निभाते हुए 350 रुपए का नमक बनाकर बेचा तथा

लोगों के बीच भ्रमण कर इस सत्याग्रह को व्यापक बनाया। इनके संबोधन की प्रेरणा से सत्यागहियों का उत्साह काफी बढ़ जाता था, जिससे अखिल भारतीय स्तर पर पहचान बनानेवाली बिहारी महिलाओं में राजकिशोरीजी प्रसिद्ध हो गईं। ये राष्ट्रहित के लिए अपना सर्वस्व न्योछावर करने को सदैव तत्पर रहती थीं तथा कर्मठता एवं त्याग की मूर्ति थीं।

रामवृक्ष बेनीपुरीजी के संपादन में प्रकाशित पत्रिका 'युवक' पर जब अंग्रेजों की दमनकारी नीति के तहत आर्थिक संकट आया तो राजकिशोरीजी ने खुशी-खुशी अपने समस्त स्वर्णाभूषण के साथ अपने इकलौते पुत्र के सोने के कड़े भी दान कर दिए, ताकि 'युवक' पत्र प्रकाशित होता रहे तथा स्वाधीनता संग्राम की ज्योति प्रज्वलित रहे।

इस प्रकार, राजकिशोरीजी स्वतंत्रता आंदोलन, परदा प्रथा विरोध, खादी आंदोलन, महिला शिक्षा तथा नारी सशक्तिकरण हेतु महत्त्वपूर्ण योगदान देकर अमर हो गईं।

जनक किशोरी देवी

अगर हमें अंग्रेजों से लोहा लेना है या भारत को विश्व के अन्य राष्ट्रों से बराबरी करनी है तो अंग्रेजी शिक्षा अनिवार्य है, ऐसा माननेवाली जनक किशोरी देवीजी का जन्म दरभंगा जिले में हुआ था तथा इनके पति का नाम गुलाब चौधरी था।

गरीब-ग्रामीण परिवेश में रहने तथा सामाजिक मान्यताओं के अनुरूप परदा प्रथा का पालन करते रहने के बावजूद इनका सामाजिक एवं राजनीतिक कार्यकलाप निर्बाध चलता रहा, क्योंकि इनमें देश प्रेम एवं समाज सेवा की भावना कूट-कूटकर भरी हुई थी। ये एक दृढ़ निश्चयी महिला थीं एवं विपरीत परिस्थितियों में भी अपने कर्तव्य पथ पर अडिग आगे बढ़ने का हौसला रखती थीं। बंगाल के अकाल पीड़ितों के सहायतार्थ 1943 में महिलाओं की सभा बुलाने हेतु इन्होंने आमंत्रण-पत्र तथा पत्रवाहक भेजकर धनाढ्य हवेलियों से टप्पा गाड़ियों द्वारा महिलाओं को सभास्थल पर बुलाया, जिसमें बड़ी संख्या में महिलाएँ शामिल हुई थीं।

कम्युनिस्ट विचारधारा के नेता, पत्रकार तथा बिहार विधान परिषद् के सदस्य श्री कृष्णचंद्र चौधरी ने इस सभा का संचालन किया था, जिसमें महिलाओं ने परदे के भीतर से इस आख्यान को सुना था, जबकि वक्ता परदे के घेरे के बाहर से संबोधित कर रहे थे। सभास्थल से ही 435 रुपए प्राप्त हुए, जिसे मनीआर्डर द्वारा कलकत्ता पीपुल्स रिलीफ कमिटी को भेज दिया गया। ज्ञातव्य है कि परदे के भीतर

रहकर भी बंगाल में भूख से मर रहे जनसाधारण के सेवार्थ उनकी भूमिका अत्यंत ही सराहनीय है।

जनक किशोरी देवी ग्रामीण युवकों को नमक, चीनी, मिट्टी का तेल (केरोसिन तेल) एवं कपड़े की चोरबाजारी के विरुद्ध आंदोलन चलाने के लिए प्रेरित किया। 1944 में कस्तूरबा की मृत्यु पर हुई शोकसभा में भी ये शामिल हुईं। दरभंगा जिले में आयोजित होनेवाले छात्र सम्मेलनों में ये आर्थिक सहयोग प्रदान करती रहीं तथा जब कभी इन्हें राष्ट्र एवं समाज सेवा का अवसर मिलता, ये पूरी कर्तव्यनिष्ठा से सहयोग करती थीं।

गौरी दास

बिहार के प्रसिद्ध बैरिस्टर श्री सी.सी. दास तथा श्रीमती माधुरी देवी की पुत्री गौरी दास का जन्म पटना में हुआ था। संपूर्ण परिवार स्वाधीनता आंदोलन में साहस एवं निर्भीकता से हिस्सा लेते रहे। गौरी दास ने अल्पायु से ही अपनी स्वतंत्रता सेनानी माता माधुरी देवी के साथ आंदोलन में भाग लेना शुरू कर दिया था। कुमारी गौरी दास ने महात्मा गांधी के आह्वान पर चलाए गए रचनात्मक आंदोलनों में महत्त्वपूर्ण भूमिका निभाई थी। शराब की दुकानों पर धरना देने, विदेशी वस्त्रों के बहिष्कार प्रदर्शनों में यह स्वयं तो शामिल होती ही थीं, दूसरी अन्य महिलाओं को भी राष्ट्रीय आंदोलन में सम्मिलित होने के लिए उत्प्रेरित करती थीं।

इनके नेतृत्व में स्वाधीनता आंदोलन ने इतना जोड़ पकड़ा कि पटना के जिलाधिकारी को इसका दमन करने के लिए महिला पुलिस की भरती करनी पड़ी। सरकारी दमन के बावजूद आंदोलन तीव्रतर होता चला गया। कुमारी दास महाविद्यालय के छात्रों के बीच जाकर उन्हें भी स्वदेशी एवं बहिष्कार आंदोलन से जोड़ा।

पटना में कार्यरत अन्य महिलाओं यथा इनकी माताजी उर्मिला देवी तथा श्रीमती हसन इमाम एवं उनकी पुत्री शमी इमाम की टोली ने धरने एवं प्रदर्शनों का आयोजन कर विदेश हुकूमत को दवाब में ला दिया, जिसके कारण इन लोगों पर कानूनी शिकंजा कसा गया, लेकिन सविनय अवज्ञा सत्याग्रह आंदोलन के बल पर इन्होंने सभी दमन का प्रतिकार किया।

ये बिहार के अन्य जिलों का दौरा कर वहाँ की महिलाओं के बीच स्वाधीनता की ज्योति जलाने एवं उनकी राष्ट्रीय प्रेरणा को जाग्रत् करने का सफल प्रयास करती थीं। हजारीबाग तथा राँची जिले में इन्होंने विदेशी वस्त्र बहिष्कार तथा शराबबंदी

कार्यक्रम को आगे बढ़ाया। इनके आंदोलनों से ब्रिटिश सरकार परेशान हो गई थी। सरकार समझती थी कि गौरी दास का संबंध बंगाल के क्रांतिकारी से है, जिसके आधार पर इनके घर की गई छापेमारी में कलकत्ता पुलिस के लोग खुफिया तौर पर शामिल थे। 26 जनवरी, 1931 को स्वतंत्रता दिवस आयोजित करने के कारण बंगाल सरकार ने इनके विरुद्ध वारंट जारी किया था, क्योंकि ये 'पटना युवक संघ' नामक क्रांतिकारी संस्था से संबंध रखती थीं तथा गुप्त तरीके से क्रांतिकारी महिलाओं के आंदोलन को संचालित करती थीं।

साम्राज्यवाद एवं सरकारी दमन का अहिंसापूर्वक सामना करते हेतु कुमारी गौरी दास ने अद्भुत धैर्य, साहस एवं सहिष्णुता का परिचय देते हुए नारी-शक्ति का नेतृत्व कर स्वाधीनता आंदोलन को विस्तारित किया था। उनका कार्य प्रशंसनीय एवं अनुकरणीय था।

कादंबिनी गांगुली

ब्रह्मसमाजी, महान् सुधारक श्री ब्रजकिशोर बसु की पुत्री कादंबिनी गांगुली का जन्म 18 जुलाई, 1861 को भागलपुर में हुआ था। श्री ब्रजकिशोर बसु भागलपुर में एक विद्यालय के प्रधानाध्यापक थे, जिन्होंने अभय चरण मलिक के साथ 'महिला मुक्ति आंदोलन' का सूत्रपात कर 1863 में भारत के प्रथम महिला संगठन 'भागलपुर महिला समिति' का गठन किया था जिसे बाद में कादंबिनी गांगुली ने सिंचित एवं पल्लवित किया था। ब्रिटिश सरकार के अधीन भारत में कादंबिनी गांगुली को चंद्रमुखी बसु के साथ प्रथम महिला स्नातक होने का गौरव मिला तथा ये भारत की प्रथम महिला चिकित्सक बनीं तथा संपूर्ण दक्षिण एशिया की यूरोपीय औषधि पद्धति की प्रथम स्नातक बनी थीं। 1886 में बैंथम कॉलेज कलकत्ता से स्नातक एवं चिकित्सा की पढ़ाई बंगाल मेडिकल कॉलेज से पूर्ण करने के पश्चात् 1892 में ये ब्रिटेन गई तथा एडिनबर्ग एवं ग्लासगो से उच्च चिकित्सा डिग्री लेकर वापस भारत में लेडी डेफिसिन हॉस्पिटल में कार्यरत हुईं।

इनका विवाह 1883 में ब्रह्मसमाजी तथा महिला मुक्ति के महान् प्रणेता द्वारिका नाथ गांगुली से हुआ, जो भारतीय स्वाधीनता आंदोलन में कांग्रेस से जुड़े थे। राष्ट्रीय कांग्रेस के मूल संस्थापक ए.ओ. ह्यूम ने स्थापना के अवसर पर वक्तव्य दिया था कि 'स्त्रियों को साथ लिये बिना किसी संगठन की गतिविधियों की सफलता संदिग्ध होगी तथा प्रयास निष्फल होंगे। इसी पृष्ठभूमि में श्रीमती गांगुली स्वाधीनता आंदोलन के राष्ट्रीय पटल पर सक्रिय हुईं।'

1989 ई. में कांग्रेस के राष्ट्रीय अधिवेशन (पाँचवें) में कादंबिनी गांगुली बिहार के स्वराज कुमार देवी एवं 10 अन्य महिलाओं के साथ बंबई में भाग लिया था तथा 1890 के छठे सम्मेलन में ये भारत की प्रथम महिला प्रतिनिधि के रूप में मंच से भाषण दिया तथा कांग्रेस में महिलाओं की भूमिका का आधार तैयार किया। श्रीमती गांगुली ने 1906 में बंग-विभाजन के पश्चात् कलकत्ता में एक महिला संगठन को खड़ा किया एवं दक्षिण अफ्रीका में प्रवासी श्रमिकों के हितार्थ आर्थिक अनुदान प्रदान करवाने में सार्थक भूमिका निभाई। आठ बच्चों की माँ होते हुए सभी प्रकार के पारिवारिक दायित्व का निर्वहन करते हुए भी श्रीमती गांगुली बिहार की प्रथम शिक्षित महिला थीं, जिन्हें राष्ट्रीय आंदोलन में कांग्रेस के मंच पर सम्मानित स्थान मिला था।

अमीना बानो बेगम

'भारतीयों ने पिछले 150 वर्षों में दो बड़ी भूलें की है—अंग्रेजों को भारत में पैर जमाने देना और फिर 1857 की क्रांति में आधे लोगों द्वारा अंग्रेजों का साथ देकर क्रांति को विफल बनाना।' यह वक्तव्य 1922 ई. लाहौर की एक सभा में अमीना बानो बेगम ने दिया था तथा आह्वान करती थीं कि भारतीय ये गलतियाँ दुबारा न करें।

बिहार की प्रसिद्ध स्वाधीनता सेनानियों में अग्रगण्य अमीना बानो बेगम क्रांतिकारी मुहम्मद अली एवं शौकत अली की माता थीं, जिन्होंने बुरका त्यागकर महिलाओं को संगठित करते हुए खिलाफत आंदोलन एवं प्रथम असहयोग आंदोलन में सक्रियता से कार्य किया था। 1920-22 के खिलाफत एवं असहयोग आंदोलन में पंजाब की पार्वती देवी के साथ बिहार की अमीना बानो बेगम का नाम पूरे बिहार में फैल चुका था। वह संपूर्ण बिहार में घूम-घूमकर महिलाओं में जागृति लाने, मुसलिम महिला की आधुनिक शिक्षा की वकालत करने के साथ महिला मताधिकार की माँग को लेकर प्रसिद्ध हुईं।

खादी के प्रचार-प्रसार के साथ हिंदू-मुसलिम एकता के लिए भी इन्होंने सम्यक् प्रयत्न किया। उनके मतानुसार निम्न जातियों के गरीब लोगों की एकता कभी खंडित नहीं हुई, केवल शहरी हिंदू-मुसलिम ही अपने-अपने अहंकार और राजनीतिज्ञों क हाथ की कठपुतली बनकर सांप्रदायिक एवं विभाजनकारी कार्यों द्वारा सामाजिक शांति को भंग करते हैं। अपनी सभाओं में इन्होंने मुसलिमों के हाथ से हिंदुओं को पानी पिलवाया, ताकि हिंदू-मुसलिम एकता स्थापित हो सके।

एकता एवं स्वदेशी के प्रचार के लिए इन्होंने गाँवों का भ्रमण किया एवं ग्रामीण पंचायत की पुर्नस्थापना हेतु प्रयत्न किया। वह संपूर्ण भारत में भ्रमण कर खिलाफत आंदोलन हेतु चंदा भी इकट्ठा कर इन्होंने आंदोलनकारियों की आर्थिक सहायता भी की थी। 31 जनवरी, 1922 को उनके इंदौर–भोपाल दौरे पर इनको गिरफ्तार करने का भी प्रयास हुआ, लेकिन इनकी लोकप्रियता एवं भारी भीड़ के समर्थन के कारण इन्हें छोड़ दिया गया। वे कई बार गिरफ्तार की गईं, लेकिन वापस अपने घर भेज दी जाती थीं, क्योंकि मुसलिम समुदाय पर उनका प्रभाव को देखकर अंग्रेज अधिकारी उनको कैद करने का जोखिम नहीं लेना चाहते थे। 1924 में अपनी मृत्यु तक वे निरंतर देशभक्ति के कार्यों में लगी रहीं। उनका कर्तव्य सराहनीय एवं गौरवान्वित करनेवाला है।

कृष्णा देवी

बाबूपुर, दरभंगा के श्री इंद्रदेव सिंह की पुत्री कृष्णा देवी का विवाह खरोर, हायाघाट दरभंगा के स्वतंत्रता सेनानी रामवरण सिंह के साथ हुआ था। पति के साथ दो वर्षों तक रहकर वे गांधी आश्रम वर्धा चली गईं, जहाँ की 300 लड़कियों में चार बिहार की भी थीं। सेवाग्राम में गांधीजी ने उनकी मुलाकात डॉ. राजेंद्र प्रसाद एवं आचार्य विनोबा भावे से भी करवाईं, जिससे प्रभावित होकर इनमें भारत की आजादी की भावना पनपने लगीं। वर्धा से वापस बिहार आने पर उन्होंने पाया कि अंग्रेजों के जुल्म से हर व्यक्ति त्राहिमाम कर रहा था, तो तिरंगा उठाकर उन्होंने अंग्रेजों के विरुद्ध देश की मुक्ति के लिए स्वाधीनता आंदोलन में कूद पड़ी।

1942 के 'अगस्त महाक्रांति' के दौरान इन्होंने बहेड़ा थाने को आग के हवाले कर दिया तथा आंदोलन को तीव्र करने के लिए लोगों में अंग्रेजों द्वारा किए जाने अत्याचार को बताते हुए उनमें देशप्रेम एवं राष्ट्रीयता की भावना को जाग्रत् किया।

लोगों की भीड़ का नेतृत्व करते हुए उन्होंने हथौड़ी डाकघर पर तिरंगा लहराया तथा अनेक पुलों एवं रास्तों को अवरुद्ध किया, जिसके फलस्वरूप ब्रिटिश शासन ने इनके संपूर्ण गाँव में दमन चक्र चलाया तथा इनके घर को ध्वस्त कर दिया। इन पर शूटिंग वारंट तथा तथा 10,000 रुपए का इनाम इनकी गिरफ्तारी के लिए घोषित किया। गिरफ्तारी से बचने के लिए ये अन्य क्रांतिकारियों के साथ नेपाल में छिपीं, जहाँ उन्होंने एक पुत्री को जन्म दिया,

जिसका नाम देशभक्तों ने 'क्रांति' रखा। ब्रिटिश हुकूमत ने नेपाल सरकार की सहायता से इन्हें गिरफ्तार कर पहले जालेश्वर जेल नेपाल तथा बाद में दरभंगा जेल भेज दिया। जहाँ वह एक वर्ष तक कैद रहीं तथा अपनी अबोध बच्ची के साथ अंग्रेजों की क्रूर यातना झेलती रहीं। 1945 में जेल से रिहा होने के बाद उन्होंने चरखे का प्रचार-प्रसार एवं स्वदेशी आंदोलन को आगे बढ़ाया। स्वयं खादी वस्त्र धारण कर नशाबंदी, अछूतोद्धार तथा स्त्री शिक्षा हेतु सदैव प्रयत्नशील रहीं। इन्होंने प्रमाणित किया कि बिहार की महिला पुरुषों से पीछे नहीं हैं। यातना सहते हुए भी इन्होंने कभी ब्रिटिश हुकूमत से हार माने बिना सतत संघर्षरत रहीं तथा अंततः भारतीय स्वतंत्रता की साक्षी बनीं। 1952 के विधानसभा चुनाव में उन्हें बहेड़ी क्षेत्र से प्रतिनिधि चुना गया तथा लगातार तीन बार विधायक रहीं। उनका योगदान अविस्मरणीय रहेगा।

श्रीमती सरस्वती देवी

'खादी आजादी की दादी' का नारा देनेवाली श्रीमती सरस्वती देवी सबौर भागलपुर के गांधीवादी खादी विशेषज्ञ श्री पद्मकर झा की धर्मपत्नी थीं। जनसाधारण के हृदय से अंग्रेजी हुकूमत के भय का भूत निकालने, सोते-जागते हिंदू-मुसलिम एकता, अछूतोद्धार तथा स्वदेशी के प्रचार-प्रसार हेतु खादी का गाँवों में प्रचलन को बढ़ावा देनेवाली सरस्वती देवी अनन्य गांधी भक्ति की भावना से ओत-प्रोत होकर दिन-रात जनता के बीच स्वाधीनता का अलख जगाने हेतु प्रयत्नशील रहीं।

मधुपुर के गांधी आश्रम में इन्होंने 15 हजार की भीड़ को अपनी ओजस्वितापूर्ण वाणी से स्वाधीनता के लिए प्रेरित किया, जिससे वहाँ उपस्थित सभी लोग उत्तेजित हो उठे थे। बिहपुर (भागलपुर) के स्वराज्य आश्रम में चल रहे सत्याग्रही सैनिकों के परेड पर जब पुलिस ने पीछे से लाठीचार्ज कर दिया तो इनकी ललकार से सभी सत्याग्रही सैनिक पुलिस के सामने डटकर खड़े हो गए तथा विरोध प्रदर्शन उग्र होने लगा। उपस्थित दारोगा ने वारंट दिखाकर इन्हें गिरफ्तार कर लिया।

भागलपुर की जजी कचहरी में 5 फरवरी, 1931 को इन्हें डेढ़ साल के कठोर कारावास तथा पाँच सौ रुपए का अर्थदंड दिया गया। जज के द्वारा माफी माँगने के बात पर इन्होंने कहा था 'सत्य और अहिंसा' के मार्ग से राजद्रोह फैलाकर क्रांति करना अपना धर्म समझती हूँ।

इनकी प्रेरणा से भूखी, नंगी, गर्भवती स्त्रियाँ भी जनआंदोलन में सम्मिलित हो जाती थीं। जिस दिन ये सजा काटकर रिहा होनेवाली थीं, जेल के फाटक पर अपार भीड़ उमड़ पड़ी थी। मजबूरी में पुलिस को जेल के पिछले दरवाजे से इन्हें निकालकर मोटर द्वारा घर पहुँचाया गया।

6 फरवरी, 1932 की शाम को इन्होंने भागलपुर में एक अत्यंत ही जोरदार आह्वान करते हुए जनसाधारण को स्वाधीनता संग्राम में कमर कसकर कूदने तथा आजादी हासिल करने के लिए ललकारा। भाषण समाप्त होते ही पुलिस ने इन्हें पुनः गिरफ्तार कर लिया तथा दूसरे ही दिन इन्हें तीन माह के कारावास की सजा हुई।

श्रीमती लीला सिंह

महात्मा गांधी के आदर्शों एवं सिद्धांतों में पूर्ण आस्था रखनेवाली कुशाग्र बुद्धि की तेजस्वी महिला लीला सिंह एक प्रसिद्ध वकील एवं मानवतावादी तारकनाथ पारिमत की पुत्री तथा महान् स्वतंत्रता सेनानी भागलपुर के श्री दीपनारायण सिंहजी की धर्मपत्नी थीं। इनका जन्म 1879 ई. में लंदन में हुआ था। अपने पति के राजनीतिक आदर्शों के अनुसार उन्होंने स्वतंत्रता आंदोलन में सक्रियता से भाग लिया था। इनके पिता शिक्षा के विकास के लिए सतत प्रयत्नशील थे तथा कलकत्ता विश्वविद्यालय की स्थापना के लिए 30 लाख रुपए प्रदान किए थे। श्रीमती लीला सिंह को अंग्रेजी भाषा के साथ ही फ्रेंच भाषा की भी अच्छी जानकारी थी। पाश्चात्य संस्कृति में पलने-बढ़ने के बावजूद इनमें भारतीय संस्कृति तथा सभ्यता की प्रगाढ़ भावना तथा निष्ठा थी।

असहयोग आंदोलन में जब इनके पति दीपनारायण सिंहजी स्वतंत्रता संग्राम में 4 माह के लिए गिरफ्तार किए गए तो ये हजारीबाग जेल के समीप रहकर पति के साथ अन्य कैदियों का खयाल रखने लगी थीं।

15 जनवरी, 1922 को महिलाओं की एक विशाल जनसभा शफी मंजिल मुजफ्फरपुर में आयोजित की गई थी, जिसकी अध्यक्षता श्रीमती लीला सिंह ने की थी तथा वहाँ से उन्होंने परदा प्रथा के उन्मूलन का आंदोलन चलाते हुए महिलाओं के बीच नवजागृति का सूत्रपात किया था। इनका विचार था कि परदा एक सामाजिक कुरीति है तथा इससे बाहर आने से भी महिलाओं की पवित्रता सुरक्षित रहती है। उन्होंने कहा कि नारियाँ परदा से बाहर आएँ तथा स्वाधीनता संग्राम में स्वयंसेविकाओं के रूप में राष्ट्र सेवा करें। उन्होंने स्वदेशी तथा खादी का भी प्रचार-प्रसार किया।

गया कांग्रेस अधिवेशन 1922 में इन्होंने अग्रिम पंक्ति की कार्यकर्ता के रूप में भाग लेकर कांग्रेस संगठन को सशक्त एवं गांधीजी के कार्यक्रम को आगे बढ़ाने में अहम् भूमिका निभाई। श्रीमती लीला सिंह कौमी सेवक दल की अध्यक्षा तथा प्रांतीय कांग्रेस समिति की कोषाध्यक्ष पद पर भी सुशोभित हुईं। 27-28 दिसंबर, 1925 को अहमदाबाद के वार्षिक अधिवेशन में वे निर्वाचित सदस्य की भूमिका में कांग्रेस प्रतिनिधिमंडल में शामिल थीं।

सविनय अवज्ञा आंदोलन की अवधि में इन्होंने एक महिला जत्था के साथ बिहपुर जाकर नमक सत्याग्रह किया था तथा भागलपुर की हजारों महिलाओं के साथ नमक कानून भंग किया था। 1930 ई. में इन्होंने 26 जनवरी को प्रथम स्वतंत्रता दिवस समारोह का आयोजन भागलपुर में किया था तथा अनेक महिलाओं को घर की चाहरदीवारी से बाहर निकालकर स्वाधीनता आंदोलन का विस्तार किया था।

इस महान् देशभक्त स्वतंत्रता सेनानी तथा नारी-उत्थान हेतु समर्पित कार्यकर्ता का देहावसान 1947 ई. में हुआ था। इनके द्वारा निर्मित 'दीपनारायण स्मारक भवन' आज भी भागलपुर में विद्यमान है।

सरला देवी

सरला देवीजी ने 1919-21 ई. के असहयोग आंदोलन के क्रम में हजारी बाग जिले में नारी समाज का नेतृत्व किया था।

'मोंटेग्यू योजना' के तहत भारत शासन अधिनियम 1959 पारित होने तथा भारतीय जन आकांक्षा अपूर्त्त रहने के कारण राष्ट्रवादी निराश थे। भारतीय जनमानस की बढ़ती हुई राष्ट्रीय भावनाओं को कुचलने के लिए अंग्रेजी हुकूमत ने रॉलेट ऐक्ट पास किया था, जिसके तहत पुलिस को बिना किसी कारण से अथवा गड़बड़ी से आशंका में किसी भी व्यक्ति को गिरफ्तार कर कैद किया जा सकता था तथा गिरफ्तार व्यक्ति को बिना किसी अदालती काररवाई के अनिश्चित अवधि तक कैद में रखा जा सकता था। 14 अप्रैल, 1919 को बैसाखी के अवसर पर जालियाँवाला बाग में हजारों निर्दोष एवं निहत्थी महिलाओं, पुरुषों एवं बच्चों को गोली मारकर शहीद कर दिया गया था तथा साथ ही वर्नाकुलर प्रेस ऐक्ट पारित कर राष्ट्रीय अखबारों को देशी भाषा में खबर छापने पर प्रतिबंध लगा दिया।

संपूर्ण राष्ट्र में साम्राज्यवादी अंग्रेजी सत्ता के खिलाफ भयंकर रोष व्याप्त था। सभी कानून भारतीय जनता के लिए अभिशाप से कम नहीं थे। ऐसे में महात्मा

गांधी के असहयोग आंदोलन के आह्वान पर राष्ट्रव्यापी हड़ताल का आयोजन किया गया था। बिहार का नारी समाज इस लहर से अछूता नहीं रहा तथा श्रीमती सरला देवी ने आगे बढ़कर असहयोग आंदोलन की मशाल थामते हुए हजारीबाग जिले में आंदोलन को संचालित किया।

5-6 अक्तूबर, 1921 में हजारीबाग में बिहारी छात्रों का 16वाँ सम्मेलन श्रीमती सरला देवी की अध्यक्षता में संपन्न हुआ, जहाँ उन्होंने छात्रों से सरकारी विद्यालयों एवं महाविद्यालयों के परित्याग करने का आह्वान किया। उन्होंने प्रिंस ऑफ वेल्स के भारत आगमन के स्वागत समारोहों के बहिष्कार हेतु आंदोलन की अगुवाई की। सरला देवीजी बिहार की स्वाधीनता सेनानियों में अग्रिम पंक्ति की सत्याग्रही थीं, जिन्होंने 1921 के अंत तक साम्राज्वादी नीतियों के विरुद्ध कई जनसभाओं का आयोजन कर आंदोलन के स्वरूप को व्यापक बनाया था, जिसके फलस्वरूप आगे के आंदोलन में नारी वर्ग ने अधिक संख्या में अपनी भागीदारी सुनिश्चित की थी।

साधना देवी

श्रीमती साधना देवी संथाल परगना जिले में महिला स्वतंत्रता सेनानियों का नेतृत्व करती थीं। संथाल परगना जिले में महिलाओं ने ही विदेशी वस्त्रों तथा शराब की दुकानों पर धरना देने के कार्यक्रम को सफल बनाया था। सविनय अवज्ञा आंदोलन 1930-32 मैं साधना देवी की अगुवाई में महिला सत्याग्रहों ने सरकारी तंत्र को परेशान कर दिया था। उन्होंने महिलाओं के साथ-साथ छोटी उम्र के बच्चों को भी धरना-प्रदर्शन कार्यक्रम में शामिल करने का अभिनव प्रयोग किया था। धीरे-धीरे बाल सत्याग्रहियों की संख्या में वृद्धि होने लगी तथ महिलाओं एवं बच्चों को एक साथ सत्याग्रह करना, जो पूर्णरूपेण अहिंसक था, ने सरकारी अधिकारियों को विवश कर दिया था। महिलाओं एवं बच्चों के ऊपर काररवाई करने से सरकार की क्रूरता उजागर होती थी तथा उनकी बदनामी भी होती थी और काररवाई नहीं करने पर यह सत्याग्रह उग्र एवं व्यापक हो जाता था। साधना देवीजी के बारे में यथा उनके परिवार एवं आरंभिक जीवन के बारे में जानकारी अप्राप्त है, लेकिन उनकी प्रेरणा से बिहार के अन्य जिले की महिलाओं ने सत्याग्रह में भाग लिया था। नमक सत्याग्रह में भाग लेने के कारण उन्हें छह माह की कैद की सजा दी गई थी।

उषा रानी मुखर्जी

उषा रानी मुखर्जी अविभाज्य बिहार के संथाल परगना जिले की स्वाधीनता सेनानी थीं। ये मूलत: फॉरवार्ड ब्लॉक की नेत्री थीं, जिन्होंने 'भारत छोड़ो आंदोलन' 1942 में महत्त्वपूर्ण भूमिका निभाई थी।

संथाल परगना जिले की महिलाओं को संगठित कर इन्होंने कई जुलूस एवं प्रदर्शन अगस्त 1942 से दिसंबर 1942 तक आयोजित किए थे। ब्रिटिश प्रशासन का दमन चक्र इनके ऊपर भी चला तथा भारतीय दंड संहिता के तहत गिरफ्तार कर इन्हें छह माह की कैद की सजा दी गई। इन्हें भागलपुर की केंद्रीय कारागार में कैद करके रखा गया। इनकी अन्य व्यक्तिगत जानकारियाँ अप्राप्त हैं।

शैलबाला राय

संथाल परगना जिले की एक अन्य महिला स्वतंत्रता सेनानी श्रीमती शैलबाला राय ने सविनय अवज्ञा आंदोलन 1930 के दौरान नमक सत्याग्रह में कानून तोड़ते हुए महिलाओं की संगठित टोली का नेतृत्व किया था।

संथाल परगना जिले की सत्याग्रही महिलाओं ने श्रीमती शैलबाला राय के नेतृत्व में नमक बनाकर ब्रिटिश कानून को चुनौती दी थी।

1942 में दुमका क्षेत्र में श्रीमती प्रेमा देवी तथा जामबंती देवीजी के साथ इन्होंने 'अगस्त क्रांति' में भी सक्रिय भूमिका निभाई थी।

जनजातीय समाज की नारी-शक्ति को संगठित कर स्वावलंबी बनाने का महती कार्य भी इन्होंने किया था।

माया देवी

इनका जन्म भागलपुर में हुआ था। इनकी माता का नाम सुनीति देवी, जो महान् क्रांतिकारी वीरांगना थी। इनकी माताजी की गिरफ्तारी के बाद माया देवी का नेतृत्व कर रही थीं, आंदोलन के दौरान ही एक दिन अंग्रेज द्वारा डाइनामाइट के साथ पकड़ी गईं और उन्हें आर्म्स ऐक्ट में पाँच साल की कड़ी सजा मिली। जेल में माया देवी को इतनी यातना दी गई कि उनका स्वास्थ्य बहुत गिर गया। वह व्यक्तित्व संपन्न तेजस्वनी और बुद्धिमती महिला थीं, पर जेल में अस्वस्थ होते हुए क्षय रोग की शिकार हो गईं और उनका निधन जेल में ही हो गया, जिसकी कोई तिथि उल्लेखित नहीं है। यह राष्ट्रभक्त महिला अंतिम साँस तक देश के लिए लड़ती रहीं।

स्वतंत्रता आंदोलन में जेल जानेवाली महिलाएँ

1. सारा बालादासी हिरणडांगा, पाकुड़, संथाल परगना, छह माह (09-08-1930)
2. विद्यावती देवी, दरवेशपुर, गिरियक, पटना, 1 वर्ष (26-11-1930)
3. जानकी देवी, धामीटोला, कोतवाली, गया, 1 वर्ष, 1 माह, 11 दिन (20-01-1932)
4. राधा किशोरी चौधराइन, 1 वर्ष, 1 माह, 11 दिन
5. देवरानी देवी, अज्ञात, चार माह (25-01-1932)
6. सियावती देवी (सबकुछ वही)
7. सुरजया देवी, गडरिया, इमामगंज, गया (30-01-1932)
8. सरस्वती देवी, धामीटोला, कोतवाली, गया, दो माह (01-02-1932)
9. नारायणी देवी, पार नवादा, गया, 6 माह (तिथि वही)
10. महारानी देवी, रोहिणी, देवघर, संथाल परगना, 1 माह, 15 दिन तथा 50 रुपए जुरमाना
11. तेतरी देवी, महमूदपुर, गया, एक वर्ष, दो दिन (02-05-1932)
12. राधा किशन चौधरानी, गोल पथल, कोतवाली, गया, दो माह (30-06-1932)
13. राधा ग्वालिन, लखावर, घोसी, गया, 1 माह (11-08-1932)
14. रामस्वरूप देवी, अमोना, मिर्जापुर, सारण, 1 वर्ष, 12 माह (01-10-1932)
15. चंद्रावती देवी, आईला, अरवल, गया, 1 माह (01-08-1932)
16. शांति देवी, मारूफगंज, कोतवाली, गया, एक माह (14-11-1932)
17. कौशल्या देवी, मंगरा, शेरघाटी, गया, 2 माह (वही)
18. सुरजा देवी, अज्ञात, 2 माह (30-11-1932)
19. रामसखी देवी, कोइसिल, छपरा, सारण, 2 माह वही
20. सावित्री देवी, कालपट्टी शिवपुर शाहाबाद, 2 माह (वही)
21. देवरानी उर्फ महारानी देवी, इस्लामपुर, गया, 4 माह (09-12-1932)
22. विद्यावती देवी, औरंगाबाद, गया, 3 माह (23-12-1932)
23. राजवती देवी (सब वही)
24. कमला देवी, पवारी, बेलागंज, गया, 2 माह (06-06-1933)
25. लीलावती देवी मझियामा, कुर्था, गया (शेष वही)

26. दुर्गा देवी (सब वही)
27. शांति देवी, गोह गया, दो माह, 14 दिन (09-08-1933)
28. मुनिया देवी पीपरपाती, कोतवाली, गया, 6 माह (06-09-1942)
29. शांति देवी रामना, कोतवाली, गया, 6 माह, 14 दिन (28-09-1942)
30. शांति देवी घोसखाप, महरवारा, सारण, 6 माह (23-08-1942)
31. जनक दुलारी देवी, सलेमपुर,छपरा, टाउन, 3 माह (सब वही)
32. शारदा देवी, मलखा चक, दिघवारा, सारण, 4 वर्ष (05-10-1942)
33. सरस्वती देवी, पता वही, 3 वर्ष (06-10-1942)
34. रामस्वरूप देवी, आमोर, मराह्वारा, सारण, 4 वर्ष (10-10-1942)।

* क्रम संख्या 1 से 29 तक के नाम गया से तथा 30 से 34 तक के नाम छपरा से प्राप्त हुए, जो यहाँ प्रकाशित हैं। सिर्फ दो जिले से यह विवरण प्राप्त हुआ तथा अन्य जिले की विवरणी अप्राप्त है। अत: उसे सम्मिलित नहीं किया गया है। अनुमानतः सभी जिलों से लगभग एक दर्जन नाम चिह्नित किए गए थे, उसे अगले संस्करण में डाला जा सकेगा।

□

संदर्भ-सूची

- बिहार की महिलाएँ—राजेंद्र अभिनंदन ग्रंथ, चरखा समिति, पटना
- बिहार के विकास में महिलाओं की भूमिका, डॉ. विजय कुमार द्वारा संपादित तथा अभिलेखागार बिहार द्वारा प्रकाशित
- बिहार विभूति भाग-2 तथा भाग-3, डॉ. विजय कुमार द्वारा संपादित एवं अभिलेखागार द्वारा प्रकाशित
- आधुनिक भारत का इतिहास—डॉ. बी.एल. ग्रोवर तथा एस. ग्रोवर
- दैनिक हिंदुस्तान
- गूगल सर्च इंजन
- स्वतंत्रता सेनानियों के परिवार के सदस्य

1. विश्वेश्वरी देवी—उनकी पुत्रवधू नयनतारा देवी वर्मा द्वारा प्रेषित वृत्त
2. सावित्री देवी—उनका पुत्र प्रकाश सहाय
3. सुमित्रा देवी—पौत्र सुजीतजी द्वारा
4. अनुसुईया जयसवाल—पौत्र बंधु रानी जायसवाल
5. कुंती देवी—पुत्री अमिता निधि
6. जगदंबा देवी—चौथम पुत्र रंजीत सिंह
7. संध्या देवी—पुत्र चंद्रभूषण सिंह
8. चंद्रकला देवी—पौत्र आदित्य कुमार मौर्या
9. सीता देवी—सहेली की पुत्री अमिता निधि
10. सुमित्रा देवी (बनमनखी पूर्णिया)—दैनिक हिंदुस्तान, 31 अगस्त, 2019 (https://www.livehindustan.com/bihar/purnia/story-purnia-s-last-freedom-fighter-died-2719342.html)
11. सुमित्रा देवी—मंत्री
12. भवानी मल्होत्रा—भतीजा डी.के. नंदा
13. 'अगस्त क्रांति', लेखक प्रो. बलदेव नारायण
14. राज 2021 विशेषांक, लेखिका कश्मीरा सिंह
15. 'राष्ट्रीय आंदोलन में भारतवर्ष की महिलाएँ', अध्याय, स्वाधीनता संग्राम में बिहार की महिलाएँ
16. 'महिलाएँ एवं स्वराज' आशा रानी व्होरा द्वारा लिखित
17. अकली देवी—परपौत्र नथुनी पासवान द्वारा
18. सरस्वती देवी (बिहपुर, भागलपुर)—पुत्र श्री राजेंद्र सिंह द्वारा
19. https://okworldguru.com/women-freedomfighter-of-jharkhand/

□□□